昆明市第十中学
求实系列丛书

ZUI KUNMING

醉昆明
散落在昆明的地方文化

主　审　谢晓玲　李正兵

主　编　肖晓迎　周继英

副主编　陈　梅　余　然　周梦希　仲　宇　段　娜　李　静

参　编　刘　芳　张宇宁　徐　扬　朱琨瑜　陈　钦　纳健芳

　　　　董思琪　王超越　孙兆麟　吴昊玥　杨丽荣　陈梦茜

　　　　姜德堂　曾　泰　陆文姬　汪　燕　代余杭　王潇佺

中国人民大学出版社
·北京·

图书在版编目（CIP）数据

醉昆明：散落在昆明的地方文化 / 肖晓迎，周继英
主编. ––北京：中国人民大学出版社，2023.5
　　ISBN 978-7-300-31537-9

Ⅰ. ①醉…　Ⅱ. ①肖…②周…　Ⅲ. ①地方文化－昆
明　Ⅳ. ①G127.741

中国国家版本馆CIP数据核字（2023）第048364号

昆明市第十中学求实系列丛书
醉昆明——散落在昆明的地方文化

主　审　谢晓玲　李正兵
主　编　肖晓迎　周继英
副主编　陈　梅　余　然　周梦希　仲　宇　段　娜　李　静
参　编　刘　芳　张宇宁　徐　扬　朱琨瑜　陈　钦　纳健芳　董思琪　王超越　孙兆麟
　　　　吴昊玥　杨丽荣　陈梦茜　姜德堂　曾　泰　陆文姬　汪　燕　代余杭　王潇佺
Zui Kunming

出版发行	中国人民大学出版社	
社　　址	北京中关村大街 31 号	**邮政编码** 100080
电　　话	010-62511242（总编室）	010-62511770（质管部）
	010-82501766（邮购部）	010-62514148（门市部）
	010-62515195（发行公司）	010-62515275（盗版举报）
网　　址	http: // www. crup. com. cn	
经　　销	新华书店	
印　　刷	唐山玺诚印务有限公司	
开　　本	787 mm×1092 mm　1/16	**版　　次** 2023 年 5 月第 1 版
印　　张	16.5	**印　　次** 2023 年 5 月第 1 次印刷
字　　数	360 000	**定　　价** 68.00 元

序言

那天，在地铁上，我突然接到昆明第十中学（昆十中）语文教研组组长肖晓迎老师的电话，说请我给学校老师编写的《醉昆明》写序言。我当即答应，心里想的是"义不容辞"。

今天，当我认认真真读完这本书，提笔作序之际，发自内心感到，能为此书作序，真是荣幸之至。因为，从中我读出了沉甸甸的九个字：语文人、烟火情、赤子心！

语文人

这本书的创作团队，是昆十中初中部的所有语文老师。

语文是语言文字的艺术，学习语文的本源就是带领学生去触摸文字的温度，去体味文字的精妙，去感受文字的灵性；走进语文就是和学生一起去吟哦咀嚼，去品鉴赏析，在一篇篇诗文中近距离感受文字的魅力，进而深味人间真情，体悟人生真谛，在流光溢彩的语文世界里历人生百态，发历史之幽情。

语文人是幸福的，磨砺成珠的痛苦、积善成德的人生都在三尺讲台上，都在开卷阅读中！

在这本书里，这些语文人以拈花一笑的优雅，带领学子们纵横春城古今，极目吃喝玩乐，览文化之广博，感人生之丰盈。从孙髯翁的《大观楼长联》，到杨慎的《滇海曲》十二首，从青春小说《未央歌》，到杨朔的《茶花赋》、汪曾祺的《昆明的雨》，赏名人之笔墨，让你充分感受昆明的醇香、明艳，深刻体会这个边陲小城的文化魅力。

烟火情

有人说，最美的人生状态是以云水心度烟火日。书香和山水本来就是水乳交融、息息相关的。眼前和远方都是生命中的不可或缺。

这本书，以诗意的审美，看市井烟火。从"朵朵菌香情味浓"的"日啖菌子三百口，不辞长作昆明人",到"串串街头巷尾,尝尝昆明滋味"的米线、饵块、米浆粑粑、糯米坨坨;从"滇中名片"的嘉华、吉庆祥、德和罐头,到"生是十中人,死是卤面魂"的十中卤面和炸洋芋……将生活的滋味、人生的趣味、烟火中的诗情画意渲染得淋漓尽致。

这本书,以灼灼的童心,听人间俚语。"蟹呀么螃蟹哥,八呀八只脚……"这些陪伴了一代又一代昆明人长大的童谣,那是在外婆背上的岁月;"'东寺街,西寺巷,茅司拐拐小楼上',一群儿童在昆明的冬日暖阳下,沿着小巷蹦蹦跳跳,一起唱这首童谣,小巷里有吸着水烟筒的老人,这便是对昆明人安宁闲适慢生活的完美诠释"!

赤子心

"千淘万漉虽辛苦,吹尽黄沙始到金",语文学习是慢的艺术,是生命润泽生命的艺术,须有滴水穿石的功夫。

昆十中的语文人正是以滴水浸润的恒心和耐心,以"千淘万漉"的执着,以文化人,静待花开!

我们有理由坚信,心诚情真的语文人们,一定能够让走过的草径,收留足音,行过的巷子,窗棂雕花;让时光的存在,如一串红果,插在孩子们的白瓷瓶里,越久越饱满喜人;让心灵,如一杯清水,映在瓶子的洁白中,越淡,越沉敛自持!

魏光虹

2023 年 3 月

Contents

目 录

舌尖上的春城

中国传统饮食文化博大精深，如果从地理优势、经济条件、民族文化、消费水平等多种角度分类，它就会展现出截然不同的分析价值，呈现出多种多样的文化品位。

滇菜，虽然不在中国"八大菜系"之列，可是其"崇尚原料自然、烹饪简约、食俗奇异、风情纯真、融汇南北"的特点，已然成为云南复杂地理环境、多民族聚集导致的饮食文化交融的一个感官表达。

春城——昆明，在地理位置上基本算得上是云南的中心城市，又因为与中原腹地的距离更近，与大都市可以保持更加顺畅的联系。凭借这样的区位优势，昆明成为云南省省会，成为整个云南政治、经济、文化中心，南船北马交汇于此，山的苍劲与水的柔媚不期而遇，最终发展出了百花争艳的滇菜美食文化。柴米油盐酱醋茶，被誉为"家乡宝"的昆明人，对这"一期一会、一食一味"的滇菜始终有着一份独特的记忆。"大人做饭，孩子围着锅边转"这份独特的味道更是我们心中最温情的密码，可以打开记忆的闸门，和着阳光雨露的恩泽，直抵我们内心最柔软的角落。

本单元，我们就将由"朵朵菌香情味浓""串串街头巷尾，尝尝昆明滋味""老铺子里的滇中名片""做十中人，品十中味"四节开始，展开"舌尖上的春城"这幅五味俱全的多彩画卷。

第一节　朵朵菌香情味浓

本节导读

　　昆明人称呼菌，通常都只有一个发音："jièr"（音同"介儿"）。从儿时最为推崇的"面条伴侣"——油炸鸡枞开始，野生菌总会在昆明人的每一段人生轨迹上留下一笔笔浓艳的色彩。

　　其实，绝大部分昆明人并没有把野生菌当作多了不起的山珍，这主要是因为昆明人对自家小孩野生菌"菌感"的早期培养。在昆明，孩子幼年时期就已经开始吃菌，如鲜肥甜美的鸡枞氽肉汤，滋味鲜美吃了咂手指的青头菌炖肉饼，一个持续半年的菌季下来，对于幼年食菌者的培养已经非常成熟。

　　那么，是什么样得天独厚的自然条件孕育了如此丰富多彩的野生菌世界，昆明市场上又有哪些熟悉或陌生的野生菌，到底哪些菌吃了会"躺板板"，究竟是什么原因让云南人对野生菌情有独钟……

　　本节，就让我们走进野生菌的世界。

一、秘境云南——万物共生的奥秘

　　2021 年 10 月 11 日，《生物多样性公约》缔约方大会第十五次会议（COP15）在昆明举办，这与云南拥有的丰富的生物多样性资源密不可分。

　　昆明地处东经 102°10′～103°40′，北纬 24°23′～26°22′之间，总面积 21 012 平方千米。属北纬低纬度亚热带－高原山地季风气候，受印度洋西南暖湿气流的影响，日照长、霜期短、年平均气温 15℃，年均日照 2 200 小时左右，无霜期 240 天以上。由于温度、湿度适宜，日照长，霜期短，因此草木四季常青。又因为昆明四面环山，山地海拔落差大，所以又形成了明显的立体气候。降水充沛、日照充足，更加有利于植物的生长。

　　河谷与群山交错纵横使得昆明拥有了复杂多样的生态系统，各类珍稀植物、动物、微生物在这里繁衍生息。作为享誉全球的"野生菌王国"，据统计，云南有近 900 种野生菌，占全国的 90%。昆明食用菌研究所里，就拥有全国种类最丰富、系统性最强的食用菌标本馆，馆藏标本有 30 000 余份。

感谢自然的馈赠，每到夏季，一场雨后再加上几缕阳光，昆明人吃菌的狂欢就拉开帷幕。这时，在昆明近郊的几座山上，背着背篓拾菌的山民就会拿着一把小镰刀游走在山间，三五结伴步履悠闲，一边"吹着散牛"一边眼观四路，一不小心就从一堆松针下钩出一柄菌子，身边的同伴见了也不眼红，只是几句打趣却是少不了……于是一路笑语，下山时却已是满载而归。

离昆明城最近的拾菌圣地应该要算金殿后山了，山上最多的就是青头菌和见手青（有毒），偶尔还会有几朵黄癞头，只不过客串去拾菌的拾菌爱好者因为不熟悉地形一般也很难有很好的收获。曾经有一群青年到山上拾菌，钻头觅缝找了半天却所获不多，正在唉声叹气之时，却见一个山民在他们刚刚走过的一堆松针下翻出一朵拳头般大小的青头菌，青年们捶胸顿足，山民则是看着青年们轻笑，

初 2024 届 17 班　戴致源摄

说了句"你几个这哈子运气还有点 piè（昆明方言，意思大概和糟糕差不多），接的慢慢拾噶！"便潇洒离去了……

只不过，拾不到菌子也自是不担心的，拾菌本就只是到山上呼吸新鲜空气的借口，这时候快快下了山找个卖菌的窝子或是吃菌的馆子，才是正事。

二、　舌尖上的爱——昆明野生菌

鸡枞，富含氨基酸、脂肪、维生素等人体所必需的营养元素，是有名的药用菌，《本草纲目》中就有记载，鸡枞有益胃、清神的功效。同时，鸡枞是无毒菌，食用安全之余味道还十分鲜美，老少咸宜。目前已知的鸡枞种类约有二十种，最常见的是黑帽鸡枞、大白鸡枞和火把鸡枞。就产地而言，昆明人最爱买的鸡枞是富民县产的，富民县山地较多，海拔最高可达 2 817 米，所产的鸡枞菌盖小，菌把粗，撕开肉质细白，尤其像刚刚出锅的白斩鸡，味道极其鲜甜。

至于鸡枞的得名，也许是因为当它"开伞"时，"伞"帽上羽毛状的分裂与母鸡的羽毛有些神似，也许是因为鸡枞汤的鲜甜与老母鸡汤异曲同工……不管怎样，取名时带了个"鸡"字也算在情理之中。鸡枞是一种与白蚁傍生的菌类，白蚁在活动的过程中就会带着鸡枞的孢子进入蚁穴，孢子又会附着于蚁窝中的植物屑上，白蚁的分泌物就会慢慢促使鸡枞长出地面，一般来说，如果不受干扰，每年都会在同一个地方长出鸡枞，于是就有山民用尽各种伪装，来守护自己得来不易的"宝藏"。

各类鸡枞有各自不同的吃法。

刚刚拱出地面的鸡枞骨朵，菌盖虽然很小，却胜在鲜嫩爽脆。鸡枞洗净切成小厚片，放在炭火上炙烤三十秒，炭火的高温会快速锁住鸡枞片里的水分，外表又带着些许的焦黄，和着炭火特有的香，入口外焦里嫩鲜香无比。喜好重口味的还可以裹上一层用酱油和小米辣混合调制的酱汁，一口下去更是鲜香爽辣滋味俱全，令人啧啧称奇。有小孩儿的家庭，则会选用另外一种烹饪方式：首先在碗里打两个鸡蛋，加一点温水，混一坨自家炼制的猪油搅散打匀，再将鸡枞片放入，轻轻搅拌，然后覆上一层保鲜膜，用牙签扎几个小孔，放入蒸锅小火慢炖 6 分钟。打开保鲜膜的瞬间迅速撒入一把嫩葱花，鸡蛋、鸡枞的香味"双剑合璧"，在猪油与葱花的香气间，四处游走打开了尝味者的"任督二脉"，让人瞬间领悟到鲜香的最高境界。

而生长周期较长，骨朵伞已经比较开的鸡枞就更适合来炼"鸡枞油"。锅里先炼满锅油，油首选是罗平菜籽油。油开始冒烟时，放入事先剥好的大理紫皮大蒜、整段的丘北干辣椒，再撒一把昭通鲁甸青花椒……用锅铲轻轻搅拌，慢慢激出香料的浓香。这时，将洗干净胡乱撕成粗细不等的鸡枞条放入锅里，热油蒸腾一阵白烟，油迅速覆住鸡枞在其表面形成一层硬壳。随着油温的再次升高，慢慢搅拌，鸡枞表面开始变焦变黄……这时，一阵神异的香味便开始在整个房间里蔓延开来，勾来的自然是贪嘴的小馋虫们——拿着个小碟子在锅前

初 2024 届 17 班　张沈越摄

初 2024 届 16 班　罗一哲摄

锅后游来荡去，"妈，好了吗？……妈，先吃一点嘛……妈，再来一搓，最后一搓……"那些年夏天的光影便是被这样的香味拉得很长很长。

多年后，当在他乡求学的孩子打开母亲隔了千山万水寄来的包裹，撕开一层层裹在外的保鲜膜，用尽力气打开那个似曾相识的罐头瓶时，一阵熟悉的香味飘来，眼前就会浮现出那个厨房里的娇小身影，她用家乡味道轻轻地诉说着对远方孩子的思念。

如果说鸡枞写满的是昆明人对故乡的依恋，干巴菌记录的就是昆明人对美食的虔诚及骨子里的那份闲情。

不同于鸡枞，人们对于干巴菌的喜好哪怕在昆明也呈现出两极分化的局面，主要的原因是干巴菌有异香，喜欢这份异香的人觉着这香既干练又持久，不喜欢的人则觉得它有一股干塑料的味道，实在提不起兴趣。

干巴菌的得名，一方面因为它的颜色与腌制干巴有些相似，均是在黑色上附着一层白膜，另一方面也源于它干涩的口感和干巴十分雷同，很经嚼，嚼起来干香干香的和干巴也确有异曲同工之妙。干巴菌分布在海拔 600 ～ 2 500 米的云南松林带，品质最高的干巴菌正是产于昆明、玉溪一带。因为难寻得，好食者又多，所以以刚刚上市的干巴菌价格不菲，品质好一些的甚至可以卖到一千克上千元。

初 2024 届 17 班　沈琬静摄

其实，干巴菌是个极废事的菜，因为它只生长于松林中，在缓慢的生长过程中，菌体就常常包裹着许多松针。如果直接切片，松针根本无法剔除，所以处理干巴菌的方法只能是最原始的——用手撕。把一片一片的菌片撕成一毫米左右的小细丝已经是对眼力和耐心的挑战，撕完后还要反复剔除其中的杂质并淘洗。有经验的阿婆会在微微湿润的干巴菌里洒上几把灰面，不停地揉搓让干巴菌里的杂质附着在面粉上，再经过几次清水淘洗，干巴菌也就可以算得上是"整装待炒"了。

吃上半斤干巴菌耗费的精神怕是与指挥千军万马不相上下，但这依然不妨碍昆明人对它的喜爱。夏日的午后，老小区的大院里，一群新媳妇围坐一起，中间放着也不知道是谁家媳妇买的一堆干巴菌，一双双白嫩的手在黑色的菌丝间显得格外温柔，起落间一片嬉笑，谁会去管时间走得是快是慢，谁又会在意这道山珍美味今晚会端上谁家的餐桌。

初 2024 届 16 班　雷雅彤摄

华灯初上时，不知是谁家厨房里飘出阵阵香气：火腿丁的咸香加上青椒米的辣勾连着干巴菌的香，这时光呀——可真是香。

三、为菌"滇"狂——昆明人食菌古今事

每年夏天，火爆各大短视频平台的除了"红伞伞"的歌谣，还有各种昆明人吃菌中毒时的"诡异"表现的视频。比如，一女子吃了野生菌后中毒就医，躺在床上手舞足蹈，说自己看到小精灵了。据不完全统计，出现在食菌中毒人眼前的，还有会拉着裙子排着队跳舞的七彩小人，随着风荡来荡去的晴天娃娃，身着华丽裙子不停转圈圈的爱丽丝……

据央视新闻报道，截至 2021 年 7 月 20 日，一年间已经发生了野生菌中毒事件 273 起，其中有 12 人中毒身亡。这个比例还已经比 2020 年同期低了很多，中毒人数下降了 33.9%，发病人数下降了 35%。

那么，昆明人酷爱野生菌究竟是为什么呢？

首先，因为——馋了！一般的野生菌都富含多种氨基酸和优质蛋白，营养价值很高。同时野生菌口感十分丰富，有鲜甜爽脆的，有嫩滑香甜的，还有嚼劲很足的，喜欢的口感总能在野生菌的身上得到满足。

其次，因为——太多了！云南食用菌资源每年有将近 50 万吨，日常食用的味道鲜美的野生菌有 50 多种，"靠山吃山，靠水吃水"，那么多味道鲜美的野生菌不停地在眼前晃，不吃白不吃！产量大、种类多便是昆明人好吃野生菌的重要原因。

如果追溯历史，我们还会发现云南地处边疆，从汉唐以来直至明清，很多的戍边将士来到云南开疆拓土。那时候因为位置偏僻、地势凶险，中原粮食根本无法运入，军屯应运而生。在恶劣的环境下，上山打猎、拾菌子、挖野菜、摘野果，下河捞虾摸鱼，活下去才是硬道理。

到了今天，我们已经无法追溯历史上第一个吃菌子的人到底是谁，在那时又有多少人因为吃野生菌丢了性命。但是从"绿色的都是菜，会动的都是肉"这句谚语来看，我们不得不感叹在恶劣的生活条件中先祖们骨子里战天斗地的坚毅。

"日啖菌子三百口，不辞长作昆明人"——野生菌里处处藏着昆明人对食物的在意和精致，野生菌也在用这份难以在他乡尝到的滋味抚平着昆明人心中的焦虑和孤意。

第二节 串串街头巷尾，尝尝昆明滋味

本节导读

　　若是要评选最为惬意的城市，昆明当之无愧。

　　昆明人的日常，即迈着慢悠悠的步子，逛逛街，吃吃小吃。烧饵块、官渡粑粑、小锅米线……仿佛空气中弥漫着惬意的味道，昆明人的一天，就是从小吃的烟火中开始的。园西路、昆明老街、官渡古镇、昆明的大小菜市场都是昆明美食的主阵地，无论何时，这些地方总是人来人往络绎不绝。好像在昆明，除了吃，任何事都不算是啥正事儿。

　　什么都无法阻挡昆明人对美食的眷恋，被称为"家乡宝"的昆明人，要是三天不吃米线，便觉得全身都不"滑刷"。更别提在外乡的游子了，无论在外乡的时间多久，但凡提到烧饵块、凉米线，他们瞬间笼罩在了浓浓的乡愁之中。

　　那么，昆明的美食有什么神奇的魅力让昆明人念念不忘呢？

一、昆明的小吃江湖

　　稻作地区往往会形成独具特色的饮食文化。米线、饵块、米浆粑粑、糯米坨坨……都是云南人独有的创作。既有简也有繁，将稻米这种作物的本事发挥得淋漓尽致。在稻作文化圈里，像云南这样将大米做成米线的地域不算多，大米做的小吃这样普及的就更少了。米线是最平民化的云南饮食，在这样一座平民的城市里，不管你出手阔绰还是精打细算，米线都能满足你的朵颐之愿，因为，米线的味道，就是家的味道。

初 2024 届 16 班　李文焮摄

　　"云南十八怪，过桥米线人人爱"，这句熟知的谚语道尽了云南人对过桥米线难以割舍的情结。不同的烹饪手法，搭配不同的食材，衍生出无数种吃法，小锅米线、豆花米线、过桥米线……每天都不重样。

　　在云南，不分阶层，没有人因为吃米线而感到自卑或高贵。过桥米线更是在物质、商业化的当代，形成了或几十元或上百元的时尚大

初 2024 届 16 班　许宸宇摄

餐。米线就像一根线，把社会各个阶层串在一起，上通显贵、下至平民，这根线永远不变，其核心，就是平民化。

最具代表性的米线莫过于过桥米线。过桥米线算是时间造就的美食，除却制作米线的过程，单是过桥米线的汤底，就需要四五个小时，甚至更长时间的熬制，加上各种配菜的准备，更是耗时，但是仍然改变不了过桥米线在昆明人心中的地位。毕竟，时间的沉淀才使得过桥米线更为珍贵。

过桥米线好吃，米线中浓浓的人情，更是值得回味。

小锅米线是云南米线大军中昆明人最喜爱的一种。地道的小锅米线是用铜锅来煮的，粗米线在红油里翻滚，让人食欲大开。倒入熬制的骨汤，小小的红铜锅放在煤炭炉子上慢慢煮，汤沸了，加入肥瘦相宜的剁猪肉，再加入白菜、韭菜、豌豆尖、豆芽菜、水腌菜等，到了蔬菜的狂欢节还会加入嫩绿的蚕豆、豌豆，之后再加入米线。最后舀上一勺特制酱，鲜香辣味扑面而来。在一个昏昏欲睡的早晨，来一碗昆明的小锅米线，真是一件提神醒脑的乐事。

饵丝、饵块在昆明早点界的地位与米线不分伯仲，它们可以称为云南人智慧的结晶。

饵块和饵丝的制作过程相似。细腻的米面在滚水中融化成米浆，再入蒸屉，然后把蒸熟的米面舂成"粑粑坨"，再揉搓成饵块，一坨上好的饵块就制成了。清晨，叫醒你的不是闹钟，不是理想，而是楼下飘来的香气。上学路上，你一定见过路边烤得蓬松软糯的饵块，抹上各种秘制酱料，再包上油条、鸡柳、荷包蛋、火腿肠，一份热气腾腾、香气四溢的豪华版烧饵块就出炉啦。一口下去，口感丰富，回味无穷，满满的幸福感。饵块的种类也可以有很多，像紫米饵块、糯米饵等，无论哪种饵块，都是昆明人的最爱。

饵丝也不像从机器里割离出来的面条，纯手工制成的饵块，被干净利落地切成丝状，就成为饵丝。质朴的云南人，餐桌上的饵丝没有那么多花哨烦琐的讲究，一点汤底，放上佐料，一碗香喷喷的饵丝便制成了。饵丝筋道弹牙的口感，区别于米线的爽滑细腻，成为昆明人早餐的一个重要选项。

初 2024 届 17 班　董玖君摄　　　　初 2024 届 16 班　艾思含摄

当然，并不是所有昆明的小吃都是那么的"华丽"，有着繁杂的工序。朴实的糯米坨在小吃界也有自己的一席之地。极简的风格，成为糯米坨的优势。蒸好的糯米盖上一层薄薄的纱布，糯米坨就在竹制的笼屉里等待着它的顾客。糯米坨有白糯米和紫米的，中间夹住各种馅料，喜欢甜口的可以裹上白糖或豆面，裹成一个椭圆形，表面撒上一层白糖，软糯香甜、甜而不腻，对于喜欢吃甜食的人来说，这就是人间美味。喜欢咸口的可以包上油条和各种小菜，抹上卤腐，趁着糯米团还冒着热气，一口咬下去，幸福感满满。每天捧着一个糯米坨去上学，心情也会变好吧！

初 2024 届 16 班　罗扬钦摄

在云南，粑粑是一种老少皆宜的小吃，小粑粑、官渡粑粑、饵块粑粑、洋芋粑粑、糯米粑粑、荞面粑粑……各式各样的数不胜数。

初 2024 届 18 班　陈佳萱摄

其实，在昆明还有一种粑粑叫米浆粑粑，也深受昆明人喜爱。米浆粑粑，顾名思义就是将米磨碎调成浆做出来的粑粑。将白白的米浆倒入黑色圆形的模子里，在噼啪的火床上翻烤，直到发糕"激情昂扬"地胀起来，米浆粑粑外表金黄酥脆，里面洁白软糯，热气腾腾而又微酸甘甜。昆明冬日的街头看见冒着热气的锅炉，空气中弥漫着米浆粑粑诱人的香气，买早餐的冬天也变得不再那么难熬。嚼着米浆粑粑，配上一杯热气腾腾的豆浆，想想就很惬意。

米面制品占据了昆明美食界的半壁江山，但是昆明的美食却不仅仅止步于此。

在零食点心的开发上，昆明人同样下了很大的功夫。昆明的小孩被不同口味的点心取悦着。

木瓜水就是所有昆明小孩的挚爱。夏天的午后，昆明人的消暑方式就是那一碗甜甜的木瓜水。木瓜水可不是木瓜汁。它的原材料是木瓜籽，用纱布包裹住木瓜籽，在水中不停地揉搓，直到产生黏腻的津液，再继续不停地揉搓，直到不再产生黏腻的津液为止。将混有木瓜籽津液的水放置几个小时后，凝结，成为凉粉状的固体。成型的凉粉口味有点像果冻，却比果冻更加清甜。浇上一勺特制的玫瑰红糖水，一碗木瓜水就完成了。小孩子玩累了，伴随着蝉鸣，坐在街头，喝上一碗清凉的木瓜水，还有什么比这更惬意的事情呢？

民间有句玩笑话："没有一坨洋芋能活着走出云南。"这话有一定的道理，云南人对洋芋的热爱到了极致。餐桌上的"老奶洋芋""青椒洋芋"算不上是明星产品，小吃街上的"炸洋芋""烧洋芋"才是。

各家的炸洋芋有自己独特的口味，每个摊位都有着"秘制"的酱料配方，虽然酱料配方都是普通的大蒜、香菜、折耳根，但是搭配起来味道就是完全不同，在香喷喷出炉的炸洋芋上浇上一勺，色香味俱全。烧洋芋也是一绝，冬日的街头，在某个烧着炭

初 2024 届 18 班　徐梓畅摄　　　　初 2024 届 18 班　刘窈摄

火的摊上随意一坐，大口吃着冒着热气的烧洋芋，配上可口的小咸菜，那可真是人间的一件乐事。

这些形形色色各有千秋的小吃，身怀绝技，成就了一个奇异的小吃江湖。

二、 酸甜苦辣咸——杂糅的昆明滋味

如果说辣能代表四川，甜能代表江苏，那么什么才能代表昆明口味呢？说不上来。

尽管昆明美食已然成为昆明人心目中无可代替的存在，但是却很难规整为一种统一的口味，这也许就是云南菜很难成为中国"第九大菜系"的原因，昆明美食之所以尴尬，就是因为其"杂"的本质。它的百味俱到，便是印证了昆明美食的包容性，各地区、各民族、东方、西方的东西都在此杂合了。在大的西南地区辣、咸味的基础上，有少数民族的酸、本地汉族的甜，而且这个甜味很重要，是增加昆明菜地道口味的关键口味。干的、稀的、甜的、咸的、辣的、素的、荤的应有尽有，在少数民族特色与传统老昆明风味的融合碰撞之下，成就了具有昆明特色的小吃江湖。

若是不细究，昆明的代表口味大致可以分为以下几种类型：大西南特有的辣味，少数民族特有的酸味和汉族的甜味。

辣味，是被昆明人公认的地方特色。祖国的大西南位于山区，为了驱寒解暑，故食辣，如与云南临近的四川，就形成了以咸辣为主的口味特色。昆明也不例外，辣口的代表作在昆明也是数不胜数了，如炸洋芋、卤腐、烧烤，还有各种煎炸烧小吃都要撒上一层厚厚的辣椒面才肯罢休。对于昆明人来说，吃辣已然成为一种本能，街上各色小

吃，如果不特意说明，佐料中会被老板默认为辣，这也使很多外地人无法理解。

食酸，是少数民族特有的习俗，在云南，酸味找到了老家，大行其道。由于气候炎热，在滇南生活的少数民族，喜食酸的东西来开胃。但是这种酸，区别于山西的"醋酸"，是独特的水果酸，柠檬就是酸味调味品中最独特的一种。将柠檬的汁水滴入凉米线、凉鸡中，形成了一种奇异的风味，"柠檬撒""柠檬洋芋""柠檬鱼""傣族鬼鸡"……制成的菜品入口时微酸，回味时有着柠檬的清香，都使昆明人赞不绝口。水果的酸味除了能够作为调味品出现在食物中，它们单独也能成为昆明的小吃。有人肯定会好奇："吃水果有什么好奇怪的？"但神奇的是，昆明人也喜食酸的水果，比如未成熟的芒果、酸的李子、酸的菠萝、滇橄榄，或直接拌了辣椒吃，或腌制成泡菜，都是昆明人的开胃最爱。

食甜则是昆明人与云南其他地区最大的不同。甜味有的时候会藏在烧饵块的花生酱里，有时又藏在制作豆花米线、制作卤饵块的甜酱油里，它无处不在却又小心翼翼地融合着各种口味，调和着酸和辣，也许，这就是昆明人性格的一种隐喻，包容而不张扬。

其他的不常见的口味在昆明也能寻到，如撒撇的苦味。仿佛什么味道在昆明都是不足为奇的，甜辣、咸辣、甜咸、酸辣、酸苦辣，各种味道混合在一起，昆明人不仅会吃，而且能懂其中滋味。吃着这样各式口味菜品的昆明人，性格也许也是丰富多样的吧，拥有着香辣的爽快耿直，咸鲜的中庸保守，甜的厚道亲切，酸的复杂爽利。

那么是什么造成了如此多样化的口味呢？

首先，昆明独特的地理位置使之接纳了民族融合和地域融合。昆明的饮食口味，是多民族口味融合的表征，也是外省人、外国人历代入昆后带入菜品的杂糅。昆明的地理位置十分特殊，它既是云南的省会，又是大西南地区与其他地区连通的桥梁，还是沟通南部邻国的一个重要枢纽。那么，口味的融合在西南地区也就顺理成章了。云南一共有 26 个民族，每个民族都有自己独特的口味，昆明的包容性给了民族口味的融合很大的发挥空间。各种口味也在人口流动中不断地取长补短，形成了特有的饮食风格。

其次，昆明食材的丰富性也造成了昆明美食的多样性。昆明位于亚热带地区，气候温和湿润，适宜多种动植物的生长和繁殖。亚热带季风气候适宜水稻的生长，云南的稻作文化也是源远流长。水稻作为最普通、最寻常的作物，能够在云南大放异彩，得益于昆明人的独特智慧。他们善于发挥稻米的优势，制成独特的主食——米线、饵块、粑粑等。除了稻米的利用，云南人还尝试将各种动植物都作为食材，"尝百草"的精神勋章云南人也是担得起的。除了上文所提到的各类野生菌，还有各类的虫子、竹笋、野菜、花朵，加之特殊的处理方式，都能成为云南人的佳肴，云南人在开发菜式上可以说是乐此不疲，更可以说是"舍命相搏"。

最后，制作食材的方式新颖和奇特，也是造成昆明饮食口味多样的原因。比如，云南人将豆子研磨成粉，制成豆面，之后再加开水搅拌，制成豌豆粉，也就是云南人所说的"稀豆粉"，它可以和油条、米线搭配，浓厚的豆香可以作为任何主食的陪衬。稀豆粉极致地显示了豆子的香味，可以说是豆子界的一个创举。

敢于探索、善于尝试、接纳和包容……昆明人的这些性格造就了丰富的昆明滋味，不必刻意归纳总结，不需非要有一个定理来概括，没有章法便是昆明滋味最大的特色。

三、快、慢——昆明的两种饮食性格

"我家（方言：jie）昆明人，哪点（方言：die）不如人，象牙烟锅是叼春城，满链壳呢单车是带女人，毛呢裤子是系草绳，的确良的衣裳是一层裹一层……"这是昆明特有的戏曲花灯，用地道昆明方言演唱，曲调轻快悠扬，每一个老昆明人都能随口哼唱。然而随着城市化进程的不断加速，城市的节奏越来越快，快得让这个曾经飘扬在昆明的大街小巷中的曲调逐渐湮没在了历史的浪潮之中。今天，再要重温曾经的点点滴滴，我们只有前往位于昆明东南郊的官渡古镇中去寻找，去品尝那些古老的美食带来的城市记忆。

走进官渡古镇，古色古香的砖瓦房檐透出朴实淡雅的气息，吹走了人们心中的浮躁与焦虑，昆明城市文化仿佛在这儿沉淀。走进饵块传习馆，稻米香缭绕，白雾升腾中，一口大灶蒸着巨大木桶，晶莹的米粒正在迅速柔软膨胀。几名游客在师傅指导下，热火朝天地舂制饵块；经过选米、泡米、蒸米、舂碓、揉捏，渐渐成型的饵块敦实滑润，韧劲十足，近闻还有沁人心脾的清香。传统手工舂制的饵块，经过晾晒，在自然条件下可保存。这是官渡第一宝。

官渡的大妈背着竹箩筐沿街叫卖的麦粑粑，是官渡第二宝。古镇的粑粑由麦粉烘制而成，外形有点像烧饼，但比烧饼松软香甜。刚出炉的粑粑非常烫手，店家会提供筲箕来给顾客盛粑粑。麦粑粑有实心的，也有胡麻、花生、豆沙和酥子馅，各有千秋。有两家生意做得最红火，一家是土主庙旁的李家麦粑粑，一家是土主庙正对面的眼镜麦粑粑。每天都会卖断货，在赶庙会或者初一、十五更是抢手，必须早早去排队。人手捏一个香甜的粑粑，边啃边听戏，美食因戏曲而愈加香甜，戏曲因美食而愈加悦耳。

官渡第三宝是官渡米线。官渡米线必须用小铜锅煮，其中的酸，需用地道官渡乡下人腌的菜勾勒，而鲜，得靠老火熬制的骨头汤，煮入洁白柔韧的米线，再点缀些新鲜肥韭菜绿葱花，最后加上一勺红艳艳的辣椒油和一勺喷香的酱肉末，吃得都来不及抬头。

吃完官渡三宝，若还有胃口，出门一路过去，满街都是烤臭豆腐、烤饵块的摊儿，还有豌豆凉粉、甜白酒、凉拌田螺、毛血旺、抓抓粉、米凉虾这些经典小吃，每一种品尝都是舌尖味蕾的一次盛宴。

慢下来品尝生活滋味，是昆明人的目标，"快"与"慢"的巧妙融合却是昆明人的本事。到昆明的老街瞧一瞧，在闹市中的昆明老街好像一位智慧的老人，既保持着朴实风度，也接收着新社会的活泼信息。

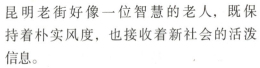

昆明的老街，别名"文明街历史街区"，距今有 900 多年的历史，随着城市的扩张，老街的印记已经渐渐模糊，2014 年，昆明政府下定决心，修缮或重建老街区，昆明老街就成为老城新生的一个代表，保护和发展了昆明的历史文化印记。

沿着钱王街走，用心去感受古老的砖墙和颇具风味的石板小路，一枝绿绿的藤蔓攀着满是岁月感的门楼。这里稀奇古怪的商品，花鸟市场上的虫草鸟鸣，都能带给我们全新的感受，历史名人故居唤醒着人们的时代记忆。最吸引人的还是各色小吃，走进街区，先尝一碗霖记豆花米线开开胃，爽滑的米线搭配上豆香四溢的豆花，盖上一层厚厚的肉冒，整个人都被这份清爽包裹着。再到端仕小锅品尝一碗卤饵丝，听一听那创造美味的小故事，品味昆明"闲"情带来的偶然之美食。再喝一碗经过"改良"的木瓜水，就坐在路边，看着熙熙攘攘的人群慢慢走过这条古朴又繁华的街道，心中的感慨油然而生。

如果说官渡古镇和昆明老街是老昆明的记忆，那么园西路就是快节奏昆明的代表。在云南大学东陆校区旁边的园西路现如今已经成为小吃街的代表，由校园所催生的小吃，无一不迎合着青年们的喜好。从园西路的坡头走下去，满是背着书包的学生和慕名而来的游客。各大时髦的奶茶店是这条街的主力军，连锁的小吃店也成为街上的特色。再往下走，是青和小锅米线的店面，这家开了几十年的店铺屹立不倒，在守住传统的同时不断创新。街尾的老牌烤猪蹄的店门口总是排着长长的队伍，一只只猪蹄在炭火架堆叠成一座小山，烤熟的猪蹄外焦里嫩，撒上特制的辣椒面，香气四溢，令人垂涎，走过路过的行人都忍不住停下脚步购买一只。炸洋芋、烧豆腐、舂鸡脚……吸引着学生和游客。走在拥挤的小道上，感受着新老昆明气息的融合。

慢，是老昆明人刻在骨子里的闲情，时间，就在老人的烟锅中，在巷口烧饵块的炊烟中，在普洱茶冒出的热气中，慢慢溜走。蒸腾的烟火气背后，是一个个昆明人慢慢行走的身影。这样的悠闲让昆明人可以随时随地停下来，慢慢地享受生活的乐趣。

快，是新时代所带来的独特风情，当人们早餐的选择不再是烧饵块和糯米坨，当过桥米线、小锅米线的老店铺也成为快餐连锁，商业与闲情不断交锋，昆明人以其独特的包容性，去适应着这个快节奏的社会，接受着这个社会所带来的新鲜血液，创出了快慢相结合的昆明味道，展现了昆明人在时代潮流中的智慧和勇气。

活动探究

1. 小组讨论，说说你最喜欢的昆明小吃，评选昆明小吃之"最"。

2. 如果外国友人到访云南，你作为导游，会向他推荐什么小吃呢？请你为昆明小吃写一个推荐语。

3. 你与昆明小吃肯定有很多小故事，写下来和同学分享。

第三节　老铺子里的滇中名片

本节导读

　　每座城市都有着它独特的记忆，而"老字号""老铺子"更像是记忆中承载着历史韵味的名片。那些隐在繁华闹市或窄街陋巷沁人心脾的珍馐，依然可以在记忆最深处被打捞起来，吉庆祥、桂美轩、冠生园的火腿月饼及下关沱茶、同庆茶叶、建新园米线、虹山面粉厂的糕点、通海县酱菜、宣威火腿一直是我们最熟悉的味道……打开这些"云南记忆"，悉心感受那沧桑岁月带来的震撼，老滇味就渐渐晕染开来了。

一、嘉华鲜花饼——可以吃出鲜花的酥饼

　　云南在人们的记忆中是一个神圣的地方，仿佛听见云南二字就能净化人的心灵，洗涤人的灵魂，这就是大部分人对云南的感觉！然而，云南不仅有让人神往的美景，也有令人垂涎欲滴的美食，其中最具云南特色的美食——云南鲜花饼有着不可替代的席位。

　　世界花卉看云南，追溯历史，云南自古以来便对鲜花情有独钟，云南人爱花，喜欢种花，更喜欢吃花。以云南特有的食用玫瑰花入料的酥饼——鲜花饼，便是最具云南特色的经典点心。

初 2024 届 25 班　刘阳域摄

　　都说去香港一定要买老婆饼，去台湾一定要买凤梨酥，而到了云南，则一定要买鲜花饼。"鲜花味，最云南"的印象早已深入人心。除了作为特色伴手礼之外，还可把它当成日常休闲零食。

　　早在晚清时的《燕京岁时录》中就有记载："四月以玫瑰花为之者，谓之玫瑰饼。以藤萝花为之者，谓之藤萝饼。皆应时之食物也。"从清朝开始，鲜花饼便是乾隆帝最爱的贡品，因它花香沁心、甜而不腻、养颜美容的特点，甚至钦点为"祭神点心"，还被收录《本草纲目拾遗》中，"皆应时之食物也。"

如今，鲜花饼已走进大众的视野。不仅外地的游客朋友喜欢购买鲜花饼作为伴手礼，就连云南本地的居民排着长队购买新鲜出炉的鲜花饼，也已成为司空见惯的现象。

初 2024 届 25 班　李可怡摄

云南嘉华食品有限公司成立于1988 年 8 月 8 日，是云南本土大型烘焙企业，发展至今已然历经了 30 余年的时光淬炼与沉淀。嘉华食品旗下拥有大型连锁烘焙品牌"嘉华饼屋"、知名伴手礼品牌"嘉华鲜花饼"、云南高端烘焙连锁品牌 JUST HOT，集研发、生产、销售为一体，经营品类涵盖面包、蛋糕、西点、中点、咖啡饮料、月饼、汤圆、粽子等 200 多个单品，其中云南的传统特色点心产品占比达到 30% 以上。

嘉华食品一直以发扬云南传统美食文化为己任，早在企业创立之初便将鲜花饼作为公司重点研发、推广的产品之一。在嘉华致力于提供给消费者完美味觉体验的宗旨下，嘉华严控产品品质，用心打造"用料足，味道好"的鲜花饼。

嘉华专注于云南特色点心的创新研发与生产，在传承古时制饼传统的同时，不断研发改良鲜花饼的制作工艺和条件，坚持烘焙最纯正的鲜花饼。嘉华食品于 1994 年率先提出"三朵玫瑰一个饼"的制饼标准，定义嘉华品质的鲜花饼。为了保证主要食材玫瑰花的绿色安全，嘉华自 2008 年起在云南省曲靖市马龙县有机农业示范区培育建

设 3000 亩自有的有机玫瑰园。该玫瑰园采用全有机规范种植,获得国家有机和欧盟双有机认证。以高品质新鲜玫瑰为原料,以行业内高标准进行原料的甄选和生产制作,产品质量更加可靠。随着公司食用玫瑰种植基地的不断发展,基地年产玫瑰花原料可达 500 吨以上,可生产鲜花饼 5 000 万个。

嘉华对产品的执着,同样体现在鲜花饼制作工艺上。通过不断调试,嘉华鲜花饼已实现全自动规模化生产,由中央控制器控制产品在制作过程中所有参数,堪称大脑中枢。由人工生产到自动化生产,减少人为接触,确保产品安全。经过自动开酥系统和可视化全自动制饼流程,鲜花饼生饼已成型。成型后的鲜花饼将传送至燃气隧道炉,定时定温烘烤,出炉后的鲜花饼表面金黄、光亮,手感柔软,口感香软无夹生。烘烤熟制后的鲜花饼,外酥内软,浓浓的玫瑰花味扑鼻而来。通过输送线自动进入冷却间,采用全自动冷却塔,配置 10 级空气净化循环系统,让鲜花饼在 1 小时内冷却至 30℃ 以下,快速投入自动包装系统。至此,"千层酥皮,酥而不散"的嘉华鲜花饼正式诞生了。

为提升公司生产能力,为发展壮大提供保障,嘉华食品还在呈贡七旬绿色产业基地内建设新厂,总占地达 208 亩,中央工厂建筑面积近 15 000 平方米,包括面包车间、中式点心车间、蛋糕车间、西式点心车间、半成品车间及现代独立产品研发室等。工程总投资额逾 1.5 亿元,可同时满足直供 400 家门店的产品供应需求,成为西南地区规模最大的烘焙企业。

早在 1993 年,嘉华食品率先实行"前店后厂"的经营模式,第

嘉华绿色产业基地新厂

一家自营门店昆明小西门店开业，就此开始连锁经营之路。嘉华鲜花饼走出去的另一个重要举措就是"嘉华鲜花饼专卖店"体系的筹建，以省内旅游景区加盟店为先锋，广泛布局交通枢纽渠道（机场、高铁站）、KA 渠道（大型连锁超市）、旅行社渠道及批发零售渠道。现有的鲜花饼专卖店有东寺店、正义店、大理古城店、丽江古城店等，另外各经销商在昆明机场、景洪机场、七彩云南旅游购物点和昆明百货大楼也开设了专柜。

30 年是嘉华品牌发展史上的一个里程丰碑，也是中国本土烘焙行业发展的一个缩影。过去的 30 年，嘉华食品将传统的传承与大胆的创新巧妙地融合在一起，赢得了消费者的青睐和行业的良好口碑。

二、 拥有 150 年历史的云腿月饼

城市记忆和地方味道对"老字号"的消费认同有着重要的影响。作为记忆主体的消费者对地方味道的追寻是云南"老字号"得以存续和发展的原因，而这些"老字号"不但能保护和传承社会文化价值，也成为历史记忆的载体。

明末清初之时，南明永历皇帝朱由榔在清军的进逼之下，退据昆明避难。颠沛流离和处境险恶，让这位皇帝终日愁苦、茶饭不思。为解永历皇帝愁思，随行的一位御厨绞尽脑汁，希望能做出一道美味佳肴。一次，这位御厨偶然发现了云南本地一种形似琵琶的腌制猪肉，切开后香气浓郁、扑鼻而来，皮薄肉厚肥瘦适中，骨头略显桃红，似血气尚在滋润。这腌制的猪肉，就是今天与浙江金华火腿齐名的"宣威火腿"。于是，这位御厨决定用宣威火腿为皇帝做菜。他取下宣威火腿最好的部分切碎成丁，之后加入蜂蜜、白糖包馅并蒸制，称之为"火腿包子"，并将其奉给

2024 届 25 班　滕马子越摄

皇帝。永历皇帝看了看这外表不起眼的"火腿包子"，漫不经心地咬下一口，感觉香浓味醇、甜咸适宜，当即龙颜大悦，更连声夸赞，这"云腿包子"遂成了御膳。南明王朝灭亡后，云腿包子的做法也渐渐由宫廷传入民间，其做法也逐渐由蒸制改为烘培。

时间来到 1851 年左右，朝廷大员舒兴阿到云南做巡抚，胡善和其子胡增贵随舒兴阿到昆明，在巡抚衙门内做起了厨师。之后，舒兴阿奉调回京，而胡善父子则留了下来，在巡抚衙门旁一个叫"三转弯"（这个地方如今还在）的地方开了昆明第一家专营糕点的店铺"合香楼"，主做满族糕点。

2024届25班　朱芮可摄

御厨出身的胡增贵，发现一种叫"云腿包子"的点心深得昆明人的喜欢。于是，他将自己的宫廷技艺与云南人的口味、食材结合起来，对"云腿包子"的配料和加工工艺进行改良。经过不断尝试，1872年，他终于成功做出了以宣威火腿为主料，辅以白糖、蜂蜜、猪油、熟面等烘培制成的"火腿四两砣"，也就是云腿月饼的雏形，云腿月饼150年的历史也就此开始。

提到滇式云腿月饼，就不得不聊一聊吉庆祥。吉庆祥全名为昆明吉庆祥食品有限责任公司，于2002年9月由昆明吉庆祥糕点厂改制而来。该公司位于秀丽的五华山旁边，是一个历史悠久的食品生产骨干企业。"吉庆祥"创建于1907年，最早的创始人是陈惠泉、陈惠生，兄弟二人小名分别叫"小庆"和"小祥"。由于二人的经营得到妹婿袁吉之的资助，因此就以三人名字中的一个字为招牌，起名"吉庆祥"，又请画家胡应祥设计画了注册商标，商标中的"戟"和"磬"取"吉庆"谐音，也表达了"吉祥之意"。

相传吉庆祥1922年始进驻昆明。20世纪初在昆明，吉庆祥可谓风光无限：数米宽的大门，开向两边，高高的门槛与两米长的"吉庆祥陈记"牌匾天地呼应，在大门的左右各有一扇窗，上方"尘飞白雪""玉屑金泥"分列"吉庆祥陈记"牌匾两边，这些字均出自书法家陈荣昌的手笔，笔力刚劲，三块匾构成一个整体，相得益彰。各色糕点依次摆放在半人高的木质柜台上，等待着客人购买。昆明吉庆祥创立后，以制作滇式糕点为主，而硬壳火腿月饼则是吉庆祥最声名远扬的产品。

1927年，吉庆祥发生过一件大事，就是误用苏打做成白糖月饼出售。此事被发现的时候，月饼早已销售一空，补救已经来不及。在那个民风淳朴、货真价实的年代，这几乎成为吉庆祥的灭顶之灾。众人一筹莫展，眼看多年的信誉就要毁于一旦，掌柜陈惠泉作出决定，承认失误并承担所有赔偿。"凡购买了误用苏打做的白糖月饼的顾客，哪怕只剩一小块，吉庆祥负责全部退换，乘车来的代付车费。"如此告示在吉庆祥门口一贴出，即引起全城轰动。也因此，吉庆祥名声大噪，不仅没有影响到生意，顾客反而越来越多。这段历史依然被当做传家宝在吉庆祥代代相传。

凭着良好的声誉，吉庆祥生产的硬壳火腿月饼成为百姓必备的节令食品。20世纪三四十年代，越南、缅甸、泰国的富豪人家，专门雇用马帮，途经茶马古道，来昆明采购吉庆祥的硬壳火腿月饼。当时，吉庆祥火腿月饼是市场上紧俏的商品，云南省政府主席龙云还特地派部队保卫吉庆祥，维持吉庆祥火腿月饼的正常生产和供应。

1956 年公私合营时，吉庆祥合并了"合香楼""桂香楼""瑞兴祥"等十八家食品店铺，成为具有一定规模的"吉庆祥糕饼厂"，主要生产各式中西式糕点、滇式糕点、裱花蛋糕等。时任云南省委书记的周兴到吉庆祥视察，将硬壳火腿月饼改名为"云腿月饼"，并一直沿用至今。1979 年 10 月，吉庆祥注册了"吉庆牌"商标；1983 年，吉庆祥恢复"昆明吉庆祥糕点厂"的厂名。通过不断改进和创新，以云腿月饼为代表的滇式糕点，独具一格，自成一体，被国家列为与苏式、广式、京式、潮式糕点齐名的糕点之一。

吉庆祥生产的"云腿月饼"年产量至少是 900 吨，这个数字在中国月饼生产商中单品产量都是不多见的。月饼的销售格局大概是昆明 1/3，省内其他州市 1/3，省外 1/3。而在省外，"云腿月饼"的主销区集中在川、黔、渝、陕四省市，在北京、广东、上海市场上也有"云腿月饼"的身影。这也是目前吉庆祥的一个困惑，受口味的影响，"云腿月饼"要在中国市场通行，困难还不小。

受节令极大限制的月饼并不能满足吉庆祥的生产需求，它需要长线产品来满足设备的全年运转。为此，1985 年吉庆祥斥资 215 万元，引进德国海本斯特莱威化饼干生产线和意大利产包装机，开始威化饼干的生产。这条年产 900 吨的生产线一直沿用至今，主要生产巧克力、香草、芝麻、花生等系列威化饼干，这些产品共同使用一个商标"吉牌"。威化饼干投产后，吉庆祥三年还清了贷款，夯实了发展的基础。

拥有百年历史的吉庆祥，在昆明现存糕点业内无疑是老大哥，仅"吉庆祥"这块金字招牌就足以让后辈企业望其项背。

华山南路的"吉庆祥老店"内，重油蛋糕、茴饼等传统糕点摆放在厚实的白色塑料袋内，面筋萨其马放在盘中，轻轻一刀切下去松软的部分便会散落开来，取出些用老式的秤过磅后，身穿白色大褂的售货员便会噼里啪啦地用算盘计算价格，速度之快，足以与现代计算器媲美。拿回家的重油蛋糕摆上四五天依旧不干不坏，茴饼放入口中，酥软回香，不会有普通面包粘牙的感觉，面筋萨其马入口即化、满嘴清甜。

随着市场的发展，没有独立包装的传统糕点已无法满足年轻人追求品质、外观的消费观念，亦无法和那些拥有精美包装的西式糕点一争高下。包装的每一次改变，都代表着一个时期的审美趣味，代表着吉庆祥的一个发展时期。吉庆祥第六代传承人江世贵老师傅说："吉庆祥经过这么多年的发展，包装换了一代又一代，但是我们初心不变，百年来，只为做出更好的产品。"如今，吉庆祥主要采用袋装、盒装、蛋糕盒三种礼盒形式，以满足不同人群的消费需求。包装袋上除了产品名称外，还配有古代制作点心的插画图片，以达到整体美观协调的效果。

2017年1月，昆明吉庆祥食品有限责任公司被云南潘祥记工贸有限公司收购。同年4月，吉庆祥百年老店重新装修开业。还是原来记忆中的味道，却多了一份创新的理念。在产品品类上，吉庆祥围绕传统和时尚两端同时发力，萃取昔日精华，保留茵饼、重油蛋糕、面筋萨其马、手工苏打饼干、椒盐酥等20余种家喻户晓的经典产品，接续传统。同时面向年轻的时尚消费者，补充了裱花蛋糕、西点面包等精致西式点心，紧跟时代脚步。

此外，为了能够重新焕发出百年品牌的生机，吉庆祥加大研发投入力度，打造精致的产品体系。比如从原来的普通鸡蛋变成选用生态土鸡蛋；选用纯净度极高的猪油，确保口感清香不油腻。还自主采购葡萄干、苹果培育酵母，让面包的味道、外观和质地都达到最佳状态。老昆明熟悉的味道回来了，市民对吉庆祥的喜爱程度也提高了。现在吃吉庆祥的面点，又有了当年的味道，这次它依旧以质量赢得了顾客的口碑。

随着时代的发展，人们的口味也变得更加挑剔。在糕点行业的激烈竞争中，像吉庆祥这类老店的确也显出它的步履艰难。可贵的是，吉庆祥从未停滞发展的脚步，积极学习改进。店面由原来的单一销售店面，转化为前店后烤、现烤现卖的结构。只有让食品加工看得见，顾客才能吃得更放心。吉庆祥有个执行多年的"铁律"——所有接近

吉庆祥老包装

保质期的产品，一律不允许销售，全部退回厂中。

随着吉庆祥新门店的陆续开张，那些消失已久的传统糕点会重回大众视线。时代在变，但对品质的追求没有变。走过了百年历史的吉庆祥代表着几代云南人的时代记忆和乡土情怀，代表着滇式糕点的发展历史，同样也代表着滇式糕点在中国市场占据席位的传奇。

三、"饮和食德"——罐头里的新发展

在老昆明人的记忆中似乎都有德和罐头的影子。作为云南本土老品牌，德和罐头陪伴了几代人的成长。它跨越时间和空间的界限，行销世界各地，香飘千家万户。"饮和食德"是孙中山先生对它的最美赞誉，它就是云南人那口最熟悉的味道，有最深情怀的食物。

德和发展已近百年。1921 年，宣威人浦在廷先生探索实业救国时期，看到整支火腿携带食用均不方便，于是在宣威开办兄弟食品罐头公司"大有恒"，引进云南工商史上最早的罐头生产线，生产"双猪牌"火腿罐头。因其质优价廉、包装美观，深受人们欢迎，远销东南亚一带，供不应求，并在巴拿马国际商品博览会上获得金奖。

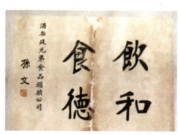

1923 年，在广州举办的商品博览会上，浦在廷凭借"双猪牌"火腿罐头获得优美奖。当时孙中山先生品尝了远道送来的宣威火腿罐头，觉其色鲜肉嫩、味香回甜、食而不腻，赞赏不已，特意题词"饮和食德"赠之，落款是"孙文"，并盖有印章。从此宣威火腿罐头名扬海外，畅销南洋诸国。

1946 年，浦在廷长子蒲成统与戴永康等人在崇仁街 4 号正式成立了"昆明德和罐头食品股份有限公司"，并取"饮和食德"中的"德和"作为商标，即"饮食文化和传统的道德文化相结合"之意，公司所属的"德和罐头厂"则设立在昆明弥勒寺 100 号戴永康家中。由此公司成为中国最早开始生产制造罐头的企业之一，至今德和仍是云南规模最大和最具影响力的罐头食品综合生产制造企业，代表的是云南省罐头制造的最高水平。

德和公司从筹办到投产仅用了两年时间，就一举成名，只重质量，用诚心，守诚信，是远远不够的，只有继承也是不够的，还得用头脑，用智慧来经营；锐意进取，开拓创新，才是德和发展的不竭源头活水。此外，昆明德和秉承浦公遗志，爱国救国，在远征

赴缅抗日、援越抗美战争中，提供军需罐头，出色地完成后勤保障工作。

新中国成立后，党和政府对德和企业给予了政策和资金等方面的大力支持，德和生产不断发展，日产云腿罐头达2 000罐，远销香港的数量也不断扩大。其间还接到英国商人从伦敦直接要求大批订货的订单，德和的产品不仅在国内市场上站稳了脚跟，而且迈出国门走向了国际市场。

德和作为云南省罐头食品行业历史最悠久的企业，1953年以来，先后经历了公私合营、国有改制等，但公司一直秉承当初建厂的传统，产品制造工艺要求和经营理念始终不变，对食品的质量安全尤其重视，工厂环境处处清爽整洁，多次得到国家、省、市等各级质检部门的好评。良好的信誉和过硬的品质使得"德和"的产品深受市民信赖，如今大部分消费者早已认准了"德和"这个品牌，说到"德和"罐头人人皆知，家喻户晓。

或许在过去，市民买德和罐头只是停留在午餐肉和云腿几个单一品种上。党的十一届三中全会后，昆明德和罐头厂的罐头产品已发展成为肉类、水果类、蔬菜类、乳脂品类、禽蛋类、水产类、软包装类七大系列产品，拥有一条方罐流水线、一条圆罐流水线。拥有日本软包装罐头生产线，日本填充结扎机和日本异型封罐机。同时还在过去开创品种的基础上，发展了糖果、饮料、小食品类，有多个产品分别获国家、省、市优质产品称号。

如今，德和的产品已有上百种，出口东南亚等地区，清蒸牛肉罐头、盐水大芸豆罐头等产品大量出口中东阿拉伯地区，产品备受国外消费者青睐。2005年德和罐头凭着优异的产品品质，通过了数十个项目的质量检测，成功进入北美加拿大市场，这是近二十多年来中国制造的罐头首次通过官方渠道正式进入该地区，这也标志着德和罐头产品品质是毋庸置疑的。

目前，德和不仅将产品铺设到了各大商超柜台，还在昆明开设了三家直营门店，今后

还将在机场和各大商业中心拓展门店，为随时想吃一口德和罐头的云南人提供了方便。

大部分"老字号"企业都面临着品牌形象老化、产品陈旧、经营模式单一、品牌宣传推广乏力、盈利困难等问题，无法准确把握消费者的新需求、新审美，难以适应市场经济环境的变化。

面对新形势，德和开始全方位探寻品牌创新发展之路，为企业注入发展动力。其先后通过品牌重新定位、品牌形象升级、产品升级、品牌宣传推广、营销渠道再造等步骤，推动德和"老树换新颜"。其中，在营销渠道建设上，德和在商业购物中心开设"德和罐头公司"专卖店；提前布局生鲜赛道，开设"德和黑猪"社区生鲜店；完善线上渠道，进行线上全平台布局，积极探索电商直播模式；与多位知名主播合作，多款产品上线主播直播间，与消费者建立互动、融合、分享模式。

即将百年的德和一直都在锐意进取的道路上行走，从创办的那天起就扛起了云南罐头产业的大旗，几乎做到了云南人民无人不知的地步，这是一种巨大的品牌效应，是一种强烈的情感共鸣。

"老字号""老铺子"不会成为老品牌墨守成规的枷锁，而是代表着沉淀百年的工艺经验和百年如一的匠心品质，这一张张承载着历史韵味的滇中名片，定会陪伴这些"老铺子"迈向下一个百年、千年的辉煌。

德和基地效果图

第四节　做十中人，品十中味

本节导读

　　求实美，美在性格各异的四季风光，更美在令人垂涎欲滴的美食。如果走过十中的春夏秋冬，就一定不会错过十中舌尖上的美食盛宴。文字间，留下的是十中学子对母校的依依不舍，也是对这份溢满了青春滋味美食的眷恋。

　　长在十中的孩子，从来都不吝啬于对求实美食的赞美。

　　作为一个喜欢美食的人，昆十中的学生餐厅极大地满足了我的胃。从章鱼小丸子到烧饵块，从小锅米线到卤肉饭，每每想起，那可口的滋味仍从舌尖缓缓漫开、扩散，顿觉满口生香。

——高 2019 届 7 班 李诗涵

　　不管过了多久，忘不掉的还是食堂那一碗卤面的味道。每个大课间，做完操后去食堂抢卤面的场面，我愿称之为大型"灾难片"。在人潮中向前挤进去，迅速把零钱丢给阿姨，端起来就往教室跑，因为我知道上课的铃声就追在身后不远的地方。端着卤面冲进教室，嘴里还没吃完赶紧又滑一嘴下去，就算是这样都没能在张老师进来前吃完。张老师平时很随和，但是对于上课她可是一丝不苟，要赶紧趁她没发现吃完。说干就干，语文书立起来，头低下去，卤面接在下面，划拉划拉几嘴全部塞进嘴里。正在我以为万事大吉满足地抬起头来的时候，却惊恐地发现了张老师一脸和善地看着我。张老师笑眯眯地对我说道，要是这周的考试考得不好的话，作业的量可能要变化一下了。

——高 2019 届 龙信玮

　　啊，常常也会想起食堂的丸子和烧饵块，卤鸡米线，一楼门外窗口的干锅鸡和辣鸡米线，门口的小面和小锅米线，二楼有玉米汁，还有门口的那家烧烤炸洋芋，会想起干啥啥都行干饭也第一名的我们。

——高 2020 届 12 班 江山

　　这一节，我们就来品一品求实美味。

一、 清晨奏鸣

一个个阳光明媚的清晨，早早地起床，在球场上奔跑……阳光开始露出棱角，敲醒了沉睡中的校园。操场、寝室、食堂、教室——每一个早晨都是忙碌而有秩序的，"四方食事，人间有味"，早起的日子固然难熬，但一份合心意的早餐，总在这些时刻，带给十中学子一份实实在在的温暖。

初 2024 届 16 班　濮晟文摄

好吃、营养、高效，是对校园早餐的基本要求，让我们一起来聆听求实食堂的清晨奏鸣。

"生是十中人，死是卤面魂"，一碗卤面，吃的是多少届十中人的情怀。时至今日，不少已经为人父母的老"十中人"回忆起母校，念叨着的依然是那碗盖满了葱花的卤面。

肉酱帽子、脆哨、肉片、韭菜、葱花、豆芽、腌菜，熟悉的昆明味就这样被拿捏得死死的。配料丰富的卤面，面煮得偏硬一些，力求留住面条柔韧筋道的口感。在甜咸酱油与焖肉杂酱混合在一起的咸香口感中，再加上满满一大勺花生碎，吃起来香味真是一绝。

初 2024 届 16 班　濮晟丘摄

因为少了汤水，学生们总是一边跑一边嗦，往往还没有走到教室，一碗面就已经下了肚……偶尔还能看到几个初中的男生站在垃圾桶旁边围成一圈嗦面的盛景：一边赞着今天的面、作料摆得足，一边大口大口往下吞，还得比比谁今天运气好肉酱帽子更多些……只待上课铃声响起，一群人再次加速，最后硬是要一滴汁都不剩下。老师进了教室，一群男生才终是不舍地把食盒扔下，一溜烟从后门钻了进去，坐在椅子上腆着肚子，心满意足地擦擦嘴，打个嗝，翻开课本……讲台上的老师看见了也只是抿嘴笑笑，却不多说什么……这一批一批的"泼猴"，便是在这卤面香中慢慢长大的吧。

初 2024 届 17 班　董芮妤摄

食堂的卤面可以说是明星产品，每到饭点，卤面窗口就排起长长的队伍。卤面的面筋道，软硬适中，香气扑进鼻中，让人不禁咽了咽口水，再加上汤料，卤汁和一个卤蛋，完美！"风味十中，卤面一绝！"

——初 2024 届 26 班　弓之南

初 2024 届 17 班　钟佳芮摄

初 2024 届 17 班 · 雷楚浩绘

比起北方味十足的包子、馒头、大饼，昆明的孩子自然会更喜欢有炭火气的烧饵块，圆形的薄饼状饵块放到炭火上烤制，烤到外表两面金黄、内里蓬松软糯的时候，再根据个人口味抹上各种酱料和小菜。最基本的搭配就是抹好甜酱，加一坨卤腐，用长竹片抿匀，再卷上一根烤得金黄酥脆的小油条，用竹片加着甜酱一压，手一裹，一份热气腾腾、香气四溢的烧饵块就出炉啦！豪华版的烧饵块内容就更多一些，"万物皆可卷"——鸡蛋、鸡柳、培根、火腿肠、豆芽、韭菜、土豆丝……凡所应有，无所不有。

一手拿着书，一手握着饵块卷，走起路来，步子都要格外精神一些。放在口里咔嚓一咬，油条的酥脆、饵块的香糯、甜酱的厚重、卤腐的跳脱，一切的美好滋味都在这一瞬于口中绽开——新的一天，就这样轰轰烈烈地拉开序幕。

如果来昆明十中一定要尝尝烧饵块！紫米的饵块有嚼劲，白米的香甜软糯，各有各的一番风味，搭配上香中带甜的花生酱和特制的咸甜酱，再搭上一些自家做的卤腐和辣酱，口味层次丰富，好吃又有饱腹感。

——初 2024 届 22 班　余紫涵

二、　主食滋味

操场的雨再冷，食堂的空气也永远是热腾腾的，结束了一个上午辛苦的学习，终于可以来到食堂，享受一天中最美好的时光：午饭。

掀开食堂的垂帘，一股热气扑面而来，眼镜上都晕上了一层水雾，随之而来的还有各种美食的香气混着嘈杂的声音。抬眼望去，全是乌泱泱的人群，排食堂主营套餐的人自然最多，三条长龙在食堂的各个缝隙间蜿蜒，队伍中有三五成群聊着天的，有伸长了脖子四处张望想先从正在吃饭同学的餐盘里一窥先机的，还有受尽了白眼也要让挚友来插个队的……各式各样，让空气燥热了起来。

食堂的侧面，是专营各种特色美食的长廊，傣味饭、卤肉饭、芝士焗饭、煲仔饭、包烧饭、东北面食、牛肉面、小锅米线、三鲜米线、比萨、汉堡……如果说营养套餐满足了学生们的胃，美食长廊则是满足了孩子们对于口味的极致追求。

米线，是云南主食中不可不提的一员。随着"嬢嬢，米线少点，肉多点"的声音越来越响，阳光般的暖色灯下，一团一团雪白的米线在沸水里翻滚、松弛，如同泡温泉的人，压力随着温吞的水一点一点消失，出了温泉，一切喧闹又回来了——阿姨把米线捞出来，娴熟地分配到碗里。她听见"少一点""多一点"的请求，或照做或无视，但都丝毫不影响学生们拿到米线的惊喜。

有的同学饥饿写在心里，有的同学饥饿写在脸上，端着富有"锅气"的米线，坐在窗边。在汤勺上放一根米线，一片青青的菜叶，一块金黄的牛肉，一口浓汤，整碗米线的风味聚集在小小的汤勺里，下口……这一天圆满了。

食堂二楼的米线在同学们的心目中始终有一席之地，冬日里，吃上一碗热腾腾的米线那真是太满足了。我们最喜欢吃三鲜米线和小锅米线。"猪肉，鸡肉，鸡蛋，加上各种辅料，将这些放入碗中，热汤一淋，只感觉三鲜的鲜与米线的香巧妙地融合在一起，碗里冒着腾腾的热气，让人忍不住吃上一大口。"

——初 2024 届 23 班　曾梓媛

夏天时，同学们更喜欢豆花米线。"白花花的米线如白龙入水，溅起一朵朵白白的水花，米线、肉末混合在一起，鲜香充盈，甜咸适中，米线、豆花、肉末平凡无奇，但在完美的配合中却能如此鲜香，将平凡变为不凡。满足！"

初 2024 届 16 班　陈琬匀绘

——初 2024 届 17 班　雷楚浩

哪怕是米饭，为了迎合学生们对热量的绝对要求，也都会有与众不同的表现。

台湾烤肉饭的性价比真是一等一的高，海碗饭打底，一大勺烤

初 2024 届 16 班　申静萱摄　　　　初 2024 届 16 班　刘思悦摄

得香酥脆嫩的烤肉完整地覆盖在米饭上，洋芋丝、白菜片，一个荷包蛋，再淋上一勺灵魂酱汁……足以安抚青春期少年躁动的胃。

当异香浓郁的咖喱和酥脆鲜嫩的鸡排"强强联合"，当炖得软糯的土豆和胡萝卜交相辉映，谁能抵挡这香浓的诱惑。浓浓咖喱汁包裹着鸡排与饭粒，黄瓜和萝卜上淋着厚厚的沙拉酱，在灯光的照射下泛着点点油光，一口饭下去，肉质肥而不腻，富有弹性……赠送的酸梅汤，真是画龙点睛之笔。

——初 2024 届 16 班　陈琬匀

三、小吃精神

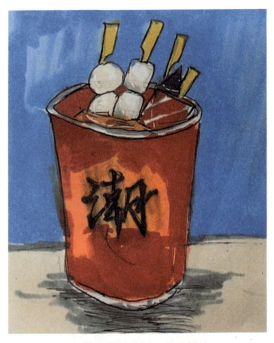

初 2024 届 21 班　杨升鹭绘

在十中，唯美食与美景不可辜负。

十中的自然之景自不必说，食堂里的小吃世界也另有一番乾坤。每天午饭，吃饱喝足，再选上一样自己最喜爱的小吃，一手捧着碗，一手拿着竹签，左边是挚友相伴，右边是天鹅伴舞，徜徉于求实的美景中，真是精神与身体的双重满足！

冬日里，食堂里的关东煮总是最受欢迎的。光是看着满满一大锅热气腾腾的关东煮，五感就已经被俘获。每天新鲜熬煮的汤汁，加入了大量的蔬菜菜心、菜皮，使得汤汁的风味越发顺滑饱满、层次感十足，温柔地将所有的食材包裹。蜂窝孔的千页豆腐，总是能够最充分地吸食汤汁，丸子喂饱了汤，Q 弹美味……

"咕噜咕噜"，那锅中的油汤煮沸了，汤中冒起数个气泡，而立在汤中的，是那各色的串串——关东煮，蒸汽不断往上冒，在那白烟中的关东煮裹着一层薄薄的红油。握住关东煮的竹签，轻松一提，将其取出，放入纸碗里，感受到那软糯的质感还在回弹着，再浇上一勺锅中的汤汁，大咬一口，软糯的肉在齿间被切断，汤汁从中溢出，顺着舌根滑下咽喉，感受微辣中混合的椒盐味。

——初 2024 届 21 班　杨升鹭

如果觉得关东煮过于饱腹，来上一碗水果捞或是一杯双皮奶也是不错的选择。

新鲜的草莓、多汁的西瓜、鲜美的猕猴桃……当多种酸甜的水果糅合着丝滑的秘制酸奶，再配上 Q 弹的芋圆，一口下去，满足了舌尖的品鉴，更让午后多了几分清爽的回甘。

炎热的夏日里，只希望来上一份清甜可口的东西，那就是水果捞，你可以按照自己的喜好加水果和小料。先吸上一口美味可口的奶茶，再咬一口水果，奶茶和水果完美地融合在了一起，简直不要太美味。

——初 2024 届 25 班　段筱

初 2024 届 25 班　段筱绘

在求实食堂的角落里，有这么一个地方，它有着全十中最好吃的双皮奶。晶莹剔透的双皮奶散发出诱人的奶香，用勺子抹上一层蓝莓味的果酱，更是给双皮奶添上一层诱人的色泽，再铺上一层小料，果冻、奥利奥、珍珠、椰果、红豆，像是快要溢出塑料小盒子一样，光是看一眼，就让人忍不住想品尝一口。奶香混合着小料的甜味，让人的心中涌出一种幸福的感觉。

——初 2024 届 19 班　李汶锦

初 2024 届 19 班　李汶锦绘

让人流连忘返的十中，让人不想回家的求实。在紧张的学习中，孩子们能在每一餐中感受到满足，在灰天鹅、孔雀的陪伴下感受到快乐。

这一切，也许就是求实孩子的幸福。

春城无处不飞花

单元导读

花同少女，少女如花，昆明一年四季似有花神降世，春城无处不飞花，这座城始终莹润着少女般的美丽动人。一句"天气常如二三月，花开不断四季春"[1]是描绘昆明的绝妙诗句。暑止于温，寒止于凉，四季不大的温差尤其适合花木的生长，不用特地的照料，每一朵花仿佛得了仙子的旨意，自己便活得光彩照人，四时之中，一城之内，家家花开，处处花飞。

在昆明这座"花之城"，只欣赏这争芳斗艳是远远不够的。春城人嗅着花香、吃着花饼、品着花酒、搽着花油……熏然欲醉在花的色彩与芳香中，毕竟在昆明，鲜花不仅仅是礼物，还是一种生活。

本单元，我们将从"乱花迷人眼，芬菲漫春城"中赏花，从"开在舌尖上的花"中品花，从"芳花染衣香，精粹集百益"中体味花之妙用，从"锦卉闹求实，书声上青云"中领略校园之花姿，感悟春城无处不飞花的魅力。

---

[1] 杨慎.滇海曲.上海：上海古籍出版社，1993.

第一节　乱花迷人眼，芬菲漫春城

本节导读

　　"花潮"——云南大学校长李广田用"潮"字来形容春城的花，一定也是被昆明花海涤荡了多次、震撼了几回。"花潮"二字道尽了昆明人因花而来的无尽自豪和满足。昆明的花是数不尽的，春夏秋冬，四季变化中每个季节都有花在盛放。

　　小寒节气三候的代表有山茶和蜡梅，山茶耐寒持久，蜡梅清香淡雅，数九隆冬的腊月，金殿公园正是我们一饱山茶、蜡梅芳姿的不二之选；春雨既足，惠风和畅的暖春，圆通山公园的海棠和樱花交相辉映，当得一个"盛"字，人在花下，不辨为人为花；盛夏蝉鸣阵阵，当我们穿过校场北路大道两旁的蓝花楹，转角迎面便遇上了莲花池畔卖着缅桂花串的老太太；金秋，在这收获的季节里，我不知道渺渺秋风要往哪一个方向吹，只知道金桂和菊花将要为我们的荣誉加冕……这种"花开不断"的旺盛生机，也感染了昆明这个城市，让"春城"更加鲜活。冬天来了，春天还会远吗？跟随万物复苏的脚步，让我们通过一张张鲜花名片，游进这春城花海……

一、　寒冬之花　傲雪凌霜

山茶花

花名：

　　山茶花。山茶是山茶科山茶属内植物的泛称，我们平时说的山茶花是对其中具有观赏性品种的总称。

　　云南山茶，也称为滇山茶，它是我国十大名花之一，一年四季中春、秋、冬三季都有花可赏。

花誉：

　　1983年昆明人大常委选定山茶为昆明市花，李鹏同志在中国茶花展题词："春城茶花甲天下，试问谁家甲春城。"

花容：

　　寒冬腊月，万物凋敝之际，北国早已是千山暮雪，"树头万朵齐吞火，残雪烧红半个天"的山茶，绝对是让昆明冬天不冷的理由之一。

　　山茶树形优美，"叶厚耐擎三寸雪"为存储水分，山茶的叶子肉肉的，并且在叶子边缘有凹凹凸凸的小齿子。

　　山茶的叶子和枝干并不大，最引人注目的是它的花朵。花瓣数目不一，多的有十五六片，站在远处眺望山茶，就好像看到了一个个小灯笼吊在树梢。细细地看山茶的花朵，你会发现花瓣上别有洞天，嫩嫩的娇艳花瓣上并不是纯色的，在接近花心的地方，有些花瓣穿上了花衣服，有一条条浅色的条纹。而有的花还在山茶树母亲的怀抱中沉睡，枝头顶端的凸起便是它们的婴儿床，这里孕育着的是一朵又一朵新生的花蕾。它会慢慢长大变成花骨朵，有的长得慢些，被山茶枝叶轻轻包裹着，有的迫不及待些，饱满得如同小珍珠，甚至快要裂开似的。

在山茶树枝干弯曲别致的造型衬托下，花朵、花蕾个个朝天，好似小喇叭吹奏着生命不息之歌。清晨的露珠滋养着它，太阳缓缓爬上来，花朵在阳光的照耀下更显动人妩媚，风儿轻轻来了，山茶颤悠悠，明晃晃，如同楚楚动人的少女舒展她沉睡的身姿，这时，调皮的露珠在她的身上滑滑梯。

山茶惹人爱，文人最爱山茶的"红"——古人云："丹砂一夜匀千萼"（张明中）、"花深少态鹤头丹"（苏轼），而在现代作家鲁迅笔下，"从暗绿的密叶里显出十几朵红花来，赫赫的在雪中明得如火"。除了明艳如火的红色外，山茶花以白、黄、粉为主。白如皎月，粉若朝霞，而黄色尤为可爱，如同初生小鸡的绒毛，嫩得仿佛快融化了似的。

花之品性：

山茶开放时花朵硕大，但始终作傲立状，绝不肯低头绽放。因此，在白族人心目中，它们是傲骨的象征。白族人从不把山茶插在清水花瓶中，令其立于土地是白族人崇敬山茶的一种体现。白族人也会给新生儿裹上带有茶花图案的小被子，以此来祝愿婴孩长大后能自立自强、绝不低头。

山茶花之诗：

昨晚从山上回来，采了几串茨实、几簇秋楂、几枝蓓蕾着的山茶。

我把它们投插在一个铁壶里面，挂在壁间。

鲜红的楂子和嫩黄的茨实衬着浓碧的山茶叶——这是怎么也不能描画出的一种风味。

黑色的铁壶更和苔衣深厚的岩骨一样了。

今早刚从熟睡里醒来时，小小的一室中漾着一种清香的不知名的花气。

这是从什么地方吹来的呀？——

原来铁壶中投插着的山茶，竟开了四朵白色的鲜花！

啊，清秋活在我的壶里了！

——《山茶花》（作者：郭沫若）

这首小诗，描绘了铁壶中的插花。受到季节的熏染，郭沫若的语言仿佛也带着一股秋天的清冽。诗不仅是语言的艺术，也可以是色彩的艺术——鲜红、嫩黄、浓碧、雪白、铁黑，在强烈的色彩对比中，我们可以看到如画般的色彩层次。除了色彩，更妙的是清晨悄然绽开的茶花。秋天本是植物凋零之季，作者用一个"活"字划破了秋天清冽萧瑟之感，茶花之白与秋季之清冷相得益彰，作者惊喜之情油然而生。

赏花攻略：

明代的早桃红在昆明黑龙潭公园内按时向人们告知春天的讯息，年复一年，从未间断，每到其花开时，为一睹其芳容，黑龙潭公园内人群熙熙攘攘。而在盘龙寺内则有一棵相传元代住持亲手种植的松子鳞山茶，历经岁月的风霜，依旧坚韧挺拔。每到冬末其含苞的花蕾绽放出好似丝绸锦缎般的红色花朵，露出其细小的嫩黄花心。在昆明，要在一天内看上百种山茶，就必须去金殿凤鸣山，这里有 150 亩上万株山茶，放眼全国，其规模属山茶园之最。

小故事链接

《天龙八部》中的"十八学士"山茶

金庸先生，对云南的山茶花就青眼有加。熟读其作《天龙八部》的武侠迷一定记得，在那景色怡人种满山茶花的曼陀山庄，爱憎分明的王夫人和段誉之间，就有这样一段关于山茶花的趣谈①。

王夫人"呸"的一声，生气地道："这般难听，多半是你捏造出来的。这株花富丽堂皇，哪里像个落第秀才了？"

段誉道："夫人你倒数一数看，这株花的花朵共有几种颜色。"

王夫人道："我早数过了，至少也有十五六种。"

段誉道："一共是十七种颜色。大理有一种名种茶花，叫作'十八学士'，那是天下的极品，一株上共开十八朵花，朵朵颜色不同，红的就是全红，紫的便是全紫，决无半分混杂。而且十八朵花形状朵朵不同，各有各的妙处，开时齐开，谢时齐谢，夫人可曾见过？"

王夫人怔怔地听着，摇头道："天下竟有这种茶花！我听也没听过。"

段誉道："比之'十八学士'次一等的，'十三太保'是十三朵不同颜色的花生于一株，'八仙过海'是八朵异色同株，'七仙女'是七朵，

---

① 金庸.天龙八部.广州：广州出版社，2020.

'风尘三侠'是三朵，'二乔'是一红一白的两朵。这些茶花必须纯色，若是红中夹白，白中带紫，便是下品了。"

后来段誉机智地化解了矛盾。虽说是虚构的小说，但金庸借段誉之口对山茶的品种多样、花色各异赞赏不已。

蜡梅花

花名：

蜡梅花。蜡梅科蜡梅属植物，花朵黄得似有蜡质包裹，于是得名"蜡梅"。又因是腊月盛开之梅，人们就误用成"腊"，误用也逐步被人们熟知和认可，所以也叫"腊梅"。

花容：

蜡梅一年三季都是以绿为主调，春季抽枝生出嫩叶，夏季椭圆形的叶子绿油油的，秋季在枝干叶腋内会冒出小小的凸起物，随着冬季的到来，这凸起逐渐变作蜡梅花的棕色花蕾。在叶子落光之后，蜡梅的花苞一般在冬至前后绽放，轻黄缀雪，冻梅含霜，更有"暗香浮动月黄昏"的袭人香气。

蜡梅典故：

梅花妆

相传，南朝宋武帝有女——寿阳公主。正月中的一日，她躺卧在宫殿檐角下。正值寒冬蜡梅盛开之时，有一朵蜡梅落在了公主的额头上，并且还留下了黄色的花朵痕迹。公主擦拭不掉，在额头上留有两日才洗去。宫廷内的女子都以此为奇，并觉分外好看，纷纷效仿。因蜡梅盛开有时节限制，古人便研究出黄色的粉料用以化"梅花妆"，这种装饰也被称为"花黄""额黄""鹅黄"。又因此妆多为未出嫁的女子使用，所以未出阁的姑娘又被称为"黄花闺女"。

蜡梅小诗：

乡愁四韵

余光中

给我一瓢长江水啊长江水　　是乡愁的滋味
酒一样的长江水　　　　　　给我一瓢长江水啊长江水
醉酒的滋味

给我一张海棠红啊海棠红　　是乡愁的等待

血一样的海棠红　　给我一片雪花白啊雪花白

沸血的烧痛

是乡愁的烧痛　　给我一朵蜡梅香啊蜡梅香

给我一张海棠红啊海棠红　　母亲一样的蜡梅香

　　母亲的芬芳

给我一片雪花白啊雪花白　　是乡土的芬芳

信一样的雪花白　　给我一朵蜡梅香啊蜡梅香

家信的等待

　　余光中这首诗的主题是关于乡愁。全诗用了四个主要意象：长江水、海棠红、雪花白、蜡梅香。在四个意象的叠加和语句的反复中，乡愁是复杂而深刻的。其中蜡梅香的意味极富古典意蕴，在传达浓浓乡愁的同时隐含对中国传统文化和悠远历史的留恋。意象与意象间环环相扣，由长江水到醉酒，由海棠红到沸血，由雪花白到信件，由蜡梅香到乡土，一气呵成，浑然一体，乡愁的内涵极丰富和形象。

蜡梅与画:《蜡梅山禽图》

　　宋徽宗，名赵佶（1082—1135年）。他热爱书法和绘画，是一位艺术造诣极高的皇帝。他成立翰林书画院，偏好粗犷的水墨画。宋徽宗还喜爱在自己喜欢的书画上题诗作跋，后人把在书画上题了诗的画称为"御题画"。《蜡梅山禽图》就是御题画。宋徽宗独创的瘦金体书法堪称一绝。这种字体特点是瘦且直，"如屈铁断金"。

　　《蜡梅山禽图》无疑为宋徽宗最重要的作品之一。两只白头翁轻轻立在造型优美的蜡梅上，享受着明媚的春光。蜜蜂也寻着香气，来此采酿花蜜。蜡梅点点绽放于枝头，错落有致，画面层次平衡。更有题诗一首："山禽矜逸态，梅粉弄轻柔。已有丹青约，千秋指白头。"

蜡梅与音乐:《踏雪寻梅》

　　《踏雪寻梅》曾被用作教材歌曲。这首歌赞美了梅花在冰雪中傲然绽放，蕴含古典韵味，朗朗上口。歌曲根据唐代诗人孟浩然的故事编写，描述了一个人骑着毛驴赏雪中蜡梅的故事。前半部分用欢快跳跃的律动写骑着毛驴外出，后半部分，铃铛声响起，喜悦之情跃然耳畔。这首既有生活气息，又有诗情画意的歌曲不长，却别有韵味。

赏花攻略:

　　黑龙潭公园，冬季都会迎来一年一度的蜡梅展，吸引着众多的市民前来参观。蜡梅树亭亭玉立。微风拂过，暗香徐徐，梅瓣点点，宛若繁星，落英缤纷。"龙潭探梅"现已然成为花都昆明的一张名片。

二、 春日花潮 粉霞温柔

海棠花

花名：

海棠花。属蔷薇科苹果属，是优美的观赏植物，原产于我国，有悠久的栽培历史。由于它适应性强，植于庭前、路边、池畔、盆中皆可，故历来为世人所喜爱。

花誉：

海棠花又叫解语花，是中国的传统名花之一，花色艳丽多姿，素有"国艳"之誉。

花容：

当海棠花还是一个个小花蕾时颜色为深红色，一朵朵地缀满花枝，慢慢开花后就变成了淡红色。最妙的是含苞待放的过渡之际，恰似水墨点彩般层层渲染，又像那美娇娘"淡妆浓抹总相宜"。连金代诗人元好问的《同儿辈赋未开海棠》中都提到"枝间新绿一重重，小蕾深藏数点红。爱惜芳心莫轻吐，且教桃李闹春风"。

海棠更颇得南宋诗人陆游的青睐，他认为海棠之美连扬州牡丹也难以媲美。其云："若使海棠根可移，扬州芍药应羞死。"竟然为了观赏海棠花至深夜仍不愿归去，有"贪看不辞持夜烛，倚狂直欲擅春风"为证。陆放翁在赏海棠花时，其兴致之高、之狂，也可算是痴迷者之列了。

由于海棠在我国有悠久的栽培历史，所以栽培品种较多。目前我国有二十多个品种，多数是观赏类的，其中尤以西府海棠和贴梗海棠最为著名。

西府海棠，枝干直立多节，花形较大而花色偏红。据说是因晋朝时生长在西府（今安徽省内）而得名。颐和园乐寿堂内的海棠就是这

个品种，它原植于北京西直门外将乐寺中。由于娇艳俏丽，每逢四月花期，游人络绎不绝。慈禧太后听说后便命人把它移植到颐和园内，都说金屋藏娇，被深锁在深宫之内的除了美人还有这美人似的海棠，直到清王朝被推翻以后才得以与一般游人见面。

贴梗海棠又叫铁角海棠、贴梗木瓜。与西府海棠同科不同属，因花形似海棠、花梗极短，几乎贴在枝干上而因此得名。果实成熟后，黄色的果皮微微沁出点绿，圆润饱满并散发出微酸且浓厚的香气，风干了之后果皮发皱称"皱皮木瓜"。味酸微涩，有舒筋活络、和胃化湿的功效。

海棠情操：

海棠是周恩来总理最钟爱的花卉之一。在北京中南海西花厅内就种植了很多海棠。1954年春，海棠盛开时，邓颖超剪下一枝海棠花，做成海棠标本，夹在书中托人带给正在日内瓦参加会议的周总理，以解其无法亲临赏花之报，故此海棠寄托着周总理夫妇对彼此的深厚情感。

2016年曾上映过一部以怀念周恩来总理为题材的电视剧《海棠依旧》。电视剧以"海棠"命名，可谓匠心独运和虚实结合，"海棠"不但与主人公有着密切的生活关联，而且作为一种传统文化意象巧妙象征了主人公高洁的人格品质。古语有云"海棠不惜胭脂色，独立蒙蒙细雨中"，将牺牲精神和奉献品格温婉地寄寓在海棠中，诗情隽永、意境悠长，"海棠依旧"四个字更是蕴含着后人对周总理深切的思念。

海棠之诗：

> 昨夜雨疏风骤，浓睡不消残酒。
> 试问卷帘人，却道海棠依旧。
> 知否，知否，应是绿肥红瘦。
>
> ——宋·李清照《如梦令·昨夜雨疏风骤》

这首小令是李清照早年时期的作品，作者借宿醉酒醒之后询问海棠之事，委婉曲折地表达出自己惜花伤春之情。作者酒醒之后，回忆起前一夜雨疏风骤，一个"试"字，写出作者要一探究竟的关切和不忍亲见花落的犹豫，将复杂的心情刻画得细腻生动。"却"字道出了作者知道结果后的欣喜和庆幸。最后一句"知否，知否，应是绿肥红瘦"更是千古名句，以"绿"代叶，以"红"代花，花朵哪经得起风雨的侵袭，绿叶吸收水分而茂盛，既是写实，也是说理，象征着春去夏至的自然规律，意味深长。

赏花攻略：

每到阳春三月，昆明市植物园内的海棠花就开了。初开时有如胭脂点点，盛开后则渐成缬晕明霞，花落时娇艳动人。海棠的花朵较小，但繁花累累、重葩叠萼，一时间花团锦簇，一树千花，引人入胜，令人陶醉。一到这个时节，昆明市植物园的垂丝海棠总是吸引着无数游人，使人在烂漫如霞的花海中流连忘返。

樱花

花名：

樱花。我们平时所说的樱花，其实是蔷薇科樱属几种植物的统称，樱花品种相当繁多，有 300 种以上，全世界共有野生樱花约 150 种，中国就有 50 多种，占到了三分之一。全世界约 40 种樱花类植物野生种祖先中，原产于中国的有 33 种。其他的则是通过园艺杂交所衍生得到的品种。

起源之争：

樱花在《中国植物志》修订的名称中专指"东京樱花"，亦称"日本樱花"。如今，大部分人都以为樱花是日本的"名片"，但是据文献资料考证，两千多年前的秦汉时期，樱花就是中国宫苑内栽植的重要观赏植物之一。唐朝时樱花就已普遍种植在老百姓的庭院中。万国来朝的大唐盛世，日本朝拜者将樱花带回了东瀛，其在日本就有了

1 000多年的历史。事实上野生的樱在数百万年前诞生于喜马拉雅山脉,而现代栽培的观赏樱花,则是日本人多年前在日本选育出来的。

花容:

樱花的叶梢尖尖的,仿若高塔。叶梢行至两厘米处,弧线突然变得浑圆,顺势包容,急转直下,收势回归。叶片边缘的小尖刺,整齐排列地朝着同一处延伸。叶脉交错,纹理疏密恰到好处。叶梢处已经有了墨绿,还加了些淡淡的棕,越往柄处颜色越暖,由鹅黄到橙黄,点染似的散开来,叫人摸不着它游走的踪迹和规律。

春日里,樱花柔媚骄矜,簇簇拥围,风来时洋洋洒洒,从不贪恋枝头的荣华;雨来时舞盈姿绮,花期将尽,便无须怜悯已逝的繁华。只是,小小的花,竟有这样大方的叶,婆娑成团的娇嫩过后,竟还有这样温暖的落幕。

赏花攻略:

红塔西路是昆明目前樱花最集中的一条景观大道,在长达1.9千米的道路两侧,600余株冬樱花染粉整条道路,一树一树的繁花似锦,一枝一枝的花团锦簇。走在树下,抬头一望蔚蓝的天空,透过花朵的间隙到眼底,显得更加纯粹、更加透彻,干净得让人感叹,眼前这景宛如画一般。昆明滇池国家旅游度假区对老树不断进行更新复壮,使红塔西路上的樱花景观渐成气候,成为昆明赏花的好去处。

彩云路打造25个80米长4米宽的樱花林带,它还有一个好听的名字——彩云飞花。樱花进入盛开的时节,彩云路便是花团锦簇、姹紫嫣红的景象,成为呈贡新区最美的风景线。

云南农业大学的樱花林,地表起伏,栽植密集,站在不同地点便有不同风景,蜿蜒的步道向前延伸,一走进就仿佛闯入了粉色的世界。

昆明圆通动物园内种植云南樱花800余株,日本樱花110株,冬樱花50余株。赏花区占地面积5 000平方米,在三块樱花区内数千株云南樱形成了一片上万平方米的花海,红白交映,赏心悦目。

小知识链接

樱花和海棠还在傻傻分不清楚?

一、树干不同

樱花的树干呈深色,平滑有光泽,有横纹。而且树干上分布着大斑点,细树枝上分布着小斑点。

海棠的树干比较平滑,颜色上以灰褐色为主,部分会有斑纹,其中小的枝条会向上生长,以红褐色为主。

二、树叶不同

樱花的叶子是椭圆卵形或倒卵形，先端渐尖或骤尾尖，边缘有尖锐重锯齿，叶子的表面没有绒毛。

海棠的叶片椭圆形至长椭圆形，先端短渐尖或圆钝，边缘有平钝锯齿，叶子的正面与反面都比较光滑而且无毛。

三、花瓣不同

樱花每枝 3～5 朵，成伞状花序，花瓣尖端有明显的缺口，可能有的花瓣的缺口不是很规整，但仔细分辨，还是不难看出的。

海棠的花瓣先端较圆滑，像绢花。花的颜色多是粉红色的，花如伞形，花瓣常是 4～6 朵拥簇。其中垂丝海棠的花朵是向下垂的，很好辨认。

樱花与海棠都属于蔷薇科，都是中国著名的观赏树种，具有 2 000 多年的栽培历史。因有美丽的外表，一直以来都受到赏花爱好者的高度赞誉。

资料来源：昆明动物园公众号，2021-03-07.

三、 夏日繁花　两枝独秀

蓝花楹

花名：

蓝花楹。原产于南美洲巴西，中国广东、海南、广西、福建、云南南部有引种栽培。花呈蓝紫色，夏季开放，香气浓郁，花期长达五六个月。

花誉：

在澳大利亚人眼中，蓝花楹是最美的花，每年在新南威尔士北部小镇格拉夫顿（Grafton）都会有盛大的"蓝花楹节"；南非首都比勒陀利亚也因满城的蓝紫色，有了"蓝花楹之城"的美誉。这种原产南美洲的"舶来树种"在中国安家稍晚于欧洲大陆，昆明大概是在 20 世纪 80 年代引入

蓝花楹树种。自引入昆明后，蓝花楹深受昆明人的追捧和喜爱，成为夏日春城的一张蓝紫色名片。

花容：

蓝花楹的树干是黄灰色的，可长到十几米高，树干虽算不上粗壮，但丝毫没有影响迷人风景的播撒：每每初夏，树叶成双而出，带着微微的柔毛，和含羞草相似，像一片椭圆的羽毛，要随风起舞。那紫英悄悄地露出头角，在一片花谢声中显得格外活泼俏皮；盛夏里的一阵微风，它便摇起飘坠悠悠的曼妙舞姿；夏末一场雷雨，随风飘落的蓝紫色花朵，把天和地连成宁静惬意的烟云，治愈和惊艳充盈了整个夏天。

花之传说 [①]：

那时，西班牙刚开始在阿根廷科连特斯省进行殖民统治。18 岁的西班牙姑娘皮拉尔随父亲来到这里，她有着白净的脸庞、乌黑的秀发和深蓝色的眼眸。在他们居住的印第安小村落，有一个与众不同的年轻人巴勒特，20 来岁，高大健壮。巴勒特的家人世世代代在这片土地上辛勤耕耘。皮拉尔和巴勒特身世迥异，却在不经意的相逢中一见钟情，四目相视胜过千言万语。当勤劳聪明的巴勒特用刚学了没多久的含糊的西班牙语向皮拉尔告白时，西班牙姑娘羞红的脸颊和含笑的蓝眸，已然给出了答案。

俩人私订终身后，在一处世外桃源过起了隐居生活。皮拉尔的父亲听说后怒火中烧，和同伴们一起带着武器找到了两个年轻人居住的河畔小屋。在争吵中，皮拉尔的父亲拿起枪对准了印第安小伙子，皮拉尔则在千钧一发之际站到了两个所爱的人之间。鲜血染红了姑娘的衣衫，又是几声枪响，脑中一片空白的印第安小伙子倒在了心爱之人身上。姑娘的父亲虽然悲痛欲绝，但愤然离去。当晚父亲一宿未眠，女儿倒下的画面挥之不去。而当他第二天凌晨再找到那里时，两个年轻人倒下的地方没有半点血迹，却长出一棵粗壮的大树，大树被蓝紫色的花朵所包围。结实的树干就如同巴勒特的臂膀，而蓝紫色的花朵如同皮拉尔美丽的双眸一般耀眼，这便是蓝花楹。它迎风摇摆的花枝似乎在激励有情人将真爱进行到底。

---

① 王骁波. 蓝花楹，跨越生死的爱恋. 人民日报，2015-05-10.

花曲：

蓝花楹

词：董晓禾

满天繁盈 翠紫蓝

朵朵梦语 枝枝懒

若不是

思念凝固了摇曳

怎么会

整条街被施了魔法

通及心脏的每一根

心血管

瞬间结像成晶

……   ……

花诗：

海鸥与蓝花楹（外一首）

王珊珊

那句话还是没有说出来　　六月还有些残存和温情

樱桃已红过，四月将尽　　在教场中路等待过两年

距离昆明四百公里　　　　从此提起昆明

我从朋友处得知　　　　　我就想到海鸥与蓝花楹

蓝花楹开了　　　　　　　在季节的冰冷与炽热里纠缠

那种在绝望中等待　　　　一天、一月、一年或者永远

爱情的凄美之花开了　　　都是承诺与谎言的过客

整个五月因它而冒出忧郁　你是，我也是

赏花攻略：

4～5月，以教场路、翠湖陆军讲武堂、盘龙江畔三处为昆明最佳蓝花楹观赏点。赏花、拍照、吃蓝花楹雪糕是昆明人在4～5月的重要活动，请记得带上你的相机和欣赏美的心。

缅桂花

花名：

缅桂花。又称白玉兰，原产印度尼西亚爪哇，现广植于东南亚。中国福建、广东、广西、云南等省区栽培极盛，长江流域各省区多为盆栽，需在温室过冬。花洁味香、夏季开放，花期长达半年之久，叶

色浓绿，为著名的庭园观赏类树种。

花誉：

在古代，缅桂花常常作为表达深厚情谊的礼物赠予友人，这种礼仪也流传到了当代，它象征真挚的友谊。它号称"中国第一香"，常言"缅桂花开香十里"。它还象征着纯洁的爱。缅桂花就如昆明在雨季里的那个最爱笑的女子，在绵绵细雨中摇曳出生命的幽香和温情。

花容：

缅桂花的树干呈灰色，可高达近 17 米；树呈阔伞形，树枝范围广；轻揉枝叶有芳香；抽芽时，枝叶呈淡黄白色微柔毛，老时，毛渐脱落。叶子薄，呈长椭圆形或披针状椭圆形，光滑无毛，叶背有细微柔毛，叶面网脉匀称明显。花色淡黄白，极香；花瓣 10 片，披针形；雌蕊随着花托的延伸逐渐成熟，形成菁葵疏生的聚合果；菁葵熟时变成鲜红色。花期常在 4～9 月，夏季最繁，几乎不结果实。

花之传说[①]：

很久以前，有个贫苦的年轻人靠狩猎来赡养自己年迈的母亲。而这年轻的猎人心地十分善良，一贯只猎杀凶猛的野兽，从来不伤害弱小的生灵，因而家里很穷，老大不小了还没娶上媳妇。

有一次，他在山里转了半天，什么野兽都没碰到，眼看家里的老母亲就要挨饿了。正在他发愁之时，一只翠鸟跌跌撞撞地落到了他脚前，他忙弯腰把翠鸟捧起来，只见翠鸟的一只腿上流着鲜血，那美丽的眼睛里正流露着哀求的目光。猎人立刻抓了一把治伤的草药用嘴嚼了敷到翠鸟的伤口上，又从自己的衣服上撕下一块布条为它包扎。翠鸟流出了感激的泪水，望了他几眼，然后拍拍翅膀挣扎着飞走了。

后来翠鸟变成了一个美丽的姑娘，自己找上门来嫁给了年轻的猎人。原来，这翠鸟是玉皇大帝的小女儿，因厌恶天宫的寂寞而变成翠鸟到人间游玩，不幸被坏人射伤了腿，幸遇年轻的猎人相救，便爱上了这个小伙子。

从此他俩同苦同乐共同孝养老母。玉帝发现女儿私奔，恼羞成怒，便命令雷公用炸雷把这个不听话的女儿劈成碎片。不料，这些碎

---

① 尹明举. 大理故事新说. 昆明：云南民族出版社，2009.

片飘落的地方后来都长出了一棵棵亭亭玉立、香飘十里的缅桂花树，经过世代繁衍，大理永平便成了如今的缅桂之乡。

花曲：

缅桂花开十里香（云南民歌）

女：缅桂花哎开十里香啊欧啊，朵朵的鲜花哎情谊是长哎。

男：戴花你要长年的戴，莫要把鲜花丢路旁！

女：阿哥哎水上没有哎船难过河啊欧啊，阿爹的心思我猜不着哎。

男：水上没船我们蹚水过，只要你一心爱哥哥！

合：心上的人亲又亲啊欧，星星和月亮做媒人，弯刀斧砍拆不散，相爱的人儿永远是不分离，相爱的人永远是不分离啊欧！

赏花攻略：

缅桂花虽没有集中种植的景观大道或是花卉公园，但却是我们日常生活中经常出现的花卉。只要你期待美好，在大街小巷的卖花老太手中，在自己居住的小区里，都能发现它清幽的香气和优雅的身影。

花事花情传花意　蓝紫白调有深意

舶来品的"春天"

炎炎夏日，紫薇、百合、蝴蝶兰、太阳菊、一串红早就按捺不住寂寞，争芳吐艳，竞相开放。在花的海洋里，春城难辨春夏，你看蜜蜂、蝴蝶不分春夏的殷勤，穿梭于花丛中乐此不疲，花香扑面而来。众香追捧的夏日里，我最爱蓝花楹和缅桂花。它们俩就如孪生姐妹花，默契地相约在初夏的昆明，裹挟着暗香向我们走来。昆明姑娘特别爱花，每每见到蓝花楹、缅桂花，眼睛都亮了。

不必说教场路的两侧，更不必说翠湖陆军讲武堂院内，两处蓝花楹的树下早早就站满了穿着蓝裙白褂的文艺女青年，任对面端着手机、相机的"摄影家"指挥着，摆着各种优雅美丽的pose。鸟儿们也在一树蓝紫色的枝丛里一面歌唱着自己的喜悦，一面附和着姑娘们的爱美之心。阳光燥起来的时候，卖冰棒的姑娘登场了，不必大声吆喝，那一根根蓝花楹花色花形花香的冰棒总是在默默的长队中快速售空。

缅桂花与昆明似有不解之缘。暮色中，古老的深院、曲折的小巷、机关、校园、工厂、农村随处可见缅桂花的身姿。夏季的街巷、红绿灯口，都会有卖花人的示意和买花人的喜悦，老婆婆将用白丝线拴好的淡黄色的缅桂花，别在姑娘胸前，一阵暗香浮动，连四周的空气也芳香起来。每到傍晚，在花园里散步或驻足，不仅有蝉声的清亮，还有花香的馥郁，这美好的意境，太令昆明人销魂。

这两个"舶来树种"在中国安家稍晚于欧洲大陆，对昆明而言，大概是在 20 世纪初和 80 年代先后引入了缅桂花和蓝花楹树种，但时间并没有影响昆明对它们的偏爱，它们在昆明迎来了"春天"。

四、金秋收获　荣誉加冕

菊花

花名：

菊花，又被称为女华、延年，是一种菊科多年生宿根草本植物，常被作为观赏花卉种植。

初 2023 届学生　但奕韬摄

花誉：

菊花是中国十大名花之一，也是花中四君子之一。

赏菊：

"花朵肥大，枝叶扶疏，高矮适度，脚叶不脱"，一株好的菊花应当具有以上的特征。欣赏菊花就是欣赏"花繁叶茂"的神韵，再就是从菊花的色、香、姿、韵及其品名来欣赏。

菊色：

菊色指花的颜色，菊花颜色变化极为复杂，菊花颜色之全居百花之首，可算是世界上色彩丰富的一种花卉。你看那黄色的华贵雍容，金光灿烂；红色的热情奔放，热烈夺目；白色的洁净优雅，淡妆素裹。具有两种以上颜色的复色菊，又叫作"二乔"，花朵半红半白，似加过人工。菊花中还有称为"奇色"的，比之单、复色尤出一格，人所共知的"绿牡丹"——初开花色为嫩绿，若置于阴处，似一个高贵冷艳的美人，悄无声息地更绿、更美，不愧为一盆有生命的艺术品。菊花色彩斑斓，置身于花中，仿佛走进了花色的海洋，进入了繁花似锦的仙境，其乐无穷。人虽各有所好，但花色还是以鲜艳、明朗、清晰为贵，如黄如蜜、黑如墨、白如璧、绿似翡翠为珍品。

菊香：

菊香指的是菊花的花香，有人说菊花是没有香气的，其实不然。菊花的香气是一种苦中带涩的雅香，你很难用准确的语言去描述它，就像一个初通音律的琴者奏一曲阳春白雪，素手调弦，跃跃欲试，琴音时有艰涩之处，却难掩曲调幽雅。香菊

初 2023 届　陈冠言家长拍摄

中以"梨花香"为最有名，闻之似有鸭梨般的香气，传说"梨花香菊"乃是清朝皇宫秘物，后来传出宫廷才广植民间。

菊姿：

菊姿指的是花的形态，亭亭玉立的菊花婀娜多姿，形态更是千变万化。有若高山流水，有似小溪潺潺。花瓣密密匝匝，一层一层地往里面包，远远看去宛如一个团绒的绣球，或仰或倾，或聚或散，或层层叠叠，或繁星点点，每一朵花都是一首绝美的诗。

菊韵：

菊韵指的是花的气韵，是通过欣赏花的"色、香、姿"等外在美，进而体味它的内在美，并赋予其某种象征意义，人们通过欣赏菊花的色、香、姿，从中领略它的神韵，进而产生丰富的联想，才能真正欣赏到花之美。

菊花之所以深受人们的喜爱，不仅是因为它花枝繁茂，千媚百态，高洁隽逸，香气清雅，姹紫嫣红，更由于在万花凋谢的深秋，它傲霜怒放，披风斗雪，凌寒不凋，隽美多姿，不以娇艳姿色取媚，却以素雅坚贞取胜。人们把自己的理想和追求、情操和爱好，寄托在以"四君子"命名的文人水墨画中。中国文人历来受"君子比德"思想的影响，菊的凌霜独立，都被文人画家视为贞的高标，比作君子之风。

菊与诗词：

菊花在中国古典诗歌中的出现，最早可以追溯到战国时期，楚国大诗人屈原的名作《离骚》中就有"朝饮木兰之坠露兮，夕餐秋菊之落英"之句。历代赞颂菊花的诗篇中，菊花大都被定位为不从流俗、不媚世好、与世无争、卓然独立的君子品格象征。陶渊明《饮酒·其五》"采菊东篱下，悠然见南山"展现的是安适恬淡的心境；元稹的《菊花》"不是花中偏爱菊，此花开尽更无花"表达的是作者

对菊花的喜爱之情。

菊花与重阳：

菊是应时的花草，在"霜降之时，唯此草盛茂"，因此菊被古人视为"候时之草"，并且由于其凌霜傲雪的独特品性，成为生命力的象征。菊花盛开在重阳，重阳又是重九之日，"九九"二字与"久久"同音。于是，菊花亦成为吉祥、长寿的代表，重阳节也成了敬老节，所以，重阳赏菊，也就蕴含了敬老爱老的寓意。

东晋时期的隐士陶渊明尤爱菊之高洁，曾以菊明志。某年九月九日这天，他虽家贫无酒，但依然出门坐进宅旁赏菊花，久之，满手把菊。这时，江州刺史王弘给他送来了一壶重阳酒，陶渊明"即时就酌，醉而归"。陶渊明所饮之酒大概就是用上一年菊花酿成的菊花酒。菊花酒用菊花杂和黍米酿成，"菊花舒时，并采茎叶，杂黍米酿之，至来年九月九日始熟，就饮焉，故谓之菊花酒。"九日所酿的菊花酒在古代被视为延年益寿的养生酒。

赏花攻略：

每年十月，在昆明市大观公园、昆明动物园和昙华寺公园，菊花展带给市民风格各异的赏菊视觉盛宴。

2019年大观公园金秋菊花展，共摆放球型类、管状类、飞舞型、绿菊等数百种菊花。昆明动物园的菊花展则与动物特色相结合，展出各式造型的菊花。"昙华秋韵"精品菊展也会在昙华寺公园举办，即使连日天阴、冷风吹、急雨下，菊花不残不败，缀着雨露独立寒秋。

桂花

花名：

桂花。中国木犀属众多树木的习称，代表物种木犀，又名岩桂，系木犀科常绿灌木或小乔木，其园艺品种繁多，最具代表性的有金桂、银桂、丹桂、月桂等。

花誉：

"中国传统十大名花之一""仙树""花中月老"。

花容：

十月桂花的香气有种幸福的味道，闻起来暖暖的，那种成熟的梨子清甜夹杂着红茶般的甜香，余味中带着些冷香，甘甜、软糯、馥郁。每次闻到桂花，人不自觉地会开心起来。桂花季，金黄、橙红、淡黄的桂花成簇挂满枝头，满园飘香，沁人心脾。怡然自得立于树下，鼻息间是阵阵幽香夹杂着寒凉，惊觉深秋已至，终于盼得了十月"九里香"。一簇簇小巧的桂花尤为惹人爱，香气时而淡淡时而浓浓，微风过境，桂花香荡人心神。

隐逸之魂：

"人闲桂花落，夜静春山空。月出惊山鸟，时鸣春涧中。"——王维《鸟鸣涧》

桂花被称为"岩桂"，是因其多生长于山涧幽壑之中。由于这一生长习性，古人认为其远离尘世，颇有出世之道。汉初辞赋《招隐士》便提到桂树："桂树丛生兮山之幽，偃蹇连蜷兮枝相缭……猿狖群啸兮虎豹嗥，攀援桂枝兮聊淹留。"

到唐代桂树种植在许多寺庙中，受到佛教的影响，世人产生了佛教超凡脱俗的憧憬，蕴含了深刻的佛理和禅趣，在"诗佛"王维《鸟鸣涧》中作者觉察夜间桂花之飘落，侧面写出环境之静，更有内心的悠静。

及第之"桂"：

"几年辛苦与君同，得丧悲欢尽是空。犹喜故人先折桂，自怜羁客尚飘蓬。"——温庭筠《春日将欲东归寄新及第苗绅先辈》

桂花之"桂"音同"贵"，古人一朝考中科举，前途似锦，因此，古人将"折桂"喻为"考中"。《全唐诗》统计，唐诗中含有"折桂""攀桂""擢桂"字眼的作品多达百首，可以折射出当时人们的参政热情。隋唐时期，实行科举制度，通过科举，中下阶层知识分子得以进入仕途。人才进入政坛，提升了大唐国力，为"盛唐气象"的出现做了重要铺垫。

君子之德：

"莫羡三春桃与李，桂花成实向秋荣。"——刘禹锡《答乐天所寄咏怀，且释其枯树之叹》

桂花开放时香气扑鼻，悠远浓郁，加上其在秋季开放，而不与百花争春的特质，令人们赋予桂花人的品性——君子般独立、美好、坚贞。

想象之奇：

"梦骑白凤上青宫，径度银河入月宫。身在广寒香世界，觉来帘外木犀风。"——杨万里《凝露堂木犀恶人二首·其一》

传说嫦娥与吴刚久不得见，月宫中凄清悲凉，可突然有一日，月宫中央长出了一棵桂树。嫦娥带着玉兔观赏桂花，沉醉其芳香，猛然她感觉到这桂树正是吴刚对她深深思念之情的化身。桂树在月宫中越长越多，而天帝听闻了这一消息，大怒——自己统辖范围内怎能有这般奇事，清冷的广寒宫本就该寸草不生。于是，他命人砍伐月宫中的桂树。可奇怪的是，小桂树尚可砍伐，但唯有月宫中央的那棵，无论如何都无法破坏。太白金星给天帝出主意说：解铃还需系铃人。让吴刚自己来砍这棵中央的桂树。在凡间的吴刚自桂树砍伐起即心口作痛。他终于得知见他爱人的代价却是要自己砍伐思念之树，生生剜去心头的思念之血肉。在砍伐时，令人惊奇的事发生了，桂树即砍即合！嫦娥非常感动，爱人的心如此坚定！天帝也无可奈何，从此月宫中桂树成为玉兔嬉戏之地，它快乐穿梭，为嫦娥和吴刚传递思念的信件。

思乡之愁：

"中庭地白树栖鸦，冷霜无声湿桂花。今夜月明人尽望，不知秋思落谁家。"——王建《十五夜望月》

因桂花多开在秋季，又因其与月亮有紧密的联系，因此桂花也成为古诗中思乡的常见意象。

赏花攻略：

金殿名胜区铜牛园、老君殿和大草坪遍植桂花树；在郊野公园，种植了1000多株桂花树。极为珍贵的要数一株20多年树龄的四季桂。其种植在郊野公园度假村内，枝叶茂盛，冠幅直径约5米，高约6米，算是四季桂中的高大树木了；昙华寺公园前后园内都种有桂花树。后园主路有两株桂花树，香气浓郁香甜，像极了含在口里甜丝丝的椰子糖。此外，昆明动物园、大观公园也都随处可见桂花树的身影。

活动探究

活动一：找"花花"

亲爱的同学们，昆明四季花开不败，除了我们上面提到的山茶、蜡梅、海棠、蓝花楹、缅桂花等，一年四季你还能分别找到哪些代表花卉？你可以细心观察或查阅资料，完成下列表格。

季节	代表花卉
春	
夏	
秋	
冬	

活动二：画"花花"

请你选择一种最喜欢的花，在下面的方框中为它绘制一幅小像。

第二节　开在舌尖上的花

　　天下美食甚多，唯觉"吃花"最为浪漫。若你来昆明，不妨尝尝昆明的花！这些开在舌尖上的春城之花，定会为你的生活增添曼妙滋味。昆明之吃，云南十八怪所述：鲜花当菜卖。鲜花入馔，古已有之，本不见得新鲜，但试想，人头攒动的菜场里，一大妈抱一大束鲜花，心里盘算着是凉拌还是热炒，市井中也不乏浪漫。若无暴殄天物之谴，如此吃法你不能不承认乃昆明雅吃之一绝。[①]

一、昆明鲜花之饼

（一）鲜花饼典故：御用糕点

　　鲜花与面点的结合，据记载最早发生在清朝。一位匠心独具的面点师傅，创造性地把鲜花用作面饼的馅儿。这甜而不腻的鲜花饼很快在食客间流传，从远在西南的昆明到皇城旁的天津都可尝到。因为花瓣难以保存并且花季较短，鲜花饼因而更显珍贵。

　　食客的追捧令鲜花饼名声日盛。通过供奉，鲜花饼成为宫廷御点，深受乾隆皇帝的喜爱，钦点鲜花饼为祭神点心。

---

① 张庆辉.百科知识·大理风物，2003.

（二）鲜花饼做法：精心考究

鲜花饼的做法各异，但都离不开馅儿和面饼的制作。

鲜花饼制作步骤一　摘花瓣　　　　　鲜花饼制作步骤二　清洗花瓣、研磨花瓣

鲜花饼制作步骤三　制作饼料和饼皮　　鲜花饼制作步骤四　包鲜花饼、放入烤箱

初2023届24班　史筱旖绘

采摘玫瑰花

昆明人俗称的鲜花饼一般是玫瑰花馅儿的。制作鲜花饼，首先在玫瑰花的采摘上就非常讲究。为最大限度地保持花的香气，只选用清晨九点前摘下的玫瑰花，从而避免随气温升高损耗掉香气，影响鲜花饼淡淡的清香味儿。清晨采花收露本就是一件雅兴之事，难怪鲜花饼被称为雅食，供奉神寺，也难怪东晋隐逸之士陶渊明在采花时发出"采菊

东篱下，悠然见南山"的感悟。

摘下玫瑰花后，古人发现新鲜的玫瑰花瓣会有涩味儿。于是人们将玫瑰花瓣加入白砂糖稍稍揉搓腌制，待到其自然发酵，加入少许蜂蜜，玫瑰花瓣之味变得柔和而甜蜜，入口之时生涩味消失殆尽，转而化作满口芳香。

包裹鲜花的面饼表层最讲究酥。将猪油融合在低筋面粉中，用手不断按摩面团，将其变为一个个可爱的小白团子，这就是油酥面团。

再将低筋面粉、猪油、水、糖粉按一定比例揉合，不断拍打揉捏，直到面团光滑无比，这就是水油面团。

玫瑰花馅在最内，水油面团紧密拥抱着玫瑰花的芳香，最外层再包裹油酥面团，鲜花面饼已成型。在高温烘烤之前，要给每个小小的面饼扎上小孔，以保证它出炉之时不会鼓出小小的泡泡，破坏它精致可人的外观，也保证了从上表皮直到面饼底部都是通透成熟。玫瑰饼在200℃"修炼"后，"叮"——20分钟的烘烤令其变得焦黄，烤箱的热气、迷人的油香、醉人的花香缠绕夹杂，香味扑鼻。

何人不爱鲜花饼呢？

打开包装盒的一瞬，淡淡的香味扑鼻而来。咬下，酥皮千千层层，噗噗呲呲地碎裂——香酥可口。当唇舌触及水油面层时，松软绵密，毫不腻人，面饼中的甜香混合着玫瑰的清甜，仿佛在唇齿间悄然绽放出一朵带着朝露的玫瑰花儿来。

（三）棠梨花粑粑：醉春日思故乡

除了这醉人的玫瑰花，棠梨花粑粑则是另一道会引发乡愁的面点。美丽的东西带刺，棠梨花也带着小刺，这仿佛预示着它的美味。棠梨花粑粑需费时数日，摘花清洗择净后需浸泡两日，糯米面、腊肉、棠梨花揉为一饼，用温油双面煎出酥黄。其精髓在于棠梨花香与剁碎腊肉的香混合在了一个味觉世界里，瞬间唇齿生香。棠梨花是属于春天的，对于身在异乡的昆明人来说，一个棠梨花饼载着整个家乡和春天。

初 2023 届 24 班　张函毓绘

除了以上两种花饼外，金丝黄菊、茉莉、百合、桂花，甚至群芳都可入馅儿。花朵万紫千红，变化为餐桌上花花绿绿的甜点，鲜花之饼在屋檐舍下四季"盛放"。雅花雅食雅事醉人心，让人如何不流连这花季人间？

二、昆明"鲜花天妇罗"

（一）天妇罗的由来

天妇罗又名"天麸罗"，"天"是油的意思，"麸"是面粉的意思，"罗"意指外衣，咱们中国现在称为"面衣果子"。在天妇罗的世界里——万物皆可天妇罗（即什么都可以炸），现在它是对油炸食物的统称。在注重养生的今天，油炸食品自然成了健康的对立面，但是"好吃之下"必有"英雄"。油炸这一烹调方式，好吃嘴们一定是难以抗拒的。所以，"英雄"惜"英雄"，咱们就来一起品品中国油炸食品界的翘楚——昆明"鲜花天妇罗"。

昆明吃之美学在"食花"。任你春夏秋冬、山间地头、村野陌巷、市井门栏，四季随处你都可撸上几块鲜花天妇罗：玫瑰花天妇罗香甜；荷花天妇罗秀色可餐；南瓜花天妇罗绵软馨香；百花杜鹃天妇罗酥脆甘美；鲜花串炸天妇罗滋味万象包罗……

（二）天妇罗的基本做法与制作窍门

1. 基本做法

（1）用鸡蛋、小麦粉和水一起调和，成为面糊状，称为"天妇罗衣"。

（2）再把这件"衣服"给食材们"穿"起来。

（3）放到油锅里走上一遭，天妇罗就诞生了。

2. 制作窍门

（1）油温控制在 180℃最佳。

（2）食材下油锅之前清除水分。

（3）油炸时间 50 秒为宜（食物漂到油面上时就拿出，口感最佳）。

（三）玫瑰花天妇罗

昆明安宁八街是国家地理标志认证的食用玫瑰花基地，它以其独特的魅力博得昆明人食花的重头彩。据《安宁县志》（1982 年）记录，1980 年八街种植食用玫瑰花 4 亩，主要布局于八街区。食用玫瑰花 5~6 月采收，可供制食物原料。时至今日，八街食用玫瑰种植面积已近万亩。[①]

1. 备材

食用玫瑰、面粉、纯净水、蜂蜜、白糖、鸡蛋、五香粉适量。

---

① 聚贤网，2021–05–31.

2. 混料

（1）食用玫瑰用清水洗净并晾干水分备用；

（2）把少许蜂蜜和糖水加入面粉中，加入少许五香粉（至于配比各多少，全凭各厨房里的巧妇们多年的厨艺经验，这是中国菜的精妙），再打入 2～3 个土鸡蛋，用筷子或搅拌器迅速将它们融合成难以分离的面糊。

3. 入锅炸制

接着把洗净的玫瑰花花冠、花瓣一朵朵、一片片放入面糊中穿上衣服；做好后再放进油里炸，那些本就很美的玫瑰还会在油锅里翻腾出更大更有型的花朵……

初 2023 届 24 班　黄语桐绘

炸玫瑰花

4. 摆盘食用

把炸好的玫瑰花有层次地摆入装饰盘中，就可以上桌了。一朵朵，一片片，金灿灿的，透出玫瑰的颜色：粉紫、暗红、皎白……配以精致的摆盘，看着精巧别致；吃上一口，花香和甘甜在齿间和口腔弥漫开来，久久难以消散。

炸玫瑰花

（四）荷花天妇罗

云南十八怪，鲜花当菜卖。夏季的菜市上最清新脱俗的就是荷花了。万花可入我昆明眼，万花亦可入我昆明口，自然可食的万花皆可炸。圣洁无双的荷花做一道菜——荷花天妇罗，那裹着面糊炸至金黄的荷花，不禁让人涎涌舌底。如此新奇的做法，也确实引得外地来客惊叫连连。荷花清雅香甜，沁人心脾，荷花天妇罗，食之清香宜人，可谓秀色可"餐"。每至盛夏荷花盛开之时，

初2023届24班　黄语桐绘

清香的荷花便成为昆明人饭桌上的一道美食。

（五）南瓜花天妇罗

南瓜花在乡间地头极为常见，亦蔬亦药，富含蛋白质、多种维生素、植物纤维和铁钙等矿物质以及胡萝卜素和氨基酸，不仅养颜润肤，强身保健，还能辅助改善睡眠质量和帮助孩子增长智力，是营养学家推崇的"全能蔬菜"，其味清鲜嫩爽，色彩鲜艳，使人食欲顿增。[①] 不过大多城市南瓜花卖得很少，所以大多数人都没吃过南瓜花天妇罗。作为食花的"带头大哥"，昆明食花的菜谱里自然少不了南瓜花的身影。多数炸南瓜花都是咸口味的，昆明人口味偏好咸甜，所以喜欢在这清新可爱的南瓜花天妇罗中加入少许糖。一口咬下去，咸甜酥脆的面皮里面裹着南瓜花的绵软馨香，好心情溢了出来，泛在灿烂的微笑中，似南瓜花金黄的本色……

鲜花开落，易得凋零，但是，那些油炸的鲜花天妇罗，舌尖绽放的馥郁却可永远留在我们的心间。

炸南瓜花

2023届24班　黄语桐绘　初2023届24班　玉金羽绘

三、昆明鲜花之饮

生活在昆明，你总会有那么一刻，想暂时放下繁忙的工作或学习，在晨起的阳光里，抑或是安静的午后，只为在一个温暖的港湾，品尝着可口的鲜花饼，喝着芬芳的花饮，聆听着动人的旋律，感受着动人的文字。此时，当"花饮"流过唇齿，滑入喉头，似琴弦上溢出

---

① 摘自"美食杰"公众号，2019年4月.

的美妙音符，口中余下的是夏夜微风拂面的舒适。不必怀疑这"花饮"的奇妙，这鲜花既可烹茶细品，亦可酿酒小酌。

（一）花茶

一般所说的花茶是由茶叶和鲜花窨制而成的，是我国人民独具匠心的创造，迄今已有多年的历史。常见窨制花茶的香花主要有茉莉、白兰、桂花、珠兰、菊花、玉兰、玫瑰、荷花、栀子花等。这些花一般来说香气或浓烈，或清爽，或甜美，或馥郁。而提到昆明的花茶，最大的不同在于无须窨制，即泡即饮。

洛神花茶

魏晋时期，才高八斗的曹植曾在《洛神赋》里有"转眄流精，光润玉颜。含辞未吐，气若幽兰"一句，表现出洛神的清雅神韵。洛神眼波流转，泪珠盈落凝成洛神花。美人含泪，粉霞满面，洛神花就是一朵百转千回的女人花。对于美丽的东西，人们总是不由得多一份不忍拒绝的怜惜。洛神花茶——很多下午茶餐单有这个茶，大抵也是因为喜欢洛神这个带着遐想的名字吧？

初 2023 届 24 班　何诗雨绘

洛神花又称玫瑰茄，如果说喝茶需要一份仪式感，品洛神花茶应该配一个绛红色胭脂扣的茶盏，清幽淡雅的天青色纹饰，带着穿越时空的拙朴。但泡洛神茶的壶却最好是晶莹透明的玻璃茶壶，三五朵洛神花，加上水，一勺子蜂蜜，须臾间，翻腾的水中缕缕艳红的洛神花就轻舞起来，直到整茶壶水变成一片瑰丽的嫣红，轻轻倒入朴素胭脂扣茶盏中，那种美感是摄人心魄的。

人生如戏，戏如人生，每个人的绝代风华，都是一颗洛神的眼泪。就像洛神花慢晕开来的汤色，浓汤炙热，艳而蚀骨，浅浅抿一口，先甜后涩，一段回不去的斑驳的光影却令人恍惚惊梦一场。

说故事的人就爱截一段旧梦给人看。窗外洛神映满月，不妨泡上一杯花茶，静看花朵舒展，细嗅花香飘逸，小憩片刻，放松神经。

洛神花茶的泡制方法

材料：洛神花、蜂蜜或冰糖。

1. 将整朵的洛神花花萼，撕成小片。

2. 将小片的洛神花放入杯子中，加入煮沸的热水。

3. 佐之以冰糖或蜂蜜，搅拌溶解，即可饮用。

（二）花酒

在我国的酿酒史上，与花有关的酒很多。三国两晋时期，有"坐开桑落酒，来把菊花枝"一说，把花卉混于粮食中的酿酒方法在那时就已经发明了。当时，还有用石榴花杂以花椒酿成的低度酒。到了唐朝，由于经济的发展，酿酒的技术也更趋成熟。那时，与花有关的酒就更多了，其中有梨花春、桂花、郁金香、菖蒲酒等，用花草泡酒、酿酒似乎也成为时尚。历经千年，唐代的酿酒技术已达到颇高的水平，遥念当年的文人独酌、知交对饮之际，花香弥漫，可谓平添三分诗情。在宋代的名酒中，与花有关的酒愈发多了起来，花露酒、琼花露、武陵桃花酿等或是与酿制有关，或是借助花道。酿酒成精的古人甚至还发明了用葡萄和青梅酿酒的技术，由花至果，无一浪费。

桂花酒酿的制作方法

初 2023 届 24 班学生　赵晨成绘

准备好做桂花酒酿的材料：糯米 500 克，甜酒曲 3 克，桂花花瓣 100 克。

1. 将糯米放入水中浸泡 6～8 小时。

2. 检查糯米是否浸泡好，用手捏米粒，揉搓即碎，为恰到好处。

3. 将泡好的糯米放在用水浸湿的蒸屉上铺平蒸熟。

4. 掀开锅盖，将蒸熟的糯米放凉，一边把凉白开洒在糯米上，一边用干净无油的筷子把糯米搅散。

5. 当糯米相互不粘连，摸起来不烫手的时候，温度最好达到 28～30℃，加入玫瑰花与酒曲酵母搅拌均匀。

6. 将酒曲、糯米和桂花充分搅拌，让每一粒米都粘到酒曲，将表面铺平、压实，中间挖一个小洞。

7. 盖上盖子（但不要盖紧，要留一条缝），置于 20～30℃的环境中，让其自然发酵。

8. 等待 24～36 小时左右，糖化基本完成，酒的芳香融入桂花的清香，味道真的很赞，此时的酒甜味很足，但酒味较弱。如果只想做糯米甜酒酿，到这一步后，操作就完成了。可将发酵好的桂花糯米酒放入冰箱冷藏保存，随喝随取。

桂花酒酿圆子

母亲将糯米粉加温水和成面团，搓成细长条，然后切成一粒粒糯米小团圆。待柴灶上汤锅内的水烧沸，放入糯米团圆和甜酒酿同煮，片刻汤水即沸，再撒上一把干桂花，一锅酒香四溢的桂花甜酒酿团圆就做好了。

　　看着桌上满满的一碗桂花甜酒酿团圆，晶莹润泽的酒酿，珠圆玉润的团圆，其间点缀着星星点点的桂花，金黄色的桂花在酿汁中或起或落，如同一个个可爱的小精灵在翩翩起舞，真是色香形俱全。

　　我迫不及待地啜了一口。浓浓的桂花香伴着清清的甜酒味，直钻味蕾，随之一股暖意流遍全身。酒酿香、团圆香、桂花香，融合在一起，包蕴在酒酿汤水中，每啜一口都盈满了芬芳，如同闻到了新绽放的缕缕桂花香。那诱人的醇香，久违的味道，令人回味无穷。

——选自许国华《桂花甜酒酿》

初 2023 届 24 班　吕安瑾绘

活动探究

创意"花饮"DIY

　　亲爱的同学们，看了这么多的创意"花食"，你有没有跃跃欲试呢？请任意选择以下两款花饮的一款进行尝试，也可以根据制作方法的提示，挑选可以食用的鲜花进行创意花饮 DIY，相信你一定能够做出别具一格的"花饮"与家人分享！

　　花饮一：茉莉红茶奶冻

　　制作材料：干茉莉花、红茶、白凉粉、牛奶、白糖、水。

　　制作方法：

　　1.把干茉莉花和红茶包放入水中煮开后关火浸泡 30 分钟左右。

　　2.过滤出红茶包和茉莉花后继续加热茶汤，微微沸腾时加入白凉粉，放入少许白糖，不停搅拌至煮开，关火。

　　3.倒入耐热容器，自然冷却或放入冰箱冷藏至其凝固。

　　4.把凝固的茉莉花冻舀入杯子中，加入牛奶，一杯好喝的茉莉花红茶奶冻就完成了。

　　花饮二：玫瑰拿铁

　　制作材料：1 杯咖啡浓缩物、1 杯玫瑰牛奶、1 茶匙蜜饯玫瑰。

　　制作方法：

　　1.加热咖啡浓缩物，并倒入杯中。

　　2.用小奶锅加热玫瑰牛奶至冒烟，倒入杯中。

　　3.可以用起泡器把纯净的牛奶打成奶泡并加热，倒入杯中（此时奶泡应在上层），在饮品中撒上蜜饯玫瑰就完成了。

第三节　芳花染衣香，精粹集百益

本节导读

　　熏衣捣药，美容养颜，可爱的人们善于发现鲜花的各种用途。碾香成末或俯身品香，香花仿佛有魔力一般，消散忧愁。鲜花在装扮世界、温暖人心的同时，也为昆明带来可观的经济收益。鲜花奠定了昆明在中国鲜花界的首席地位，成为中国面向世界的一张城市名片！

一、城市名片　装点春城

种子历险记

（一）

　　我是一粒种子，缓缓睁眼时我便到了昆明的滇池国际会展中心。

　　远远看去，蓝白色调的会展中心配上中心喷泉呈现孔雀开屏式的形态。蓝天之下，白云飘飘，我不由得惊叹我的出生地竟然这么美。身旁的三角梅姐姐跟我说现在正值昆明的 10 月，天高气爽，国际国内友人纷纷来到昆明，奔赴 COP15。

　　我好奇地问三角梅姐姐："为何 COP15 选在昆明召开呢？"

　　"昆明属北亚热带低纬高原山地季风气候，由于地处低纬高原而形成'四季如春'的气候，享有'春城'的美誉。COP15 无论哪个季节召开，夏无酷暑、冬无严寒的昆明整座城市都将化成天然大空调，为参会代表提供舒适宜人的感受。昆明的天空常常呈现出令人动情的'昆明蓝'，昆明市空气质量在全国重点城市中排名常居前十，2021 年 1 月昆明主城区空气质量优良率 100%，大气污染防治成效显著。昆明为山原地貌，三面环山，地貌复杂多样，地形高差较大，在气候上存在着明显的垂直差异和水平差异。南濒滇池，沿湖风光绮丽，在山区有'山下花开山上雪''一山分四季、十里不同天'的景象，孕育出极其丰富的城市生物多样性。"

　　听完三角梅姐姐的介绍后，我不禁为我是昆明的一粒种子而骄傲。

　　此时，会展中心外繁花盛开，鲜花所织的地毯一直延伸至会场大门。憨态可掬的由绿叶编织而成的小象立在会场外，它背上披着民族样式的红花披肩，模样十分可爱。

　　走进会场就可以看到开阔明亮的南展厅。网红打卡点巨型花瓶柱由 123 个钢构件拼装而成，柱体呈现出孔雀翎羽的别致效果。通过南厅就可以继续去往其他场馆了。7 号馆是本次大会的主会场，主屏幕上循环播放的纪录片《云南密码》，诠释着云南大地的生物多样性密码。5 号馆展出的"云南生物多样性保护实践与成果展"，总面积为 2 300 平方米，共有 76 个展项、278 面展墙、700 多幅配文图片。馆内大屏幕前面精心布置了植物造景，小小的空间里集合了数十种珍奇植物，在这里，你仿佛看到了一座迷你的"扶荔宫"。馆内还设置了文创展区，有许多沉浸式体验内容，如闻香识云南、种子墙、全影息投影等。同时，还展出了香料文化、食花文化、植物与染色文化等。我被安在了种子墙上，在我的小小展示框内，我闭上眼沉沉睡了过去。

（二）

　　当我再次醒来的时候，我发现自己已从展示处被工作人员取出。我被装在了小车上，开始了我的鲜花之城一日游。

　　出会场中心的东门，我看见一位"云南少女"。一旁的缅桂花姐姐说这位"少女"是由园林设计师蓝海洋设计的，名叫"绿色梦想"。只见这位"少女"双目微眯，嘴角上扬，两颊红红，脖子上还挂着一串醒目的紫红色珍珠状项链。"每种生命都是复杂而珍贵的，尊重和爱护它们，也是在保护我们自身的未来"，蓝海浪介绍着，这一颗颗"珍珠"就是我这样小小的种子。

　　看到"少女"的头发，我突然明白了人们所说"万紫千红"的含义。不仅颜色多样，它的头上仿佛有一座小森林，茶花盛放，蝴蝶翩翩，滇金丝猴、飞鹰、大雁、亚洲象、抗浪鱼、绿孔雀、水鹿、云南兔、小熊猫等 15 种动物的形象都在其中，更有湿地、梯田、地貌、热带雨林多种地理环境围绕着它，形成了一个生物多样小世界。"少女"用细细的手臂支撑起这个森林小世界。那一刻，我觉得真幸福，能生在一个人民如此在乎自然、呵护自然的城市。

　　阳光明媚，晃得我有些睁不开眼睛。一路上我看到波光粼粼的滇池、经过人山人海的东风广场，途中鲜花随处可见，如角堇、三角梅、玉兰花、金桂、月季。我不禁感慨，昆明不愧是中国的鲜花之都。

（三）

　　终于，车停了，我来到了目的地。刚下车，小狗便跑来迎接我，随后看到了我的女主人一家。女主人有个可爱的女儿，她扎着小辫子，一蹦一跳。小女孩轻轻接住我，一家人将我埋在了花园里。

　　一天我醒来，世界好像长高了。小女孩惊讶地叫道："妈妈！你快来看！种子发芽了！"我也算游过昆明的花儿了，不禁有小小的疑惑，我会长成什么花呢？

　　一家人对我悉心照料，定时为我解渴，天冷了，为我盖上黑色的冬衣。冬天过去，春天将至，我感觉自己越来越高，枝叶也越发茂盛。终于有一天，我生出了一个小小的花苞！我随风抖抖身子，越发期待和骄傲。小女孩每天放学后，都会来我跟前摸摸我，和我说说话，她也常常歪着脑袋问妈妈，究竟什么时候会开花呢？

　　寻常的早上，我的身子随着阳光苏醒。伸了个懒腰，我浑身来了劲。我要开花了，我心里有种强烈的预感！缓慢地、小心地我打开了自己的花蕾。重重叠叠的嫣红花瓣，清香袭人，原来我是一朵滇红玫瑰！小女孩一家都来到了园子里，欣赏着我的美好，我看到了他们脸上暖暖的笑意，我也害涩地笑了，满足地摇摇小脑袋。

　　虽然我只是小小的一朵花，但我为昆明小小的人家带来色彩、温暖和欢愉，更为昆明成为国际花城站岗，我非常骄傲！

二、 鲜花称斤卖的神奇地方——斗南

　　斗南花市是亚洲最大的花卉小镇，也是仅次于荷兰的全世界第二大的国际花卉市场。这里各类鲜花论斤卖，品种众多任你选，有着"花都"的美称。全国每十枝鲜切花就有七枝来自斗南，每天都有400万余枝鲜花在这里完成交易，一年365天几乎没有停市的时候。一到旺季，每天人流量高达百万，鲜花已经成为斗南这个地区最响亮的金字招牌。

（一）神奇的卖花

　　"斗南的发展印证了中国70多年来从穷到富的变化，也折射出中

国人从'柴米油盐'到'精神审美'的消费升级。"①在新中国成立之前，与昆明的其他村庄一样，斗南当地的村民主要以种植蔬菜谋生。1984年，斗南人化忠义把从广州带回的进口剑兰种球种在自家的田里，没想到的是种出来的花收益颇丰。其他村民发现种花的收益是种菜的数十倍之后，也开始纷纷效仿，加入种花行列，如此这般，斗南有了第一批花农。

白塔中学 孙兆麟摄

斗南花市几经扩建逐渐发展，又借着"99世博会"在昆举办的东风，开启了斗南花卉产业的新纪元，成功迈出了国际化的脚步。

1. 神奇之一：交易大都在晚上

斗南花卉市场里主流的交易方式有三种：基地合作、市场拍卖、现场交易。这三者中后两者的占比是最多的。在大家的普遍认知中，市场交易肯定是在白天，但是斗南花卉市场中，一天里花卉交易的高峰期却在晚上，而且交易量都是十几公斤，甚至上百公斤。

斗南花市交易鲜花半数以上都是出口其他国家的，虽然近年来交通逐渐方便，但鲜花保鲜期相对较短。因此头一天晚上从事出口鲜花的花卉公司会根据订单将所需的花买下，第二天一早就可以发货，以最短的时间送到买家手里。

基地合作的鲜花大都提前直接从基地发给花卉交易公司，由于是协议合作，鲜花的品质都是有保证的，但是这种高品质的鲜花往往供不应求，因此市场拍卖或现场交易才是花卉市场夜场上的焦点。

花市一般会在每天17点开始清场，18点左右关闭市场交易。剩下的时间里，市场方会将场地清理后重新进行布置，为20：40开场的夜市做好准备。

在晚上8点半左右，三轮车、四轮车和人群陆续聚集在主场馆门口。交易购买鲜花的采购商们三五成群站在一起，一边聊着市场行情，一边焦急地等待开市，场面颇有点"赶集"的兴味。

这时候的商贩基本很少理睬散客，他们的目光都集中在那些拿着手电筒和笔记本的采购商们身上，毕竟在夜市，批发的"大宗生意"才是整晚的重头戏。

---

① 昆明市文史研究馆.No.1 亚洲花都：昆明斗南花卉产业发展口述史.昆明：云南人民出版社，2018.

2.神奇之二："降价式拍卖"——"操盘手"的博弈

销售量不高的花农，不好找到种植基地或是经销商合作，他们的花如果品质不错就能拿到拍卖市场的"入场券"，而各大有需求的花卉公司采购者就会参与拍花。拍花也是一门学问，斗南拍卖中心采用"降价式拍卖"。最开始会设定一个高于正常交易价格的起拍价，拍卖开始后价格逐渐下降。这种拍卖方式，不是常规拍卖那种价高者得，而是手慢就拍不到了。手速够快倒是可以拍到花，当然越快价格越高。采购者既要拍到花，又要控制成本，这确实算得上是拍花"操盘手"们的一场博弈了。

经验丰富的"老手"，总会在拍卖开始前到待拍区，用手电筒观察花的品质，并记录好心仪商品的编号，在拍卖会上按照编号去拍。尽管如此还是不一定保证能拍到，只要时机不把握好，心仪的花儿很容易被别人拍走。拍下的花，有的被打包发往全国各地或发往其他国家和地区，有的通过互联网卖往全国各地的花店，经过精心包装后卖到每一个爱花人的手里。

白塔中学　孙兆麟摄

3.神奇之三：中间商的"谋生之道"

在斗南花卉市场上，除了花卉供应者和花卉采购者外，还有一个重要的角色——花卉中间商。他们主要负责以一个恰当的价格从供花者手里买下花，再转卖给采购者，赚取中间的差价。

小时候笔者也曾跟着外婆去过花卉夜市。外婆是个地道的斗南人，她本是花农，上了年纪以后干农活有些力不从心，便做起了花卉市场的中间商。做中间商，外婆是有优势的，首先，丰富的种植经验让她可以快速判断出鲜花的品质，尤其是玫瑰。对于一个长期奔走于花卉市场的人来说，手电筒是必不可少的装备。只需用手电筒顺着花扫上一圈，先看看玫瑰花苞的开放程度，再看看玫瑰花叶的干燥程度，就能推知这花大概是什么时候剪下来的，又能够开多长时间……其次，热心质朴的外婆认识很多花农，采购者总能从外婆这里拿到品质保证的玫瑰，也乐意同她做生意。凌晨时分，赚了钱的外婆总是带着我吃一碗村口热气腾腾的小锅米线，再买一个七甸糖粑粑，悠哉悠哉地走回家睡觉。孩童时只觉得欢愉无比的生活，如今回想起当年五十多岁的老人还在花市上谋生也不免心酸。

"心有猛虎，细嗅蔷薇"，生活的样子再是百般，也会在花朵的温柔和美丽面前败下阵来。正是花朵带给人们慰藉，在凡尘俗世中聊以遣怀。

（二）散客的"胜利"

那些只买一两把或是一两枝鲜花的顾客，在市场里被称为"散客"。散客该怎么在斗南花市里"买买买"呢？

首先，你可以在主场馆转一转。里面的鲜花虽然堆得像一座座小山一般，但是其摆放都是有规律可言的，按照花材的不同，分玫瑰花区、满天星区、菊花区……花朵都放置在指定的区域内售卖，就算是买不了这么多，看个热闹也是不错的选择。

专门的玫瑰交易区是几块钱就能购入 A+ 级玫瑰的少有地方，插花爱好者可不能轻易错过哦。

同时，在主场馆的外围，也会有很多临时摊点专门售卖配草配花等花材。常见的有尤加利叶、喷泉草等；少见的有黑色马蹄莲、帝王花等；还有在社交平台上爆火的大飞燕、荷花……都能在这些摊位上找到。

总之，只要你想要的鲜花这里都有，甚至是天然种植不出来的花卉，如蓝色妖姬（蓝色的玫瑰花）、七彩银柳……这里也应有尽有。

当采购商们陆陆续续把花材搬上三轮车；运货的小车忙着把鲜花运回仓库；包装人员将散落地上的鲜花打包入箱，分发到世界各地的市场……偌大一个斗南，又开始继续等待明晚的故事……

白塔中学　孙兆麟摄

三、美人如花　花养美人

《中华古今注》里说：胭脂"起自纣，以红蓝衣汁凝成（月燕）支"；韩非子《显学篇》："故善毛嫱、西施之美，无益吾面，用脂泽粉黛，则倍其初"；《楚辞》说："粉白黛黑，唇施芳泽"；《世说新语·容止》篇中，美男子们擦粉、抹腮红、熏香……唐代，我国用花草制作口红的技术已基本完善了。永乐公主还自己开辟了一个种植多种香花香草料的园圃，并研制出几十种化妆品。其中供制胭脂、口红的植物就达到二三十种。我国自古便有了以花制妆的传统，距今已有 3 000 多年的历史。

人如花美，花又如美人，花和我们的生活实在密不可分！

（一）凤仙美甲美如花

古时，女性主要用植物花汁来染指甲以装点个人形象。凤仙花就是经常用来染指甲的一种花卉。因它可以染指甲，又红鲜可爱，凤仙花又称作指甲花。古人把凤仙花捣碎，加入少许明矾，先把指甲洗干净，然后用捣碎的凤仙花汁敷在指甲上，再用片帛缠住，连续染三五次，指甲的颜色就从黛粉淡雅变成艳若胭脂，颜色可持续十多天。后来，又用丝绵做成和指甲一样的薄片，将其放入凤仙花花汁中充分吸收颜料和水分，再放在指甲表面，连续浸染三到五次，数月都不会褪色。

美甲工艺发展到现当代，不但形式多样、工序精细，也更加追求健康，所以在很多甲油制作中都加入了健康的花朵萃取物；同时在美甲图案上，美甲师和女性顾客们也常有花的拟态图案形式。俨然，美甲已成为一种美的方式，让女性的第二张脸——指甲，更好地透露着女性的心情和品位。

（二）红蓝山花点绛唇

在电视剧里，我们常常看到古代女子们用一张薄薄的红纸在唇上抿几下就上好唇妆了。这红纸是口红纸，只需要将木浆纸浸泡在调好的胭脂里面染色和晾干就制好了，口红纸是古代胭脂的后期形态。古人的胭脂涵盖了现代意义上的口红和腮红。在管状口红出现以前，唇脂和胭脂是通用的，一般装在小盒子或小罐里，女子们用手指直接蘸取、涂到脸上。古时候口红大多是鲜艳的朱赤色，比较特殊的是唐宋时还流行檀色（即今天的肉色、裸色点唇），这种颜色直到现代还常常有女生使用。唐以后，女性的妆饰风俗发生了很大变化，但涂红妆的习俗却经久不衰。考古发掘报告中记录：辽宁法库叶茂台辽墓壁画所绘妇女，"双颊全涂红粉"，反映了当时的风尚。

但是，这些胭脂如何而来呢？

还是来自我们的花。古代燕地妇女采摘红蓝花，将其放在石钵中反复杵槌，再用浸泡发酸后的粟米水淘去红蓝花的花瓣中含有的红、黄色色素，即成鲜艳的胭脂。

此外，古医书中记载可用于制作胭脂的原料还有蜀葵花、重绛、石榴、山花等，从这些中药中可以提取天然的红色素来制胭脂；现在我们也会选用玫瑰花、藏红花、红景天等来做口红和腮红。当然，胭脂早已不再是最早意义上的胭脂了，随着时代的发展它是一切红妆的指代和女子娇媚的代言词。胭脂可以增添好气色，增加脸部肌肤的红润感，制造出粉嫩透明的肤色。

（三）玫瑰驻颜有功效

玫瑰不仅外表娇艳出众，还是一种药食同源的花卉，有让人意想不到的美容驻颜功效。

1.内服

玫瑰花味甘微苦、性温，中医认为它是理气解郁、活血散淤、调经止痛和抗抑郁的良品。女性多喝玫瑰花茶，有利于气血运行，让脸色同花瓣一样红润起来。在疲乏的时候，泡一杯玫瑰花茶，再根据个人口味加蜂蜜或冰糖，能排解疲乏。我们也可以根据个人体质适当加以辅料：气虚加枣三五枚；肾虚加枸杞十几粒；秋燥加蜂蜜2勺……

2.外用

玫瑰精油是世界上最昂贵的精油，被称为"精油之后"。在露水初降时迅速采摘玫瑰花，立即蒸馏，才可获得独一无二的玫瑰精油。以前产自摩洛哥、保加利亚、土耳其和法国的玫瑰精油被认为是全世界最好的精油，而现在，玫瑰精油的版图上有了中国的身影，有了昆明的身影。云南的玫瑰花被法国调香护肤品牌婕洛芙（GELLÉ FRÈRES）选用，并在昆明加工成玫瑰精油、玫瑰精华露、玫瑰保湿水、玫瑰霜，远销海内外。

（1）驻颜有术。

古罗马时代，帝王贵族把玫瑰露和玫瑰水当成贵重的物品，当成美肌水使用。玫瑰精油、玫瑰精华露、玫瑰保湿水、玫瑰霜等系列产品对干性皮肤、敏感性皮肤、衰老性肌肤具有非常好的效果。它能够改善肌肤缺水状态，让肌肤恢复水嫩光泽，增强皮肤弹力纤维的活性，增强肌肤免疫能力，它也能有效调节人体内分泌，起到祛斑、抗皱的效果，让女性恢复青春容颜。玫瑰水还有修复晒伤皮肤的功能，也可以将其喷在头发上，滋润头发。我们可以把玫瑰水放在冰箱里冷却后使用，这样能更好地紧致皮肤，滋润肌肤，促进血液循环，改善肤色。

（2）美体有方。

古罗马人很早就把玫瑰花瓣放入浴池中，将其作为美体用品。现代的我们在洗澡水内滴入1～6滴精油，带有精油的水蒸气充满整个浴室，让身体泡在水中10来分钟，可排毒、减轻压力、缓解肌肉疼痛、舒缓神经、放松身心、美化肌肤。在淋浴时，把2～3滴精油滴在毛巾上，擦拭身体，可放松神经、促进血液循环、美化肌肤。玫瑰精油还具有很好的减肥瘦身效果，这主要是因为它能够激发女性荷尔蒙的分泌，增加体内雌性激素的含量，有效加快人体的脂肪代谢速度，塑造女性完美曲线。

（3）抚慰人心。

玫瑰精油具有很好的安抚作用，能够抚慰我们的心灵，消除沮丧、失落、忧伤等负面情绪，由此获得高质量的睡眠。比如患有抑郁症的人经常使用玫瑰精油，能够很好地舒缓情绪，释放压力，让心情逐渐变得开朗起来。

活动探究

制作花卉书签

同学们，你是否曾捡起一片落叶、一朵花，然后把它们夹在书本中？在花朵绽放的好时节，让我们一起来自制花朵书签，留住这美好的季节吧！

压花。

挑选花朵时，小的较扁平的花朵最适宜。将花朵置于干燥的纸上，选用的底纸最好是遮光的，如报纸、卡纸、餐巾纸等。摆出你喜欢的造型，然后放上另一张纸压住，再将大且重的物品压在夹好花的纸上，比如字典。等待1～3周，压花就完成了。

制作。

第一步：准备一张小卡纸并挑选出完整好看的压花，在花朵背面中心处滴上适量的胶水。

第二步：将压花放置在卡片上并轻轻按压，等胶水干了使其粘黏牢固。

第三步：像手机贴膜一样用透明胶带给书签封膜并挤出气泡，剪去多余胶带。

第四步：裁一段线绳，将绳子合双穿过标签孔，再将线头穿过拉紧，书签就做好了。

自制花卉书签是不是很容易？快行动起来吧！自己动手做出来的书签肯定会非常美丽，你还可以把它当作小礼物送给别人。

第四节 锦卉闹求实，书声上青云

本节导读

　　多彩求实，四季缤纷。学子们在教室里开出一朵朵知识之花，花儿们在校园里演绎一个个热烈的青春。花仙子似乎格外钟爱书声琅琅的十中。荷塘月色边，未见其容，却已飘来阵阵蜡梅香；天鹅湖畔，一年四季，月季娇艳欲滴；小树林里，山茶花悄然开放……让我们跟随着恩师和学子们灵动的笔法、绝妙的摄影作品，一同进入十中美好的花之世界。

昆明十中　黎冰摄　　　　　　　　　　　　　　　　昆明十中　黎冰摄

昆明十中　黎冰摄

立春即景

王杰波老师

荷塘春水醒，
岸柳浅芽勤。
庠序东风意，
书声上青云。

昆明十中　王瑗摄

致求实的"你"

初 2023 届 17 班 马益鸣

十中，一阙婉约静谧的古城，
　你便无言地匿于那条青石巷。
书声，和未归的月，盈满这五更，
　诵你，诵"求实"，诵月，诵荷塘。
你不经心地欹在一座如山的老树干，
　看一潮潮晚风温柔着沉默的鹅卵石。
江南的雨，轻婉迷茫，吟你作诗，
　一抹晚烟，半竿斜日，几池苍杉。
你踩住时光，探寻生命的真谛，
　总是不停思考，没有华丽的外衣。
仲秋的凛风中，你还不愿倒下，
　为后来的生命，你把种子向三月播撒。
你零落在水边，送别上一程归雁，
　你倾倒于树下，等待下一个春天。

诗解：

　　"你"是花，一枝无言的花，就开在石径旁，一棵树下。你听过五更的书声，也看过黄昏的霞。你不美，却有不怠的思想。你的灵魂在秋风中更加挺拔！最后，"归雁"成了过去，你送它，也送自己；"春天"仍是未来，你化作泥，化作一颗永恒的种子……

仲冬求实

王杰波老师

新梅点醒满园寒，
浅晕洇开睡木兰。
弱柳分明潭影瘦，
修竹正好地荫繁。
苍朴叶落疏枝静，
绿水纹叠众雁喧。
挚意玄冥何处去，
石蹊远上已春颁。

昆明十中　黎冰摄

减字木兰花 白玉兰

初 2023 届 20 班 严婉匀

芝兰玉树①，摇曳清绝尘不染。风起蹁跹②，芬馥小园傲清寒。
玲珑雪屑③，香远溢清群芳羡。一赏花颜，书墨传情衬花怜④。

注释：

① 芝兰玉树：芝兰，香草名；玉树，传说中的仙树。这里是对白玉兰的描写，也暗指德才兼备的学子。

② 蹁跹：旋转舞动，这里指花瓣被风吹落的样子。

③ 雪屑：形容玉兰花瓣纯洁高雅的美。

④ 怜：可爱。

翻译：

那一树白玉兰在风中摇曳，是多么优雅清绝，而又不沾染世俗。玲珑的花瓣随风旋落，伴着几缕寒气飘落在校园中，让整个校园都充满了玉兰花的清香。

昆明十中 黎冰摄

玉兰花皎洁无暇，纯洁高雅，待到春来花开时惊艳群芳。花朵的清香飘荡在校园，驻足观赏这一树玉兰花的容颜，读书声和墨香传递着青春的活力，将玉兰花衬托得愈加美丽。

莲

初 2023 届 20 班 虞婧涵

没有时间流逝，没有边缘与轮廓，只有光与影的交错。我常想着校园的那片池塘，映着光，映着影……

夏日的池塘是求实校园最美的一角。

漫步校园，这感觉即刻得到了印证。姹紫嫣红，树影交错，睡莲依依，光影交错间，我仿佛与色彩撞了个满怀。

一路走来，目光始终跟随着那片睡莲。

睡莲悄睡在翠叶的梦间，它淡香的呼吸如天上的精灵飞在池畔，飞在迷离的草际。昏暗下的睡莲，神秘地泛出蓝紫色，恰好被我的眼角敏锐捕捉。

不知觉间，一抹光散在波纹细碎的水面上，不经意注意到了由蓝紫色变成明媚的亮绿色的池塘。

一簇簇泛着红光的叶茎，漂浮在池塘，像无数纤指将一片片绿色托出水面。叶子相连着，相拥着，相叠着，化成一片莫大的奇异的绿，覆盖池塘。嫩绿，翠绿，墨绿，整个池塘便成为绿的世界。我感到身处的周围被孤僻地染上绿色，夹缠着一丝一缕的洁白。明亮的阳光迸发出不可一世的光芒，模模糊糊的视线下，似乎是谁的身影明明暗暗地摇晃。

天幕在水里流动着。我看见洁白的睡莲像火一样在无底的天空中熠熠燃烧，或是像鱼一般昏了头地在水中游走；我看见它以肉眼可见

的速度，一寸一寸，飞快而似乎又缓慢地将花瓣伸向天空；我看见跳动的光点，看见绿色的叶，看见低垂的天幕，与深邃、神秘、典雅的睡莲融在一起，构成一幅永恒的画作。

这就是求实校园最美的一角：老师的爱，如阳光一般温暖，散落在每一位学生微笑的脸庞，这份爱最伟大，最无私，最纯洁，默默地培育着如睡莲般半梦半醒的学子们。愿我们也能学习睡莲一般的意志：在校园生活中与枯燥的学习为伴，尽最大的努力达到自己的学习目标，就像睡莲与黑夜为伴，与世界之光同时绽放；在生活中与自然为伴，与坦然同行，以最平常的心态面对生活，就像睡莲不计较生长环境，始终美丽绽放。

我心向阳

——记三角梅

初2023届19班　林孟坤

听风轻轻地吹，校门前红叶漫天飞舞，不知不觉，冬季悄悄降临人间。

我在十中的校园中闲逛，不经意间的一瞥，望见一抹红艳的色彩从墙后微微探出头来，就在那白墙映衬下的偏僻而寂静的角落里，显得格外引人注目。我不由得好奇，究竟是什么花会在那样见不到日光的地方默默绽放？

于是我走近那一抹红，只见那花瓣鲜红如火，却不如玫瑰那般柔软光滑，脉络清晰，似叶又非叶，拼成三角的形状，中间微微露出点点金黄的花蕊宛若星光；看似相仿的一朵朵花，仔细看去，却每一朵花都有自己不一样的姿态，一簇簇地开在树上，犹如一个个小太阳。哦！是

三角梅！一棵生长在校园阴暗角落里的三角梅。

　　在这个风景如画的校园里，三角梅实在是普通得不能再普通。紫红的山茶花，洁白的玉兰，浅粉的樱花，还有荷塘月色中的红莲，这些开得无比张扬的花自然会更吸引人们的眼球，相比之下，三角梅就显得非常逊色了。

　　可是，当白云悠悠地在天上飘着，当黑天鹅在池塘边打理着羽毛，当那一缕晨光落在地上，三角梅啊，我看见你为着心中的梦想，努力向上；我看见你为着那份信仰，极力生长，哪怕环境幽暗，无人问津，也任凭孤独流淌，只为一缕阳光。

　　啊！三角梅，你是一棵坚韧不拔，顽强奋进的三角梅。

　　我看见你在寒冬中尽情地欢笑，与校园里的学子们一同成长；我知道你见证一代代学子拼搏向上，陪伴他们追逐梦想！你和学子们一起秉承着求实的精神，脚踏实地，在这美丽的校园中缓慢前行。

　　三角梅啊，你在幽暗的环境中生长，将顶端的花朵推向阳光，如同学校中的老师，诲人不倦，在学生身后默默付出，为了学生呕心沥血，无怨无悔，将他们托向成功。

　　红叶落尽，寒冬已至，三角梅啊，你仍在角落里独自展示着你的芬芳，请你不要害怕，你终将触到阳光！请你继续向前，你的明天充满希望！

初 2023 届 22 班　李怡阳绘

初 2023 届 24 班　玉金羽绘

活动探究

　　昆明十中求实校园向来以绝佳的生态环境而闻名，同学们每天看青树翠蔓，听泉水叮咚，观天鹅戏水，赏锦鲤畅游，读书学习变得惬意且从容。请你用相机记录下十中学习生活的美好瞬间，选择一张你最满意的摄影作品贴在下面的空白处。

山水名胜游昆明

　　提起昆明，第一印象就是它四季如春、美如诗画的秀丽风光。作为国务院首批公布的24个历史文化名城之一、旅游大省云南的省会、外地人抵滇的第一站，昆明用它特有的自然美景和深厚的历史文化底蕴，散发出沉静幽深的韵味，让人陶醉其中。

　　"高原明珠"滇池以及仰卧在旁的"睡美人"西山，是昆明最具有代表性的美景。每到傍晚，昆明人总喜欢走到大坝边吹吹海风。每年的12月到第二年的3月，你还能在这里邂逅从西伯利亚不远万里飞到这里的"城市精灵"红嘴鸥……西山风景区坐落于滇池西畔，远眺西山，它既像一尊庞大的睡佛，又像一个仰卧在滇池畔、丝发垂海的睡美人。走进西山，会发现这是一座树木掩映的森林公园。郁郁葱葱的植被四季常绿，其中还藏着数不清的庵寺和听不完的故事……

　　走进昆明市区，有几座极具特色的公园景点值得一去：你要去大观楼，看看那闻名天下的180字的"古今第一长联"——《大观楼长联》是如何文采飞扬；去太和宫金殿，听"冲冠一怒为红颜"的故事；去翠湖，探当年民国大先生们的轶事；去筇竹寺，看形态各异的五百罗汉……

　　昆明当地的老房子也极有趣味，你可以走进马家大院，到昆明首任市长家中听听戏；可以去石屏会馆品晚清遗风里的文化盛宴；可以去陆军讲武堂，感受当年有志之士从军报国的凌云壮志……每一个拐角、每一次抬头，都有藏不住的历史、说不完的别致。

　　在这一章中，我们会带着你一起逛逛公园、看看房子、走走巷子……从这个城市的每一个角落，带你了解昆明。

第一节　滇中第一佳境——西山

本节导读

　　昆明有句谚语：三月三，耍西山；云南有名的花灯剧《游春》中唱道：昆明有个美人望……西山龙门是美人望……西山，滇中第一佳境，有茂密的树林、悠久的历史、深厚的底蕴，还可远望"高原明珠"；西山，可以让心灵小憩的地方……

一、西山的位置

　　滇中第一佳境——西山位于昆明西郊 15 公里处，濒临滇池西岸，从北向南依次由华亭寺、太华山、罗汉山、挂榜山等山峰组成，峰峦连绵 40 多千米，海拔 1 900～2 350 米。西山，古称碧鸡山，又因形似卧佛或少女躺卧，也被称为卧佛山或睡美人山。

　　怎么去西山？到拓东路云南省体育馆旁的地铁站，坐上 3 号线，经过大约 40 分钟，就可到达西山森林公园脚下的茶马花街，顺着茶马花街就可到达西山脚下。置身茶马花街，主巷道两旁都是二至四层的仿民国时期建筑，仿佛回到了民国时期的昆明。目之所及，都是极具昆明特色的各种小吃，从早点油条豆浆、烧饵块到昆明人爱吃的烧豆腐、酱洋芋，应有尽有，令人眼花缭乱、垂涎欲滴。

二、赏西山自然之景，听西山凄美传说

　　穿过茶马花街，眼前的绿色骤然变多、变浓，空气清新无比，"天然氧吧"名不虚传。放眼望去，左边是一条用木头铺成的宽阔栈道，为了保持原貌，但凡碰到树木，栈道都会让路，在栈道路面上凿出空间让树木们充分生长和展示，人们不禁感叹设计者的匠心独运。站在栈道上继续向左极目远眺，滇池胜景一览无余，波光粼粼，帆船点点，鸥似飞雪，山影倒映，孙髯翁长联中"五百里滇池，奔来眼底。披襟岸帻，喜茫茫空阔无边"的诗句脱口而出。

　　西山有一个美丽的传说。很久以前，滇池岸边，有对青年男女，真诚相爱，发誓至死不渝。有个财主看上了这位美丽的姑娘，用计将小伙子害死于滇池。姑娘失去爱人，悲痛欲绝，披头散发，含泪

迎风呼喊着爱人的名字，直至声嘶力竭，仰面倒下，化成了"睡美人"。后来，尊贵的凤凰还专门飞来悼念。还有说小伙子是为心爱的姑娘采摘海菜花一去不返，姑娘悲恸欲绝，眼泪流了五百里，最后泪尽而逝，身躯化为湖滨山峦，长发化为草海。传说不一，但几乎所有的昆明人都叫西山为"睡美人"。有诗曰：

初 2024 届 2 班　杨佳沁摄

　　卧佛化身睡美人，满腔热泪洒红尘；
　　海枯石烂情无尽，地久天长恨不泯。

三、　聆听西山的悠久历史，感受西山的深厚底蕴

初 2024 届 2 班　杨子睿摄

　　继续在鸟语花香中前行，来到西山森林公园的第一站：升庵祠。升庵祠掩映在绿茵茵的树木之中。"升庵"是明代文学家杨慎的号，杨慎自幼聪明好学，24 岁中状元，嘉靖元年（1522 年），他与朝臣一起反对明世宗给生父上尊号而被充军云南。杨慎来到昆明后，由同因此事被"梃杖"而死的难友毛玉之子毛沂接到高峣。毛沂专修一座"碧峣精舍"供他居住。从此杨慎在这里读书、写作、讲学，在云南度过了 38 年。其间他探访名山胜境，调查民族风情，足迹踏遍云南省，通过著述编纂，扩大了对云南文化的宣传。杨慎被称为明代著作最多的人，一生著作在 180 种以上，其中《滇程记》《滇载记》《云南山川志》《南中集》等都是关于云南的著作。明代万历年间云南布阵使尤廷龙为了纪念这位文化名人，将"碧峣精舍"修为升庵祠。古今多少才子，因仕途失意被贬，散布在大江南北，有的郁郁寡欢，英年早逝；有的随缘自适，反而成就了无数文化瑰宝，杨慎、苏轼就属于后者。

　　在升庵祠中还有一座徐霞客纪念馆。徐霞客是我国明末著名的旅行家、地理学家。他跋山涉水、排除万难，足迹踏遍祖国山河，到过如今的江苏、浙江、广西、云南、贵州等 19 个省区的广大地区。他以日记形式记录考察情况，被后人整理为《徐霞客游记》。《滇游记》占全书的百分之四十，有二十五万字。其中对岩溶地貌的分类早于欧洲一百三十年；充分论证了金沙江才是长江的源头，彻底更正岷江是长江源头的旧说等。《徐霞客游记》集游记、地理、文学、历史为一体，被誉为"千古奇书"。徐霞客曾经在西山详细考察过，并在升庵祠停留过，写下著名的《游太华山记》，于是在此建立"徐霞客纪念馆"，以供后人瞻仰。

缓步向前，在道路的右边有一座"南洋华侨机工抗日纪念碑"。1937年12月，滇缅公路开工，路线为昆明—楚雄—下关—保山—芒市—畹町，然后进入缅甸境内。经过九个月的时间，滇缅公路全线通车。抗日战争期间，滇缅公路是我国唯一对外通道，海外华侨和盟国支援的抗日军需物资就是从这条路运进来。难能可贵的是，旅居在新加坡、马来西亚、菲律宾和印度尼西亚等国的三千二百多名华侨分批回国，在这条线上担任驾驶员和修理人员，其中一千多人以身殉国，为抗日战争做出了杰出贡献。为了缅怀爱国华侨的这段光荣历史和卓著功勋，云南省人民政府修建了这座纪念碑。纪念碑于1987年7月7日落成，碑身高达9米，基座上镌刻着四个大字"赤子功勋"，碑额上雕刻有当年南侨机工荣誉纪念章图案。

经过昆明最大佛寺华亭寺，穿过树林荫翳的天然氧吧太华古道，往上走一段，就是龙门。

龙门脚下，埋葬着中华人民共和国国歌曲作者聂耳，他生于1912年2月15日，出生地是昆明甬道街成春堂中医药店。聂耳四岁丧父，靠母亲继业行医为生。聂耳的母亲是一位喜欢并擅长唱歌的傣族妇女，她是聂耳的音乐启蒙老师。聂耳曾就读于昆明求实小学高小

初2024届2班　杨佳沁摄　　　　　初2024届2班　杨子睿摄

部，他积极参与课余音乐活动，这为他后来走上音乐道路奠定了基础。聂耳墓位于公路右边的松柏林中，整个墓园呈云南民间乐器月琴状：有一平台犹如琴头，7个花圃寓意7声音阶；花圃上矗立着汉白玉雕制的聂耳全身立像，雕像高3.2米，做沉思状；雕像后面绿化带为琴颈部分；再往上即为一圆形墓地，好似琴身。墓地正中由24块墨石组成的圆形墓体，象征着聂耳24岁年轻的生命。墓碑前斜置一巨型汉白玉雕制的山茶花花环（山茶花是昆明市的市花），墓地后方是依山开凿的屏风石墙，上有巨型浮雕，表现了义勇军进行曲所反映的万里长城以及中华民族全民抗战的宏大场面。

初2024届2班　段翊菲摄

四、 走进昆明最大佛寺——西山华亭寺

华亭寺坐落于半山，地势平顺，青林翠竹，曲径通幽，钟磬袅袅，正如寺院大门外的对联所写——"绕树千章，松苍竹翠；出门一笑，海阔天空"。华亭寺是古老的丛林巨刹，前人题咏很多，其中清代许湛的一首五言古风《游华亭寺》曾驰誉于诗坛："十年怀胜游，斯晨遂独往。摄衣逾崇冈，林峦信藤杖。飒飒万壑声，秋风送奇响。松杉蔽天光，一径入森爽。旭日耀金碧，精蓝隐深广。十步已三休，高登境弥敞。老僧四五人，逍遥石苔上。指顾乱云中，滇城大于掌。下视昆明池，晶晶俨盆盎。豁然眼界宽，万象罗府中。无物翳青天，决眦尽苍莽。"景象幽美，意境旷远，可谓妙哉！

华亭寺内现有僧舍利塔十三座，最著名者为"虚云舍利塔"；寺内还供奉僧舍利子一粒；另有明、清、民国、现代历朝碑刻十块，珍藏乾隆皇帝御赐《龙藏》一部。寺内有石雕青狮白象，是佛教祥瑞征兆，即"青狮献瑞，白象呈祥"。

华亭寺的建筑别具特色，深受宫式法则和儒家文化中理性美的影响。沿中轴线排列立体建筑，纵轴线上有放生池、天王殿、八功德池、大雄宝殿、藏经楼；横轴线从大雄宝殿左右分设经堂、祖堂、方丈室、僧堂、客堂、浴堂、库房、香积厨等。所

初2024届2班　董芮溪摄

有建筑以大雄宝殿为中心，如众星捧月，规则严整，排列有序。华亭寺入寺之门是一座高大的三层钟楼。钟楼飞檐翘角，与古树齐高。寺中一池，至夏，池中睡莲红白相映笑迎游客，池中无数游鱼往来嬉戏，似与游者相乐。

池的正对面是威严的天王宝殿。殿门外石雕青狮白象分居左右。殿门两侧，塑有哼哈二将。二将横坐于金睛兽上，袒胸露怀，一个手执降魔棒，一个手提荡魔杵，神态威猛。殿内正中神龛上有一尊金身护法神韦驮，殿内两侧塑有四大金刚（四大天王）。

初 2024 届 2 班　黄治源摄

初 2024 届 2 班　鹿皓宁摄

初 2024 届 2 班　黎译阳摄

出天王殿，进入上下两层的庭院。下层庭院小巧玲珑，院中有"八功德池"，池上架雕栏"涌莲"石桥，将水池一分为二，小桥流水，精巧别致。池中有假山游鱼，院中植藤萝紫、罗汉松、茶花、银杏、玉兰。藤荫下有石桌石凳，供游人休息。上层庭院中央立一巨型石香炉，正对香炉的是金碧辉煌、巍峨雄伟的大雄宝殿，它是西山园林建筑中最大的殿宇。大殿飞檐翘角、琉璃碧瓦，屋背饰以鱼、兽、鸟等动物造型，殿顶中央为葫芦宝顶。大殿前檐悬挂"山高海深"等匾额。殿内幡幔叠垂，正中神龛上供奉着五尊金光闪闪的佛像，均高丈余。佛像仪态端庄、安详，背衬以金光轮。神龛背面塑有观音塑像及二十四天神像。殿内两侧面塑有层层叠叠的五百罗汉，众罗汉的容貌、表情、神态各异，栩栩如生。大雄宝殿后面是藏经楼，金碧辉煌，鲜艳夺目。

华亭寺历史悠久。据史载，华亭寺初为宋大理国鄯阐侯高智升的别墅。此后，高氏后代高贤、高政二兄弟一日来游，恰遇"众芳竞艳、繁花锦簇""仰睇碧空，宵云谒谒，状如华盖……"，二人以为此系华祥高照，乃命名"华亭"。元延祐七年（1320年），筇竹寺雄辩法师的高足弟子玄通元峰禅师柱锡于此，结茅传经。三年后首建大光殿，供奉毗卢佛像及圆觉十二大士，将此地称圆觉寺。至元五年（1339年），元峰到江南靖国寺请回《大藏经》一部，立宝音殿藏之。经过二十多年苦心经营，圆觉寺成为一座规模较大的寺院。明永乐景泰年间"拓其址而弘其规制"，题名"大圆觉寺"。

后英宗帝敕赐"华亭寺"。清康熙二十六年（1687年），巡抚王继文重修华亭寺。咸丰七年（1857年），华亭寺部分建筑毁于战火。光绪九年（1883年）再度重修。1920年云南省长唐继尧请湖南籍禅宗大师虚云和尚由大理宾川鸡足山来华亭寺主持佛事，募款重修华亭寺，建钟楼，凿放生池，增设罗汉，筑藏经楼，并于寺西南约百米处建海会塔存僧俗骨灰，同时，改称靖国云凄禅寺，但仍俗称华亭寺。

初2024届2班　杨佳沁摄

中华人民共和国成立后，华亭寺几经修葺，扩建了旅游服务区，设有餐厅、小卖部、茶室、住宿部等，游人不绝，热闹非凡。农历三月初三赶歌会，人山人海；清明节香火更旺。华亭寺以其独特魅力受到古今名人的青睐和称颂。在天王殿门悬有一副楹联："一水抱城西，烟霭有无，柱杖僧归苍茫外；群峰朝阁下，雨晴浓淡，倚栏人在画图中"，这是明代文学家杨慎所题；在天王殿弥勒佛神龛处，悬有清代书画家钱沣所撰的楹联："青山之高，绿水之长，岂必佛方开口笑；徐行不困，稳地不跌，无妨人自纵心游"；陈毅在《昆明游西山》中写道："昆明城，三月三，数万人，游西山，华亭怪，太华寒，龙门险，滇池宽……"一个"怪"字，点出了华亭寺独具的风韵。

五、 西山的灵魂——龙门

西山龙门由三清阁和龙门石窟组成。三清阁由灵官殿、纯阳楼、三清殿、玉皇阁、太清宫、真武宫、吕祖殿、七圣殿、凌霄阁、老君阁、太极宫组成。龙门石窟则由揽海处、慈云洞、云华洞、达天阁等组成。达天阁是龙门石窟的最高处，也是整个龙门石窟的精粹。

三清阁始建于元代，最初是梁王的避暑行宫，明代建道观玉皇阁、海涯寺等，现存的建筑多为明清所建。人们由山下的龙门村登一千多级石阶，先经过千步崖，再到罗汉崖。

山门内侧写着"三清境"三个大字，门内还有一副对联："置身须向极高处，举首还多在上人"，鼓励大家立志当存高远，永不止步，永远向上。

山门所对的是灵官殿，殿内供奉着王灵官。两边

初2024届2班　张艺馨摄

楹柱上的对联令人印象深刻：浮光跃金，静影沉璧；层峦耸翠，飞阁流丹。借古人名句，写尽远眺景色的优美。

从灵官殿蜿蜒而上，陡峭而险峻的三十六石阶出现在眼前，象征着三十六天罡，之前初进山门时攀登的台阶有七十二级，象征七十二地煞。

到达三清阁，就有豁然开朗之意，在这里可以品茗赏景，休闲娱乐。此处对联——半壁起危楼，岭如屏，海如镜，舟如叶，城郭村落如画，况四时风月，朝暮晴阴，试问古今游人，谁领略万千气象；九天临绝顶，洞有云，崖有泉，松有涛，花鸟林壑有情，忆八载星霜，关河奔走，难得栖迟故里，来啸傲金碧湖山。这副对联共84字，有景，有情，有浓浓的乡愁。

再往上走可见一泓清泉，名为"孝牛泉"。相传古时有一个屠夫买了一头母牛和一头小牛，当他准备宰杀母牛时，刀却不见了，只见小牛倒在地上，眼中噙满泪水，等小牛起身时屠夫才发现刀藏于其腹下。屠夫大受感动，决心放下屠刀，在三清阁出家。于是他牵着牛每天从山下托水上山。为报答不杀之恩，小牛以角穿石，引出甘泉，故称"孝牛泉"。

继续前行，进入龙门石窟景区。岩壁上"别有洞天""引人入胜""红尘不到"等刻字夺人眼球。向前入石门，过石道，有一石室，北侧刻着"揽海处"，石室的前面雕刻着精美的——"凤凰衔印图"。传说这里开凿出雄伟壮丽的龙门石窟后，凤凰衔着印飞往各处，希望人们来到龙门游览。石室南侧摹刻明代傅宗龙（昆明人）的草书："一径飞雨红，千林散绿荫。"春末夏初，花红柳绿，万物蓬勃，令人读

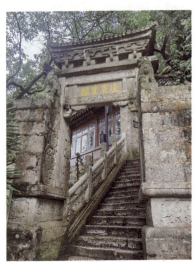

之心旷神怡。

从揽海处向前，就可见一石道，石壁上题刻着"普陀胜境"和"佛谷云深"等大字。石道一出，到达"慈云洞"。洞中正前方雕刻送子观音，左右雕刻骑龙跨虎的神像，令人惊喜的是石壁上还有不少摩崖文字。在洞中的一石香炉上刻着两首诗——《赠吴道人诗二首》，其中一首是乾隆年间的举人、昆明彝族诗人那文风所作："万钻千锤显巨才，悬崖陡处辟仙台。何须佛洞天生就，直赛龙门禹凿开。紫竹荫书心里出，慈云蔼露掌中来。昆池恰似观南海，不负当年梦几回！"此诗高度评价了西山龙门的吴道人。原来的龙门，木栈铺道，悬空而行，朝山的人十分不方便，到清代时，吴来清一个人呕心沥血，含辛茹苦，一锤一钻打通了由三清阁至揽海处旧石室，再到慈云洞这段石道。特别是从"普陀胜境"开始"螺旋蛇行"，直至慈云洞，仅仅容纳两人侧身而过，临滇池一面居然还开凿了绝壁石窗，可欣赏美景，工程之艰巨，后人不可想象。值得一提的是，从乾隆四十六年（1781年），至乾隆六十年（1795年），吴来清历时十五个春秋，其坚忍不拔之劲令后世景仰。吴来清死后四十五年，又一个昆明人杨汝兰因"俯瞰滇池，极山水之胜"，"淡于荣利，喜佳山水"而慕请石工，开凿了从慈云洞至云华洞长约40米的隧道，崎岖起伏，行之惊险至极。从1840年至1849年，"共历九年，始刻告成"，其"规划之巧，刻凿之奇，均啧啧称羡焉"。令人感动的是，杨汝兰之子杨际泰又主持开辟达天阁，历时十三年。

达天阁工程包括龙门石坊、平台、达天阁石室及其雕刻三大部分，完全在原生岩石上雕凿而成，它是龙门石窟的最高处，也是龙门石窟的精髓所在。

漫步达天阁的龙门石坊，上有"龙门"二字。左边有一半圆形平台，在这里凭栏而依，上迎天风，下临绝壁；远望滇池，烟波浩渺，白舫点点；远处青山如黛，空中白云悠悠。石室内雕有魁星、文昌、关圣三尊神像，背面、两侧和顶壁上有八仙过海等各种浮雕，可谓鬼斧神工。石雕的核心和精华是魁星点斗：高约1米，右脚踏鳌头，左脚上抬蹬一斗；右手握笔高举作书写状，左手擒龙挺胸，英姿勃发，身上彩带翻飞，整个雕像栩栩如生。

值得一提的是，整个龙门石窟的景物都集中体现了

初 2024 届 2 班　黄治源摄

中国科举考试的思想。龙门石坊、达天阁意在表现"一登龙门，身价百倍"，凡能越过龙门的鲤鱼，可以化身飞龙，腾云上天；不能越过，点额而归，就是在龙门碰破了头，败退而回。魁星点斗，脚踏鳌头，寓意为头名状元在接榜时站在鳌头（唐宋时皇宫正殿的台阶上雕有龙和鳌）那里，被封为"独占鳌头"。

　　昆明西山——滇中第一胜境，葱郁的树木仿佛在诉说着它历史的变迁，别具一格的建筑见证了它海纳百川的胸怀。每当朝阳升起，它和滇池喃喃细语，似乎在为昆明日新月异的变化发展献计献策……

第二节　璀璨的高原明珠——滇池

本节导读

　　"秀海海边葭菼秋，滇池池上云悠悠。人心恰似此中水，一道南流一北流。"明代范汭的《滇中词》（其一）写出了滇池自古以来的秀美和带给人们的悠闲和惬意。这颗璀璨的高原明珠闪耀至今，滋润着昆明这一方充满灵气的土地，并不断向未来流淌、延伸。

滇池的别称及自然情况

　　滇池，位于云南省昆明市的西南方向，古名滇南泽。为什么称为"滇池"呢？滇池曾经居住着称为"滇"或"滇棘"的部落，战国时期有楚将庄蹻率部进入滇池地区，庄蹻及其部属"变服从其俗"，建立滇国；西汉武帝时设益州郡，郡治为滇池县（今晋宁）；元至元十三年（1276 年）建立云南行省后，将池畔的鸭赤城改称昆明，成为云南省会的所在地。滇池有水似倒流，有"滇者，颠也"一说，故曰"滇池"，亦称昆明湖、昆明池、滇南泽、滇海。滇池的外形好像一弯新月，是地震断层陷落而形成的湖泊。

滇池湖面海拔 1 886 米，面积 330 平方千米（面积从古至今有变化），南北长 39 千米，东西最宽为 13 千米，湖岸线长 163.2 千米，容水量为 15.7 亿立方米，它是云南省最大的淡水湖，我国第六大淡水湖，历称"五百里滇池"，被誉为一颗璀璨的高原明珠。湖水在西南海口泄出，称螳螂川，为长江上游干流沙江支流普渡河上源，主要河流有盘龙江、金汁河、宝象河、海源河、马料河、落龙河、捞鱼河等，东有金马山，西有碧鸡山，北有蛇山，南有鹤山。河流众多，群山连绵起伏，形成了保护昆明的天然屏障，造就了肥沃的土地、温和的气候，而充沛的水源则有利于灌溉农田和航行。昆明盛产稻米、小麦、蚕豆、玉米和油料等，被称为云南的"鱼米之乡"。

一、滇池与赛典赤·赡思丁

赛典赤·赡思丁（1211—1279），元代优秀政治家。他一生的政治活动，对元初社会生产的发展起过重要作用。尤其是他在担任云南平章政事的六年间，对云南的社会、经济和文化建设都做出了重大贡献。赛典赤·赡思丁在云南时，"兴滇之心，事滇之子"，兴利除弊，大胆改革，深得民众拥戴。至元 16 年（1297 年），赛典赤·赡思丁死于任上，送葬群众"号泣震野"。忽必烈闻讯后，"思震典赤之功，诏云南省臣尽守赛典赤成规。"大德元年（1297 年）追赠赛典赤为"上柱国、咸阳王"。他的一生，功名显赫，功绩卓著。

那么，滇池与赛典赤·赡思丁之间究竟有怎样的渊源？

从前的滇池，水域很广，曾给昆明带来不少水患。

赛典赤·赡思丁将云南行政中心从大理迁至昆明并开始着手

对昆明城水患进行整治。他及部属张立道，对整个滇池进行巡视后，制定并实施了全方位的治水工程。在昆明东北，疏浚河道，引"邵甸九十九泉"入盘龙江；东边金马山下，建松华坝闸，后世誉松华坝为"春城人民头上的一碗水"，极言其重要性；开凿金汁河，建水闸、涵洞、水渠放水以灌溉农田，关注民生；滇池下游开凿宝象河、马料河等6条人工河，缓解了水患带来的压力。

在诸多环滇水利设施中，值得一提的就是在滇池西南角，掘通滇池与螳螂川相连，使得滇池这个内陆湖泊，有了出水口。螳螂川河流入金沙江，最终汇入长江。因此这个地方得名"海口"，有了"筹滇之水利莫急于滇池之海口"的说法，也把海口称为"治滇之锁钥"。

海口挖掘后，滇池水位大幅下降。面积从小西门潘家湾，一直退到了大观楼附近。据资料记载，滇池水位下降，得良田上万顷。在云南，山间平地称为"坝子"，滇池流域的宽广极大限制了昆明城的发展，而农业社会的城市，需要大于城市面积数倍的耕地良田才能支撑。滇池海口的开凿，解决了这两个制约昆明城市发展的瓶颈，扩大了坝子的面积，提供了数量可观的良田。

　　然而，只是开凿了滇池与螳螂川入口就足够了吗？并非如此，滇池水患仍然存在。每逢雨季，泥沙淤积，河水就会从螳螂川倒灌入滇池，酿成严重水灾。海门以下，河道中间天然形成了一个岛。河水在这里分流，然后在岛尾重新汇聚，地名中滩，水患形势仍旧严峻。赛典赤·赡思丁根据中滩的地形走势，组织大批人力于此构建土石坝三道。当雨量少时，就用土石坝蓄积滇池水；当雨量猛增时，再根据情况建筑堤坝，防止雨水倒灌；或将石坝凿开，放出水量进入螳螂川以缓解患情。这三道闸所处的位置，形如汉字的"川"字，就被命名为"川字闸"；又因如白鹤般展翅，亮出两翼，故名"白鹤桥"。

　　元时，意大利人马可波罗游至昆明（时称中庆府），看见城市中商人、工匠等云集，商业繁荣且使用货币，不禁称赞昆明为"壮丽的大城"。正是赛典赤·赡思丁对滇池水利的治理，昆明城市的发展迅速腾飞。到了明代，朱元璋封其义子沐英镇守云南，并迁南京富户十万入昆明，包括巨富"沈半城"沈万三。昆明的明军实行军垦屯田，自给自足，朱元璋自夸"养兵百万，不要百姓一粒米"。这个良好基础是在赛典赤·赡思丁治理滇池水患时打下的。

　　从古至今，昆明人用自己的方式表达着对才能卓绝、为民生办好事、润泽后世的一代功臣赛典赤·赡思丁的纪念之情，在昆明松华坝和五里多均有赡思丁的衣冠冢墓碑。借用一首赞颂赛典赤·赡思丁的诗来表达对他的崇敬之情——

　　忠爱坊立，彪炳功绩。开挖海口，乃赡思丁。
　　滇池水退，昆明城兴。川字闸起，湖面平宁。

　　1955 年以后在湖的上游各个河流上先后修建十余座大中型水库，沿湖修建几十座电力的排灌站，解除了洪涝灾害，确保了农田灌溉和城市工业、生活用水。

初 2024 届 2 班　禹佳辰摄　　　　　　初 2024 届 2 班　段翊菲摄

二、 今天的滇池

　　现在的滇池，已是全国首批批准建立的十二个国家级旅游度假区之一，也是唯一设在内陆省的国家级度假区。1988 年，滇池以昆明滇池风景名胜区的名义，被国务院批准列入第二批国家级风景名胜区名单。滇池周围风景名胜众多，与西山森林公园、大观公园等隔水相望，云南民族村、国家体育训练基地、云南民族博物馆等既相连成片又相对独立，互为依托，是游览、娱乐、度假的理想场所。

　　特别是海埂大坝，它环绕滇池，在原来的基础上几经修缮，以焕然一新的面貌迎接来自全国乃至全世界的游客。蓝天白云下，人们徜徉在总长 2.8 千米的大坝上，远眺著名的西山"睡美人"，在粼粼波光的映衬下，引人遐想；水面上白帆点点，沙鸥翔集，似与冲浪的游艇互相逗乐。每至冬季，成千上万的红嘴鸥在滇池水域上随风飞舞，如精灵、似雪花，飘洒在天空中，灵动而美丽。

　　继续往前，海埂大坝与海埂公园无缝对接。海埂公园紧靠滇池湖畔，整个公园沿滇池湖岸而建。垂柳绿荔枝、白浪沙滩，一派多姿多

初 2024 届 2 班　李卓皓元摄

彩的南疆风光。在公园眺望湖对面高山上的西山森林公园，更觉赏心悦目。若是想登上西山游玩，公园里的大坝码头上有渔民驾驶的渔船可渡过水面到达西山脚下；也可到海埂民族村坐缆车上西山，从缆车上俯视滇池胜景，又是一种独特的体验。

初 2024 届 2 班　王欣冉摄

历尽沧桑的滇池，洗尽铅华，湖光山色依旧十分壮丽。其迷人之处在于它一日之内，随着天际日色、云彩的变化而变幻无穷；在于登临龙门时，其美景尽收眼底，随着吟出的《大观楼长联》而浮想联翩，梦回风起云涌的历史；在于滇池随着时代的发展而发展，始终充满活力与激情。

初 2024 届 2 班　邓云龄摄　　　　初 2024 届 2 班　张艺轩摄

第三节　滇中文化盛景——大观楼

本节导读

　　走进位于云南昆明滇池的大观楼，一幅被誉为"古今天下第一联"的长联迎面而来，吸引了众多游客的目光。大观楼修建于 1690 年，是当时的云南巡抚王继文兴建的。

大观楼建好后，因其结构稳重精巧，和谐美观，体量适中，庄重秀丽，成为远近闻名的"打卡"胜地。或临湖宴饮，或登楼歌赋，大家自得其乐。大观楼既为滇中古建筑珍品，又与其长联相映增辉，形成滇池优美的自然环境和昆明深厚的人文积淀相结合的文化景观。

一、 大观楼概况

初 2024 届 7 班　宋禹诺摄

大观楼，位于云南省昆明市西山区大观路284 号大观公园内，占地 400 余平方米，因《大观楼长联》而闻名。大观楼在清康熙二十九年（1690 年）由巡抚王继文兴建。道光八年（1828 年）修葺大观楼，增建为三层。咸丰七年（1857 年）长联与楼毁于兵燹。同治五年（1866 年）重建，复遭大水，光绪九年（1883 年）再修。

二、 大观楼建筑格局及历史沿革

（一）大观楼结构特点

大观楼形式古雅，为一座三重檐攒尖顶云南传统古建筑，平面呈方形，四周设有月台，月台周边为石灰岩方整石所砌，上墁石板，建筑西面和长廊相接。大观楼既与中国主流传统建筑文化一脉相承，又具有地方民族文化色彩，体现了中原文化与边疆民族文化的交融。

站在大观楼下抬头看，大门红匾上用耀眼金粉题写的"大观楼"三个清新飘逸的大字格外引人注目。走近大门，最值得看的是门两侧蓝色的长联。这幅长联共计 180 字，由清朝孙髯翁所写，被称为"古今天下第一长联"。走进大观楼，映入眼帘的是一个旋转楼梯。沿着楼梯往上走，楼顶挂着一口大钟。这口钟是青铜制的，上面雕刻着美丽的花纹。据说，以前每当山林起火的时候，这口钟就会被人们敲响。

与钟顶平齐的地方是大观楼最高的观赏点。放眼望去，面前突然开阔起来，一望无际的滇池水一直铺到西山脚下。远处的西山睡美人秀美宁静，只见碧水涟漪，波光粼粼，亭台楼阁倒映水中，美不胜收。成群的海鸥翱翔在蓝天白云之间，时而盘旋，时而和游人互动，让人久久驻足其间，流连忘返。

（二）大观楼历史沿革

康熙二十年（1682年），湖北僧人乾印和尚在近华浦创建观音寺。

康熙二十九年（1690年），云南巡抚王继文巡察四境路过此地，看中这里的湖光山色，命人相继修建了近华浦的攗耕馆、观稼堂、牧梦亭、漏月亭、澄碧堂和大观楼，沿堤先后辟浴兰渚、唤度矶、涤虑湾、问津港、送客岛、适意川、忆别溪、合舟亭等亭、台、楼、阁，夹种桃柳，点缀湖山风景。楼阁建好后，王继文站在楼上，一眼望去，碧波荡漾，渔帆点点，心旷神怡，于是取名大观楼。

道光八年（1828年），云南按察使翟觐光主持重修大观楼，将原来的二层增建为三层。观音寺僧净乐重修观音寺时，又于寺后建华严阁五间三层，高于大观楼丈余。净乐善诗联，华严阁落成时篆刻一副长联，世称"净乐长联"。

咸丰五年（1855年），咸丰帝奕訢询兵部侍郎、云南晋宁人何彤云滇池湖势，何彤云"历陈大观情形"，咸丰遂题赐"拔浪千层"匾。

咸丰七年（1857年），5月21日，滇南起义军进围昆明时与守城清军开战，南城外六街三市火光冲天。南面由滇池乘舟进攻的起义军路过近华浦时，放火将大观楼及其后的观音寺、华严阁一并烧毁。

同治三年（1864年），云南提督马如龙主持重建大观楼，历时两年，并为重建落成后的大观楼题写了《重建大观楼记》手札。现存大观楼即为同治三年（1864年）重建。

清光绪二年（1876年），近华浦大水，两廊皆圮，楼亦倾斜。光绪九年（1883年），总督岑毓英重修。

三、 诗词楹联

云南昆明《大观楼长联》全文：

五百里滇池，奔来眼底。披襟岸帻，喜茫茫空阔无边。看东骧神骏，西翥灵仪，北走蜿蜒，南翔缟素。高人韵士，何妨选胜登临。趁蟹屿螺洲，梳裹就风鬟雾鬓；更苹天苇地，点缀些翠羽丹霞，莫孤负四围香稻，万顷晴沙，九夏芙蓉，三春杨柳。

数千年往事，注到心头。把酒凌虚，叹滚滚英雄谁在。想汉习楼船，唐标铁柱，宋挥玉斧，元跨革囊。伟烈丰功，费尽移山心力。尽珠帘画栋，卷不及暮雨朝云；便断碣残碑，都付与苍烟落照。只赢得几杵疏钟，半江渔火，两行秋雁，一枕清霜。

初 2024 届 7 班　王淼摄

《大观楼长联》注解：

上联可译为：五百里浩瀚的滇池，在我的面前奔涌。敞开衣襟，推开冠戴，这一片茫茫无边的碧波多么叫人欣喜啊！请看：东边的金马山像神骏在奔驰，西边的碧鸡山如凤凰在飞舞，北面的长虫山犹如灵蛇蜿蜒，南端的鹤山似白鹤在翱翔。诗人们，何不选此胜境，登上高楼欣赏一番呢？看那远处像螃蟹一样大的岛屿，像螺丝一般小的沙洲，像少女梳理秀发般摇曳的垂柳，还有满目皆景的水草、芦苇，以及点缀其间犹如翡翠一般的小岛，天上飞动着的灿烂红霞。切莫辜负了滇池四周飘垂的金稻，明媚阳光下的万顷沙滩，夏季花红叶绿的芙蓉，春天依依的杨柳。

下联可译为：数千年的往事，涌上我的心头。举起酒杯面对苍天感叹：历史上那些英雄，如今还有谁存在呢？试想：汉武帝为了开辟西南到印度一带的通道，在长安挖凿昆明湖，制造战船，操练水兵；唐中宗统一南诏后，在弥渡立过铁柱刻书以记功德；宋太祖在地图前挥动玉釜划大渡河为界；元世祖挥师南下，乘皮筏渡过金沙江统一了云南。这些伟烈丰功，是何等的显赫，真是费尽了移山心力！然而转眼之间朝代更换，如早晨的云、晚上的雨一样不能持久，连幕帘都来不及卷起，就很快消失了。功德碑变成了断石残碑，在苍烟落日的照耀下倍感凄凉。到头来，只不过赢得了几声稀疏的钟声，半江暗淡的渔火，两行孤寂的秋雁，一枕清冷的寒霜。

长联挂在"五百里滇池"岸边的大观楼前两百多年。这副长联（原文用繁体字书写，无标点符号）多至180字，对仗工整，观物写情，内涵深刻。上联写滇池及周围风光景物，歌颂昆明大好河山及农民的辛勤耕耘。下联联想云南历史。孙髯翁的长联大约写于公元1765年，当时官场腐败，民不聊生，诗人有感而发；在写景的同时触景生情，抨击了封建王朝的统治。

20世纪60年代陈毅读《大观楼长联》后赋诗赞道："滇池眼中五百里，联想人类五千年。腐朽制度终崩溃，新兴阶级势如磐。诗人穷死非不幸，迄今长联是预言。"毛泽东称其为"从古未有，别创一格"。

一楼南门匾额为李漱泉书"大观楼"。北门匾额为李维述题书"真大观也"。联为清宋湘撰书"千秋怀抱三杯酒，万里云山一水楼"。咸丰皇帝题赠"拔浪千层"匾挂于二楼正中。郭沫若题书《登楼即事》则在三楼室内。

四、 保护措施及文化活动

（一）保护措施

1919年，唐继尧修葺大观楼及公园券拱牌坊式大门，将孙铸同治年间榜书"大观楼"三字的石刻板，嵌入园门，并为孙铸所书题写了跋识，叙述了马如龙请孙铸楷书楼匾之经过。

1930年，云南省主席龙云嘱时任昆明市长庾恩锡修葺近华浦，庾恩锡聘请造园大师赵鹤清协助。"仿西湖之白堤、苏堤，则三桥鼎峙"，修筑长堤，环浦可通人行。"增一榭，如秋月平湖"，大观楼前"峙三塔如三潭印月"。

中华人民共和国成立后，大观楼曾于20世纪50年代和70年代进行维修。

1983年，大观楼被云南省人民政府公布为云南省重点文物保护单位。

1998年，为迎接世界园艺博览会，云南省市政府投资2 500万元，征用近华浦西面197.4亩土地，开辟大观西园。大修时，遵守修旧如旧原则，并将之前违反古建修缮原则处进行了恢复，使大观楼建筑尽可能重现本来面貌。

2013年5月，大观楼被国务院公布为第七批全国重点文物保护单位。

（二）文化活动

至2021年，大观楼已举办十七届荷花展（大观公园荷花节）、二十六届大观金秋菊展，每年春节期间举办春节元宵灯会，定期举办昆明大观公园·公园文化节。

第四节　不得不去的公园——金殿、翠湖、筇竹寺

　　昆明三景之———昆明金殿名胜区，黄铜铸成的殿身，在阳光照耀下，光芒四射，映得翠谷幽林金光灿烂，故而得名。金殿，又称为铜瓦寺，属于太和宫的一部分，且保存最完好，历史悠久。金殿中苍翠树木遮天蔽日，偶有鸟鸣，自然风光优美。初春时节，景区"金殿博览苑"中的百亩茶花竞相开放，映出漫天绯红，美不胜收。

一、金殿篇

初2024届8班　周子涵摄

（一）何为金殿

　　名声显赫的金殿始建于明代（1602年），是中国四大铜殿之一，且保存最完好。康熙十年（1671年）平西王吴三桂重新修葺。金殿为铜铸仿木结构宫殿式建筑，位于天柱峰顶端的石筑平台正中，面积约160平方米，朝向为东偏南，是我国最大的铜铸鎏金大殿。早在15世纪，我国建筑和铸造就能取得这样卓绝的成就，实为我国古代建筑和铸造工艺史上极其光辉的一页。建筑学家将它称为"古今第一殿"。金殿的殿面宽与进深均为三间，面阔4.4米，进深3.15米，高5.54米。金殿所有的铜构件，完全按照土木工程结构插榫安装，焊接鎏金而成，结构非常精巧。虽经500多年的严寒酷暑，仍辉煌如初，显示出我国铸造工艺的高超水平。

（二）关于金殿的往事

1. 金殿与陈用宾

　　相传云南巡抚陈用宾笃信道教。一天，他梦见八仙之一的吕洞宾（纯阳）约他在鸣凤山麓相见。第二天，他如约前往，远远看见一个老人持绳牵羊，用一口锅煮芋，一口锅作盖。当他走近时，却什么也没有。陈用宾十分惊异，经过思索，他认为两口锅垒在一起应是"吕"

字，老人持绳牵羊应是"纯阳"（绳羊），这明明是吕洞宾告诉他，此地是洞天福地。于是他仿照湖北武当山七十二峰的中峰——太和宫真武殿式样建一道观，名太和宫，又叫铜瓦寺，供奉真武大帝。明末，世镇云南的沐家以"铜乃西方之属，能克木"为由，令巡抚张凤翮将太和宫铜殿拆往滇西鸡足山。

初 2024 届 8 班　周子涵摄

2. 金殿与吴三桂

吴三桂，是明末崇祯皇帝朱由检统治时期镇守辽东的封疆大吏，后降清，镇守云贵。吴三桂进驻昆明后镇压大西农民起义军余部及南明永历政权，受清朝廷封为"平西王"。吴三桂在掌握了云贵地方大权后，企图北进中原与清王朝抗衡，于是秘密做各方面的准备。他以鸣凤山有"九龙奔朝"的缘故，又以平日"诛求杀戮，草菅人命，惧天降罪，乃遁于佛屠老子之教"，于是决定重建金殿。今金殿大梁上尚存"大清康熙十年，岁次辛亥，大吕月（即阴历十月），十有六日之吉，平西亲王吴三桂敬筑"的铜筑字样。

初 2024 届 8 班　周子涵摄

（三）知金殿，不止于金殿

1. 金殿与古莲花池

分处两地的金殿与古莲花池，因为吴三桂与陈圆圆的关系紧密地联系在了一起。而在清军攻入昆明、吴三桂病逝后，陈圆圆毅然决然地投古莲花池而死，表现出了为吴殉葬的气节。

2. 金殿与钟楼

金殿后山的钟楼穹顶下悬挂一铜钟，为我国第三大铜钟。铜钟铸造于明永乐二十一年（1423 年），但是，文物保护单位石碑上误刻为 1432 年。

初 2024 届 8 班　周子涵摄

初 2024 届 8 班　周子涵摄

初 2024 届 8 班　周子涵摄

初 2024 届 8 班　周子涵摄

二、翠湖篇

初 2024 届 8 班　李柯漫摄

翠湖位于昆明市区五华山西麓,是城区的中心观光点。因其八面水翠,四季竹翠,春夏柳翠,故称"翠湖"。"十亩荷花鱼世界,半城杨柳抚楼台",翠湖被誉为镶嵌在昆明城的"绿宝石"。元朝以前,滇池水位高,这里还属于城外的小湖湾,多稻田、菜园、莲池,故称"菜海子"。李专《菜海行》诗中说:"昆明池水三百里,菜海与之为一体。菡萏之国蛟龙窟……"翠湖涌出之泉水,直接注入滇池。因东北面有九股泉,汇流成池,又名"九龙池"。至民国时期,改辟为园,园内遍植柳树,湖内多种荷花,始有"翠湖"美称。

(一)赤旱不竭,土人于中种千叶莲

翠湖公园位于昆明市区的螺峰山下,云南大学正门对面。虽然面积不算太大,但却很有特色。这里最初曾是滇池中的一个湖湾,后来因水位下降而成为一汪清湖。"翠湖"面积为 21 公顷,水面就占了 15 公顷。两道长长的柳堤呈"+"字交汇于园心,把全湖分而为四。自明朝起的历任云南行政官员都曾在这里修亭建楼。由于垂柳和碧水构成其主要特色,21 世纪初正式定名为翠湖。它以"翠堤春晓"而闻名四方。

初 2024 届 8 班　李柯漫摄

初 2024 届 8 班　李柯漫摄

(二)两道长堤,分湖为四

翠湖公园内纵贯南北的是阮堤,1834 年由云贵总督阮元拨款所筑。

直通东西的是唐堤，1919 年由时任滇川黔三省建国联军总司令的唐继尧拨款所筑。堤畔植柳，湖内种荷，荷柳相映，青翠秀丽。两道长堤将翠湖分成五片景——湖心岛景区以湖心亭和观鱼楼等清代建筑为主；东南面是水月轩和金鱼岛；东北面是竹林岛和九龙池；南边是葫芦岛和九曲桥；西边是海心亭。

（三）来来往往，心留翠湖边

百年间，翠湖周边有十余所学校和文化机构，如五华书院、经正书院、云南贡院、云南陆军讲武堂、云南大学、云南省会中学堂、云南省图书馆、云南通志馆，以及国立西南联合大学、中央研究院历史语言研究所等，涌现出了中国近现代史上数以百计的著名人物。

初 2024 届 8 班　李柯漫摄　　　　初 2024 届 8 班　李柯漫摄

（四）如今的翠湖

翠湖里整天都有载歌载舞的人，要想听原汁原味的云南民间小调，翠湖水月轩是最好选择；要想欣赏藏族、傣族歌舞，金鱼岛是最佳目的地。翠湖公园是融入当地人生活的好地方，周边有包括云南陆军讲武堂旧址、圆通寺、云南大学等在内的诸多人文景观，并集中有不少商铺，若时间充足，可在翠湖周边步行游览。

三、筇竹寺篇

筇竹寺是云南昆明市的一处名胜古迹，坐落于昆明西北郊外的玉案群峰之中。这里古树苍郁，林壑幽深。寺内保存着五彩泥塑的五百罗汉艺术珍品。筇竹寺五百罗汉泥塑群一改清代雕塑艺术重工艺而轻艺术、重装饰而轻内涵的程式化倾向，展现出风格迥异、飞灵神动、呼之欲活的全新风貌。

初 2024 届 8 班　马诗雅摄

（一）"尊者居中"的中庸之道

筇竹寺建筑因山就势，依山而建，采用中轴东西方向，坐西向东布局方式，形成四进三院式的庭院空间。筇竹寺现有三重院落，沿中轴方向依次为：山门、大雄宝殿、华严阁。天王殿左右厢房为天台来阁、梵音阁。大雄宝殿左右厢房为祖师殿和伽蓝殿。其余设有客堂、斋堂、僧房、方丈室、香铺、长廊等建筑。筇竹寺建筑群体之间的主从关系不仅体现在建筑平面大小上，而且从屋顶色彩上也能予以清晰区分。中轴线上的建筑，屋顶均采用黄色琉璃瓦铺设，端庄大方，气度不凡，强调"尊者居中"的中庸之道。

（二）筇竹寺漫漫历史路

筇竹寺始建于唐宋年间。筇竹寺建立之初，并不为人所重。到元初有高僧雄辩法师在此讲经，声誉渐高。明永乐十七年（1419年），筇竹寺毁于火灾。清康熙元年（1662年），重修筇竹寺，学政李光座撰《重修玉案山筇竹寺记》。1984年4月，华严阁毁于意外火灾。为恢复这一历史文物古迹，1989年10月，在政府的支持下，华严阁集资进行了重建。2001年6月25日，筇竹寺作为清代古建筑，被国务院公布为全国重点文物保护单位。

（三）筇竹四景

1. 玉案山

筇竹寺位于昆明城西北玉案山上。玉案山盘旋逶迤十余里，翠峰屏列，林壑幽深。"玉案晴岚"，古代为"滇阳六景"之一。玉案山为昆明的佛教圣地。环山皆列禅刹，旧有十余座佛寺。张骞出使西域，在大夏（阿富汗）的市场上见过蜀布和筇竹杖。这筇竹杖被视为古代云贵高原出口的名产品，而杖与僧人又有不可分割的联系。因而，以筇竹作寺名，既是该地翠竹茂密景色的写照，又暗寓其寺为云南佛寺之代表。

初 2024 届 8 班　马诗雅摄

2. 大雄宝殿

大雄宝殿位于山门后面，长约20

米，宽约 12 米。雕塑家在设计组雕时，大胆地运用圆圈形和集体行进的队列组合。

3. 华严阁

初 2024 届 8 班　马诗雅摄

走过大雄宝殿，接着就是华严阁。华严阁长约 20 米，宽约 10 米，是昆明唯一保存完好的清代斗拱建筑，内有清代文人钱南图书写的对联和黎广修的壁画，可惜 1984 年 4 月毁于意外火灾。1989 年 10 月，在当地政府的支持下，筇竹寺集资重建并举行隆重的"华严阁开光仪式"。新建的华严阁保持原来风貌，建筑上采用钢筋混凝土代替原来的木结构的重檐斗拱式，琉璃瓦、雕花木格门窗等都仿旧式建造。殿堂内部分两层，总面积 400 多平方米。下层正中供奉汉白玉的"华严三圣"，上层供奉缅甸玉雕释迦牟尼佛像，高约 2 米。

4. 五百罗汉

筇竹寺彩塑五百罗汉是光绪九年至十六年（1883—1890 年），四川泥塑大师黎广修应住持梦佛和尚邀请，同他的弟子"七易寒暑"、呕心沥血、不断创新而塑成的。整个罗汉堂既有单个的雕刻，又有组雕；有一线形的布局，也有圆形的构图，多种形式，交互使用，在统一中求变化，既多姿多彩，又有完美的整体效果。而且他们的喜怒哀乐、举止动作亦如人世，他们手中所握的花、杖、鞭等道具，多为就近山中采择略加制作而成，古朴自然。

第五节　城市记忆——老建筑（一）

本节导读

时光流转，钢筋水泥取代土、木，城市的高度一直在长。老建筑承载了昆明的历史更迭，在沉默中见证历史沧桑与时代变迁。它们以房子的形式，为昆明城书写了历史的日记，承载着昆明人的集体记忆，彰显了一座城市的性格。下面让我们寻觅老建筑，走进老建筑，了解它们的前世今生。

第五节我们将聚焦翠湖边上，昆明历史上 58 所会馆中唯一保存完整的清代会馆——石屏会馆。第六节我们锁定昆明首任市长故居——马家大院。石屏会馆有状元袁嘉谷，马家大院有将军马锳，一文一武，诠释昆明的风骨！

一、 记录晚清文化盛宴，承载石屏乡情家园

（一）坐标石屏会馆

昆明的历史文化脉络是从翠湖延展出来的，翠湖边上有座保存完好的古建筑——石屏会馆。沿翠湖南路中和巷斜斜的缓坡，经过国际青年旅社、花间集茶馆，不出两百步，抬头可见一幢外形酷似牌坊，庄严肃穆，古朴雄伟的建筑。拾阶而上十余步，可见两尊小石狮憨态可掬，跃跃欲前，有如迎接来客。大门门楣上方，镌刻着四个大字——"石屏会馆"。这就是依山（五华山）傍水（翠湖），居高临下的中和巷二十四号——昆明石屏会馆。

（二）会馆文化与乡情乡愁

1. 会馆文化

会馆文化是中国一种独特的乡土文化，从明朝诞生，一直延续到清朝。会馆，不仅仅是一种建筑，更多的是将同一地方、同一类人聚集在一起的纽带。最初的会馆，被称为试馆，"试"，指的就是古时候的科举考试。每当试期来临，各地的学子都要到应试场所，他们当中，多数人都是第一次出远门。在人生地不熟的情况下，难免会在住宿、生活起居等方面遇到困难，对于一些家境贫寒的人来说，更是如此。于是，早年间先行的做官或者从商的人就积极筹措资金，修建集中安置应试学子的场所，这就是早期的会馆。后来逐渐发展为中国明清时期都市中由同乡或同业组成的团体。人在异地，能够遇到自己的同乡或者从事相同行业的人，自然让人倍感亲切。

由石屏会馆的地理位置可见，石屏会馆最早也是试馆。明朝弘治十二年（1499 年）在今云南大学东陆园新建云南贡院。石屏会馆就与云南贡院，隔翠湖相望，一南一北。

昆明十中　陆文姬摄

2.石屏会馆与石屏

昆明的石屏会馆,是石屏人士在全国所建 17 所会馆之一。由在昆明的行商者和学生倡议,在昆同乡会发动社会各界人士捐资修建,主要目的是照顾石屏在昆明读书的无住房学生和旅游、行商之人住宿及商贸集会。

从石屏会馆的迎宾人员穿着的彝族服饰到会馆过厅悬挂的彝族文化符号,再到石屏豆腐烩鲍鱼这样特别的菜品,石屏的历史可以追溯到西汉。石屏称"旧欣",是彝族族名,意为"居住在山林水边的民族"。

3.文献名邦

石屏会馆是昆明历史上 58 所会馆中唯一保存完整的清代会馆。明初,江南、中原的大批汉族迁徙到石屏,改变了石屏少数民族占多数人口的民族结构。 这些汉族移民把汉文化和生产方式带到了石屏,把"崇文重教"的理念也带到了石屏,使石屏的文化、经济有了突飞猛进的大发展。科甲鼎盛时期,民间就有"五步一进士,对门两翰林;举人满街走,秀才多如狗;家家机杼声,人人诗书契"的说法。据《石屏县志》:明清时期的石屏州,曾出过 76 名进士(其中翰林 15 人,经济特元 1 人)、500 多名举人、600 多名贡生,石屏便被人们尊称为"文学南滇第一州",更有"文献名邦"的美誉。正是在文化经济发达这个重要背景下,坐落在昆明且最早作为会馆的石屏会馆孕育而生。

昆明十中　陆文姬摄

在"崇文重教"文化的影响下,商帮世家袁家意识到,培养读书人以求仕途是能光宗耀祖的伟业。为此,袁家为儿子袁嘉谷修建了书房,还专门从四川买来四书五经等科考用书。袁嘉谷一鸣惊人,考取了经济特科一等第一名,成为云南有史以来的第一个状元,填补了"云南不点状元"的空白。民国时期重修会馆,袁嘉谷是组织策划者之一,有了状元的加持,才能在曾经的平西王府不远处,重建如此规

昆明十中　陆文姬摄

昆明十中　陆文姬摄

昆明十中　陆文姬摄

模的石屏会馆。

4.石屏会馆历史沿革

石屏会馆始建于清乾隆年间（1737—1795年），历经百年沧桑后，已经陈旧和狭小，到了民国时期，已经不能适应石屏人在昆明的活动需要，重修会馆在石屏人士中多次酝酿。1921年由石屏在昆明的行商之人和学生倡议，知名人士袁嘉谷、张芷江先生组织策划，石屏在昆同乡发动各界人士集资，遂在翠湖之南建成规模宏大的新会馆。

石屏会馆极盛时期占地4.5亩，房屋为三层三院土木结构建筑，后面置有近两亩的花园，后因武成路改造，花园被拆占。多层多院并配置花园，风景秀丽，这是典型的石屏民居的建筑风格。

新中国成立后，石屏会馆先后由昆明市财政局、房管局代管，一度居民达五十六户，成为数百人群居的大杂院。历经八十载，风雨剥蚀，年久失修，加之不断被挤占，仅剩二亩二分余，完美建筑屡遭毁坏，甚至险遭开发商彻底拆除。改革开放后因其悠久的历史和较高的艺术价值，即被列为第一批昆明重点文物遗产"保护建筑"及列入五华区文物保护单位。经过红河州、石屏县的多方努力，昆明石屏会馆于2002年归还石屏县。重修会馆是石屏人的心愿，在多方努力下，石屏引资千万，迁出住户，再次重修会馆。工程于2003年9月动工，次年3月竣工，这也是会馆历史上的第二次重修。

现今展示在我们面前的昆明石屏会馆，完整地保留了它的历史风貌和文化艺术风格，散发着滇南文化名邦的深厚文化底蕴，成为会馆文化中的杰出代表。

两百多年来，昆明石屏会馆跨越清朝、民国，到新中国，庇佑了无数石屏人。它似乎已经成为一种乡情的象征、一个精神家园的象征，让我们在走进这里时感受到一种难得的温暖。

二、 晚清遗风里的文化盛宴

今天在石屏会馆不仅可以看到民国时期重建的原貌，还可以看到200多年前清代中叶始建时的风格。漫步在这宅院里面，门窗、石头、树木似乎在微风中发出细碎的耳语，诉说着陈年的往事。

（一）建筑风格

　　会馆坐南朝北合围式布局，外廊曲折相通，院落之间连接紧密，二层院与院之间采用"走马转角楼"的云南传统建筑样式。从建筑的总体布局上说，十一字可以概括："一进二层三院四合五天井。"

　　会馆庭院青砖铺地，巨大石台阶打凿整齐，磨砖对缝的山墙墀头，雕花刻凤的檐枋桂落，整齐古雅的葵式透花木窗，风格协调。装饰布置巧妙精湛，从大门的石狮到雕花的格子门，玲珑剔透的窗户，线条流畅，刀工精细。触目所及雕梁画栋，局部还贴金，可谓富丽堂皇。内容以吉利祥和为主，大多按传统文化寓言刻之，如喜鹊栖梅，寓每报龙榜有名之喜。莲蓬香荷，寓意连连及科等。虽然由于时间的洗礼，有些木门已经老化，甚至有泛黑褪色等现象，但依然能体现出当时云南，特别是滇南地区能工巧匠高超的建筑技艺。再加上散落在院落中的石桌、石凳、绿藤、古树，显得格外清幽，为老宅平添了几分古朴雅致的魅力。

昆明十中　陆文姬摄

昆明十中　陆文姬摄

昆明十中　陆文姬摄

昆明十中　陆文姬摄

昆明十中　陆文姬摄

（二）名流与文化盛宴

1. 袁嘉谷

沿翠湖南路转入中和巷，仰望石屏会馆大门，额匾上是袁嘉谷所题苍劲有力的四个大字"石屏会馆"。进入庭院，又可见袁嘉谷所撰对联"石为云根会当结彩，平开画本馆阁增辉"，横批为"云根文彩"。跨过高大的门槛，进得二院主房，映入眼中的即是左侧云南唯一状元袁嘉谷的两幅挂像，左边的袁状元身穿官服头戴官帽，春风得意，潇洒俊逸；右边的袁老先生便装打扮、长须飘飘，戴着一副圆框眼镜，透出超然的学人气质。挂像中间，则是其当年夺魁的状元卷子影印件，初看书法俊丽，细读文采飞扬。

对于石屏会馆，除了建筑层面的价值外，作为会馆文化招牌的袁嘉谷，莫过于其精神财富产生的人文意义了。

从科举成名至清王朝灭亡，袁嘉谷做了8年清朝官员，曾任学部编译图书局厂长、国史观协修，开我国统编教科书的先河。在京中以才华、廉洁获学部赏识，在浙江也有德政。辛亥革命后回到云南，则成就了他的学术造诣，完成了大量的著述。他对文化、史学、诗歌、联语创作、儒家经典有深研，从汉学、宋学到宋明理学以至清代考据学，都有专攻。

1923年，云南大学的前身——东陆大学建立后，校长董雨苍（泽）以重金聘请袁嘉谷为国文教授。但袁嘉谷知道大学经费紧张，不但不要薪金，反而向学校捐款数千元，直到8年后才领取了第一份薪水。袁嘉谷认为"天下之治，由于人才，人才之兴，基于教育"。他以自己所学授予人，笔于书，期望他日人才蔚起，大用大效，小用小效，有益于国家民族。教学上，他主张并力行因材施教，学生可以自选专题学习、研究，不拘一格。考试或作业出题多种，亦由学生自由选择。他主张学生勤学多思善记，曾对学生说："读书之法，以记忆通悟为主，所以致此，莫善于笔记，笔记多则记忆强，而通悟广。"
他平易近人，对学生循循善诱，耐心教导。他在大学授课，或专题演讲，听众座无虚席，受益深刻，终生难忘。他谦虚待人，严于责己，在昆宅堂屋书挂"杨在卢前于心有愧，楷见广后觉言之烦"联，作为自己的座右铭。他甘作人梯，爱惜好学上进青年，深信后人可畏，后来居上。有学生遭劫难、遇不幸，他不辞辛苦，想方设法予以救护。他从教十余年，授业千余人，一言一行，均成楷模。

1937 年，闻得七七事变，日寇侵入中华，袁嘉谷忧愤成疾，在病重之际，起草《责倭寇》一文，尚未完成就于 1937 年 12 月 23 日辞世。而其名联则为有志者自我勉之："扶一代纲常，秀才真以天下任；奉千秋豆俎，伊人宛在水中。"

2. 林则徐

林则徐在清道光年间任云南总督后，亲临会馆瞻仰，并题写了"三岛淳风"的匾额。历史上传说异龙湖中有大瑞城、小瑞城、马板垄三岛，他以"三岛"泛指石屏，意为石屏的风物人情在石屏会馆有所体现。

3. 墨香留存

两百多年来，无数的精英在这里谈商论道，吟诗作赋。馆内挂有名人字画和题写的板联，是云南各地经济

昆明十中 陆文姬摄

文化交流活动的见证，有着很高的历史价值和艺术价值，更为石屏会馆增添了几许高雅的文化气息。

如：庚子年石屏举人、曾任四川什邡县知县朱奕簪题写的对联："不知何者是谁，出门入门，沽酒买鱼，一样龙湖风味；似曾相归来，旧雨今雨，提襟对榻，重联昆池云情。"

石屏会馆简介由云南著名书法家赵翼荣先生挥毫、学者孙官生先生撰文。赵先生的书法古朴醇厚，内敛沉稳，大可一观。

三、 雅舍古风淡　俗事烟火浓

　　如今的石屏会馆已经变成了四星级的大食府，除享有盛名的石屏豆腐和煎鱼，别致的菜单上还有"科举山手卷""金榜题名""十年寒窗"等。食客往来，在推杯换盏、大快朵颐的热烈酣饮中，酒香掩抑了墨香，百年古风幻化成人间烟火。包房所挂字画中，务实的色彩更为浓厚，"荫荫柳色映绿衣，树树桃花泛酒红，盈门春城口福客，独钟食府厨师功"。"石屏会馆入云霞，北望翠湖壮观夸，科举摇灵气地，学生莅此考清华。"

　　石屏菜品绝佳，毋庸置疑，希望学生来此能承续状元为人为文之高风。

昆明十中　陆文姬摄

昆明十中　陆文姬摄

昆明十中　陆文姬摄

第六节　城市记忆——老建筑（二）

一、 将军故里看大戏

（一）坐标马家大院

　　如果说上海有代表性街区新天地，成都有宽窄巷子，那么昆明就有老街——市中心老街区文明街。站在正义坊北馆靠小银柜巷的平台上俯瞰，连片的老建筑整齐地排列着。如果一栋老宅子是一本书，那么老街就是收藏这些书本的图书馆。我们或从车水马龙的人民西路进入，或在阳光下的都市楼群中，徒步街区，拐入洒满梧桐树荫的小银柜巷，一种原汁原味的年代感扑面而来。踏上能生出情调的那段青石板，在六街十巷大量的清代和民国时期的特色民居建筑、老商号中，你总能锁定鼎鼎大名的马家大院。如今的马家大院不是从时光深处走过来的老朽，而是在继承了原有建筑的形态基础上创造出的新灵魂。

昆明十中　陆文姬摄

（二）来昆明首任市长家喝茶

1. 洱源望族

马家是云南洱源县的望族，马金墀是前清的举人，他的三个儿子都毕业于云南陆军讲武堂。1919 年马金墀在文明街相中了银柜巷七号院，认为这是个风水宝地。

1923 年，刚刚从日本留学回国的马鉁升任少将参谋长，随后不久，他便与另两个兄弟在父亲所心仪的"福地"合力修建了建筑面积达 1143 平方米的二层四合院。从此，马家在这里开始了 26 年的生活。1928 年昆明由县改市，马鉁出任第一任昆明市市长。

昆明十中　陆文姬摄

2. "三坊一照壁"与"一颗印"的融合

马家大院是昆明市区内现存保护最完整的白族民居，荣获联合国教科文组织颁发的亚太地区 2001 年度文化遗产保护奖。

昆明传统民居建筑被称作"一颗印"，即从空中俯瞰时，房屋方方正正，像一颗中国人常用的方章，原为典型的汉式建筑。早在南诏、大理国时期，白族的本土文化已和汉文化相互通融渗透。确切地说，"一颗印"便是因依山而建的少数民族民居受到汉式民居"庭院"与"廊院"影响后，日渐衍变而成的一种建筑形态。马家大院把"一颗印"和云南大理白族的"三坊一照壁"融为一体。在大院东侧即为打通的厅堂，建有照壁，生动体现了中原文化与边疆少数民族文化融合产生的独有特色建筑。其意义就在于不仅只是传统意义上的老四合

昆明十中　陆文姬摄

昆明十中　陆文姬摄

院，而且融入了独具特色的大理白族典型民居的建筑样式，全国仅此一处。

（三）这是唱的哪一出

自外观而论，马家大院围合筑构的两层小楼，确是没有四合院那般开敞雄浑，不过若细细观得，这其间还是藏有先人之于生活的智慧与对自然的敬服——古时的南诏人为了防御安全，并未直接在墙上开设窗户，转而用连接内外的天井（亦称"漏角"）为房屋增加采光与排放雨水。因受到中国传统文化"天圆地方"的思想影响，这个小小的"方口"背后往往还承载着"四水归堂"的祈福之寓。

在马家大院，石柱础被做成花瓶状，底柱板上雕刻牡丹，窗棂上多有带钩的图案，且以蝙蝠状和带钩的花瓶居多，花瓶取平安谐音，牡丹象征着富贵。

在如今文明街历史文化街区呈现出半传统半现代的格调中，以一种活化的方式对马家大院进行保护，将其改造成戏楼。不同于其他梨园戏楼，马家大院没有戏园那种结构复杂、严密逼仄的楼牌栅栏，也没有大茶楼那种外卖随意进出包厢、吆喝之声不绝于耳的嘈杂。200平方米的空间带给观众沉浸式的实景体验。

走马转角楼联通了整个空间，楼上楼下的走廊都很宽敞，使得演员能够将宅子的每道楼梯、每个厅堂、每个房间、每扇门窗、每根柱子都变成演出的空间和道具，于是整座宅子变成了一个立体的舞台，带给观众全方位的观赏体验，观众和演员们之间的空间距离被打破，缩小为零，甚至在不经意的转头间，还可发现某个身着旗袍、抹着扑粉的"民国女子"就出现在与你咫尺相隔的暗处角落……

二、　一剧看浮云，百年如流水

（一）《昆明老宅》

《昆明老宅》是为马家大院量身定制的一部话剧，以一个大户人家的生活，洞见百年昆明的变迁。这部讲述昆明人从抗战到新时代故事的实景体验话剧，只为了向世人宣示，昆明人在家国危难之际体现出的气度和精神。百年老宅如同主人的战功与辉煌，在人们记忆中逐渐成了历史。老宅里的每一块石板、每一根栏柱、每一个匾额、每一股气息，无不彰显着昆明人世世代代传承下来的骨气、豁达、包容、精气神儿！身临其境，当年情怀依稀犹现。

（二）《雷雨》

导演杨耀红早在《昆明老宅》之前就因一部需穿雨衣观看的庭院话剧《雷雨》在昆明城中火了一把——每每到高潮时，一阵突如其来的雨让沉浸在悲伤氛围中的看客们，愈加深陷剧中，不得自拔。《雷雨》展示的是一幕人生大悲剧，是命运对人残忍的捉弄。古老昏暗的宅院，那透着光的旧灯笼更能让人生出一种忐忑不安。

（三）《昆明老腔》《昆明老街秀》

"小小月琴一身轻，要知歌心问琴音……"每当夜幕降临，倦鸟飞还的惬意之时，从这座昆明老街深处的大院里，总会传出高亢古朴、悠扬动听的曲调，如乡音般亲切的昆明老腔穿透你的双耳。

"灿烂金舆侧，玲珑玉殿隈。昆池明月满，合浦夜光回"。放眼望去，人头攒动座无虚席，茶香缭绕壶筹交错。精心搭建的舞台上，一群身着素雅的民族服装或汉服的艺人含笑而坐，每个人怀里

昆明十中　陆文姬摄

都紧抱不一样的乐器：清脆的柳琴、动人的二胡、多情的大提琴、浑厚的锣、抒情的阮，还有怀古的编钟……猝不及防之下，先是一阵急促的鼓点，迫不及待地想要撩动你的心弦，《红石岩》《老卦腔》《金蛇狂舞》……久违多年的昆明老腔随即响彻整个大院。

几近失传的昆明曲剧，首家独演的山歌联唱，百年传承的扬琴说弹，经典童谣的花灯小调，压轴全场的洞经古乐……一场荟萃了传统音乐精华的音乐会，更像是一场来自时光深处的倾诉，那些丰富而多样的乐器，让马家大院的百年时光都沉醉在了欢乐的交响中，让你忘了身在何处。非遗传人的出场也让大院的客人一饱耳福，那些平日只能在碟机里听到的木叶曲目，被老艺人带到了现场。老艺人从兜里摸出早已准备好的鲜绿树叶来，轻轻放在嘴边，《小河淌水漫山沟》的优美旋律立刻在安静的夜里流淌开来；琵琶独奏的彝族舞曲，更不禁

让人想起白居易在浔阳江头送客的偶遇，"转轴拨弦三两声，未成曲调先有情"。

（四）《昆明老街秀》《大嘴款昆明》

《昆明老街秀》《大嘴款昆明》等民俗茶艺滇派脱口秀戏说昆明的前世今生，打开了繁忙的都市人穿越的大门。

在马家大院，你会因为时间穿透历史尘封的味道而动情，也会因为大院里弄再也难觅的老腔声音而牵挂。

三、"一门三将，三迤一家"

马氏三兄弟马鉁、马锳、马崟都毕业于云南陆军讲武堂，在当时的军界都是战功卓绝，声名鹊起。投军从戎、报效祖国，是马家三兄弟的共同心愿。

马鉁曾参加过辛亥年的昆明重九起义和护国运动，1928 年出任第一任昆明市长。1944 年担任云南军管区中将副司令期间，时值中国远征军与美英军队对侵缅日军进行大反攻，为配合大反攻并收回滇西失地，全力负责征兵 14 万多，保证了大反攻的后备兵源。解放战争时期，马鉁秉承卢汉旨意，表面上应承，暗地里以各种借口拒绝送云南子弟出外打内战，避免了云南青壮年的巨大伤亡。

抗日战争爆发后，二弟马锳调任滇军 60 军参谋处少将处长、代理参谋长，并于当年 10 月带领滇军开赴前线，长途跋涉 40 多天、4 000 千米到达长沙与昔日的同学叶剑英、罗炳辉等人会面。1938 年夏，滇军参与了著名的台儿庄战役，马锳作为前线指挥官之一，见证了这场战役的胜利。随后，马锳又和滇军将士们参与了武汉保卫战。在 1938 年至 1939 年的崇阳战役、南昌战役、长沙战役中，马锳与将士们浴血奋战。

马崟年仅 22 岁即任孙中山大元帅府侍卫长，从孙中山身上学习了许多救国救民的道理。1923 年，唐继尧组织建国军北伐，马崟因经济公开，爱兵如子，战时能亲临第一线，战绩显著，受任为黔北镇安卫戍区少将司令职务。其部驻防遵义一带，整肃军纪，清剿土匪，保境安民，颇有成绩，深受当地人民拥护。

风云变幻，马家大院见证了流年的变迁与战火的纷飞。如今，我们穿行于雕花的回廊中，遥想当年马氏三兄弟戎马数十载，护国立勋，他们的爱国情怀与大院同在。

四、　茶与咖啡共谱闲暇时光

如今，荒废多年的"马家大院"经整体修缮后，已由奕禾文化的主理人范奕接手，其内部空间的功用亦进行了较大调整——底楼的庭院与房间成了可饮茶佐食、品观话剧的休闲场域，二层的空间则被按类归置为主要用于私人接待、沙龙会议的预约包厢。而原本三房联就的"下坊"也向外打开，改为半开放式的咖啡小馆。无论是慕名而来的寻访者，抑或是行至此处的路人，氤氲在空气中的可可香气总会第一时间勾住这些过往之客。

昆明的雨声，昆明的街巷，昆明的烟火，昆明的温情——全都在这里了。

昆明十中　陆文姬摄

联大之光，昆明骄傲

1937 年 7 月 7 日卢沟桥事变后，身处北方战区的各大高校遭受日军的肆意践踏，如南开大学就被日军轰炸成一片废墟。为了赓续文化血脉，为救亡建国培养后备人才，全国高校先后迁移到西南、西北等远离日本侵略者的地区。1938 年清华、北大、南开三校师生南下到昆明组成西南联大。

联大在极端艰苦的条件下，不仅在形式上弦歌不辍，而且还培养出很多国内外知名学者和优秀人才，先后走出了 2 位诺贝尔奖获得者、4 位国家最高科学技术奖获得者、8 位两弹一星功勋奖章获得者、171 位两院院士及 100 多位人文大师。联大也因此被誉为"中国教育史上的奇迹"。

在本单元，我们追寻联大的荣光，在弦歌雅韵中学习联大"刚毅坚卓"的情怀；在名家故事中感悟有趣的灵魂，学习自由民主、执着坚守的精神；在白色恐怖笼罩的昆明，感受投笔从戎，抛头颅、洒热血的四溢激情；行走在求实校园，沿着联大校友的足迹，再次感受《荷塘月色》之美，聆听闻先生慷慨激昂的演讲……

驻足聆听，依稀还能听到联大师生为求索真理的坦荡激辩；回望联大，仿佛还能看见联大师生维护民主和正义慷慨激昂的奋斗。这就像涟漪，从一个点开始，层层向外传递着能量，逐渐影响着越来越多的人。

第一节　弦歌雅韵　学习"中兴业，须人杰"之刚毅坚卓的精神

本节导读

欲了解一所学校，首先要读一读校训。

校训是对学校悠远历史和文化沉淀的提炼，反映了学校长久的办学传统、办学目标和未来的发展方向。它赋予学校师生一种文化精神，师生将其慢慢内化为自身的价值观，并以此自觉地衡量自己的行为。

一、校训

"刚毅坚卓"是西南联大的校训，请结合释义谈谈你的理解。

【校训释义】

"刚毅坚卓"四字，其内涵是深刻的，每一个字都值得我们深思，而且它们是有机联系在一起的。

"刚"，林则徐说："壁立千仞，无欲则刚"。刚指刚强、刚烈、顽强。

"毅"，《论语·泰伯》："士不可以不弘毅，任重而道远"。毅指果敢、有毅力、志坚不拔、持之以恒。

"坚"，《滕王阁序》："穷且益坚，不坠青云之志"。"坚"指立场坚定、信念坚定、态度坚决、基础坚实、学识厚博。

"卓"，《汉书·景十三王传赞》："夫唯大雅，卓尔不群"。"卓"指才识，超越寻常，无与伦比，卓尔不凡，卓然而立。

"刚毅"见于《礼记·儒行》："儒有可亲而不可劫也，可近而不可迫也，可杀而不可辱也，其居处不淫，其饮食不溽，其过失可微辨而不可面数也。其刚毅有如此者"。"刚毅"要求师生做一个无私无畏的人，即所谓的"无欲则刚"，对物质世界或他人保持自己的主体性，同时也尊重他人的主体性，激励人坚忍不拔，刻苦自励，追求真理，建功立业。"坚卓"源于成语"艰苦卓绝"，指人的精神修养的一种境界。西南联大所处的时代，正是强敌入侵、民族危亡之时。"坚卓"要求人心之坚定，刻苦自励，勤奋学习，卓然成家，但又不慕名利地位，

铁骨铮铮；不好为人师，不强为人师，而能谦恭和蔼，待人以诚，循循善诱，能移风易俗，成人之美。其目标就是保持人的主体性、人的尊严、人的价值，充分体现大学的人文精神。

你的理解：_____

_____

_____

_____

在烽火岁月，国家民族危难之际，一群面容清癯、衣衫褴褛的知识分子和年轻学子，本着"刚毅坚卓"的校训，坚持"读书不忘救国、救国不忘读书"的信念，辞去"五朝宫阙"，背井离乡，流离颠沛万里，不畏长途跋涉、风餐露宿，辗转大半个中国来到昆明，开办了西南联大。在至暗时刻毅然坚持民主、反对内战，承担起时代大任，为中华文化传继了火种，实践自己以身报国的誓言。"时穷节乃现"，西南联大"刚毅坚卓"的品质是中国优秀知识分子群体与国家民族患难与共的缩影，挺起了中华民族文化之脊梁。

初2025届1班　田壮壮绘

二、 校徽

校徽，顾名思义就是学校徽章，是一个学校的象征和标志，是学校精神气质风采的形象化标识，是时代精神和办学理念的折射，是学校独特的思想文化境界的体现。

下面这幅图是西南联大的校徽，请描述画面的内容，并说说这样设计的巧妙之处。

画面：_____

_____

_____

_____

设计寓意：_____

_____

_____

_____

【温馨提示】

三角形有稳定性的性质；三角形三等分，三点合一。

三、校歌

校歌不只是一串音符、一簇象征性的符号，更是学校的灵魂。
阅读西南联大的校歌，说说你的阅读感受。

《满江红》联大校歌

初2025届1班　田壮壮绘

万里长征，辞却了五朝宫阙，
暂驻足衡山湘水，又成离别。
绝徼移栽桢干质①，九州遍洒黎元血。
尽笳吹，弦诵在山城，情弥切。

千秋耻，终当雪；
中兴业，须人杰。
便一成三户，壮怀难折。②
多难殷忧新国运，动心忍性希前哲。
待驱除仇寇，复神京，还燕碣。

1. 初读诗歌，你读到了什么？

_____

_____

【诗歌注释】

①"绝徼移栽桢干质"中的"绝徼"指荒僻的边土，"桢干质"
指大树良材。把那些正在成长的国家的栋梁之材，移栽到边远的地方
去，免受日寇的摧残，保护起来，积蓄民族未来的希望。

②"便一成三户，壮怀难折"，使用历史典故"楚虽三户能亡秦"，
寓意拼搏必胜的信念，预示中国必将抵抗到底，驱除仇寇。

2. 结合注释，你又读出了什么？

_____

_____

_____

【背景链接】

卢沟桥事变后，日本侵略军发动全面侵华战争。1937年7月底，
北平、天津相继失陷，一些著名的大学遭遇了空前的浩劫。在国破家
亡的民族生死关头，为了留住中国教育的精髓，并使无家可归的师生

不致失学，民国政府采取果断措施，将一些高校迁往内地办学。国立北京大学、国立清华大学和私立南开大学先迁到湖南长沙，组成长沙临时大学。随着日寇飞机的轰炸，长沙不再平静，临时大学面临着再次迁徙的命运。1938 年 4 月，临时大学又西迁云南昆明，改称西南联合大学，三校联合办学，八年间为国家民族培育了大量人才，完成了"绝徼移栽桢干质"的历史使命。

3. 结合时代背景，你还读出了什么？

_____

_____

_____

4. 请结合歌词"千秋耻，终当雪；中兴业，须人杰。便一成三户，壮怀难折。"谈谈歌词中所蕴含的情感。

_____

_____

_____

【歌词简评】

罗庸作词、张清常作曲的《满江红》是西南联大的校歌。歌词篇幅不长，却雄浑大气。峥嵘岁月，风雨飘摇，"九州遍洒黎元血"，这是国破家亡的不可承受之重与沉郁顿挫的心灵歌吟。"绝徼移栽桢干质"寓指三所大学从北到南，在血与火中进行艰难转移的根本目的：把那些正在成长的国家的栋梁之材，转移保护起来，免受日寇的摧残，以积蓄民族未来的希望。"尽笳吹，弦诵在山城，情弥切"，

尽显师生为国读书的铮铮风骨。作者巧妙地将"战争""救亡""忧患""奋斗"等"命运交响"的主题，楔入诗中，对生命、时代、民族、历史进行了刻骨铭心的思考与检视。

这首歌的歌词，承继了岳飞《满江红》"壮怀激烈"的爱国主义旋律，重拾"还我山河"的中华民族的凛然风骨。可以说，这首歌的歌词是一代学子的成长简史和精神传记，也见证了西南联大师生奋斗

的轨迹。它承载了历史的期待视野，并能穿越时空，余音绕梁，经久不息。

【词作者轶事】

罗庸温文儒雅，擅长诗词骈文，在文学史研究方面颇有成就，著有《中国文学史导论》。他在任西南联大教授的同时，也在云南大学任导师。他授课深入浅出，富于风趣，引人入胜。据说当年西南联大中文系最叫座的课程就是闻一多的"古代神话和传说"课和罗庸的"楚辞""杜诗"课。罗庸讲《楚辞》中的"九歌"，海报一出，连住在昆明城东的联大工学院的同学也跑到城西来听课。一间差不多可容百人的教室，坐满了听众，窗外还站着人。罗庸连续讲了三个小时，夜深才结束，中途很少有人退场，罗庸堪称笳吹弦诵的传薪者。

【双璧辉映】

痛南渡，辞宫阙。驻衡湘，又离别。更长征，经峣嶪①。望中原，遍洒血。

抵绝徼，继讲说。诗书丧，犹有舌。尽笳吹，情弥切。千秋耻，终已雪。

见仇寇，如烟灭。起朔北，迄南越。视金瓯②，已无缺。大一统，无倾折。

中兴业，继往烈。维三校，兄弟列。为一体，如胶结。同艰难，共欢悦。

联合竟，使命彻。神京复，还燕碣。以此石，象坚节，纪嘉庆，告来哲。

注释：

① 峣嶪 yáo niè，形容高峻。

② 金瓯 jīn ōu，意思是金的盆盂，比喻疆土之完固，也用以指国土。

这是在抗战胜利、联大即将北归之时，受全校师生委托，冯友兰撰写的"国立西南联合大学纪念碑文"的碑铭。这篇碑文参鉴了罗庸的《满江红》歌词，在碑文前有一段文字说明："联合大学初定校歌，其辞始叹南迁流难之苦辛，中颂师生不屈之壮志，终寄最后胜利之期望；校以今日之成功，历

历不爽，若合符契。联合大学之始终，岂非一代之盛事、旷百世而难遇者哉！爰就歌辞，勒为碑铭。"

事过 30 年，冯友兰作《联大纪念碑碑文自识》时自我评价道："文为余三十年前旧作。以今观之，此文有见识，有感情，有气势，有辞藻，有音节，寓六朝之俪句于唐宋之古文。余中年为古典文，以此自期，此则其选也。承百代之流，而会乎当今之变，有蕴于中，故情文相生，不能自已。今日重读，感慨系之矣。敝帚自珍，犹过于当日操笔时也。"

联大校友、教授陈岱孙说："或许如联大校歌所唱：千秋耻，终当雪；中兴业，须人杰。便一成三户，壮怀难折。多难殷忧新国运，动心忍性希前哲。待驱除仇寇，复神京，还燕碣。身处逆境而正义必胜的永不动摇的信念、对国家民族的前途所具有的高度责任感，曾启发和支撑了抗日战争期间西南联大师生对敬业、求知的追求。"

正如西南联大校歌"绝缴移栽桢干质"所指出的那样，西南联合大学的出现是绝地求生之举，是不得不放弃原生之地而另辟榛莽以求他图的悲壮之举。因此，西南联大从诞生之日就被历史赋予了"刚毅坚卓"的特殊性质。

"刚毅艰卓"是校歌歌词所要表达的精神内涵。校歌歌词，雄浑而不失英锐，雍容而不失激越，尽管岁月流逝，身影远去，但其"史诗"意蕴，诚如黄钟大吕，声震历史的长空。

校训、校徽、校歌表现了西南联大师生在战争的废墟上，奋发图强，建立起自己的文化价值堡垒的坚强意志；表现了西南联大学人孜孜矻矻（勤勉不懈）地复兴民族文化，新创历史的气节和力量；弘扬了西南联大学人兼容并蓄、学术自由、敬业勤学的治学精神。

【课后延伸】

你知道我们学校的校训吗？就你感受最深的一点谈谈你的理解。

_____

_____

_____

_____

【温馨提示】

求实校训

学问求切实，意志求坚实，思辨求翔实，智识求真实，谋虑求真实。

行为求妥实，言语求信实，服饰求朴实，交际求诚实，精神求充实。

如果请你结合我们学校的校训设计一枚校徽，你会如何设计？

设计图	说明

请赏析《求实中学校歌》歌词。

双塔之侧，五华之东。占高明之胜地，养朴茂之学风，勖哉校友：尚其顾名思义。敦实行，课实功，存固有之道德，拓崭新之心胸。发扬光大，以保我本校令名于无穷。

___

第二节　笳吹弦诵　感悟有趣灵魂在危难时刻的铮铮风骨

本节导读

在战火纷飞的年代，地处西南边陲的昆明也并非安宁净土，日本飞机时常轰炸，"跑警报"成为昆明人的日常。联大的老师们长期"跑警报"跑出了经验，跑出了从容淡定的诗意情怀，天上飞机轰鸣，山头却书声琅琅。战争期间物资极度贫乏，昔日丰衣足食的联大教授们变得生活拮据，不得不面对衣、食、住、行的艰难。在品尝酸甜苦辣个中滋味之后，联大教授们却在"穷"中彰显了安贫乐道、箪食瓢饮的精神节操。他们在生活艰难的情况下仍潜心研究，追求自由独立，维护个人尊严，更捍卫了民族尊严与浩然正气。

一、 "跑"出来的诗意情怀

战争背景下，没有一处安放书桌的地方，静静地读书是一件极为奢侈的事情。远避昆明的西南联大也躲不开日本侵略者的袭扰，"嘟嘟嘟……"每当空袭警报响起，西南联大的师生们就开始了"跑警报"。

初 2025 届 26 班　杨皓程绘

清华大学校长梅贻琦的夫人韩咏华后来回忆说："在昆明的几年中，除了办校外，突出的事情就是跑警报，几乎天天要跑。"可以说，跑警报成为联大师生日常生活的一部分，让人记忆深刻。

今天就让我们来看看特殊背景下的联大教授们是怎样跑警报的。

初遇警报时，联大历史系教授钱穆晚年回忆道：

"沈有鼎自言能占易。某夜，众请有鼎试占，得节之九二，翻书检之，竟是'不出门庭凶'五字。众大惊。遂定每晨起，早餐后即出门，择野外林石胜处，或坐或卧，各出所携书阅之。随带面包火腿牛肉作午餐，热水瓶中装茶解渴，下午四时后始归。医院地甚大，旷无人居，余等七人各分占一室，三餐始集合，群推雨生为总指挥。三餐前，雨生挨室叩门叫唤，不得迟到。及结队避空袭，连续经旬，一切由雨生发号施令，俨如在军遇敌，众莫敢违。"

初 2025 届 1 班　刘宇轩绘

频繁跑警报后，人们逐渐有了经验。正如费孝通所说："跑警报已经成了日常的课程。经验丰富之后，很能从容应付。"当时昆明的防空警报分为三种：一是预行警报，二是警报，三是紧急警报，它们各有不同的表示方式。由于日本飞机一般选择能见度高的时候来空袭，所以有经验的昆明市民早上起来如果看见天气晴朗，就携带贵重物品、干粮等外出躲警报，时称"跑晴天"。此时跑警报，大家都少了一点恐慌，多了一丝镇定。但联大教授中似乎少有"跑晴天"的，有的甚至对跑预行警报甚为不齿。

一般人跑警报都要携带一个布袋、一个包裹，或是一个小提箱，装上贵重物品及食品之类。施蛰存称之为"警报行李"，还有人称之为"疏散袋"，费孝通则给它以更显口语化的称呼——"警报袋"。西南联大的教授们所带的警报袋里一般装的是书稿，他们大多一到目的地就坐下来看书。吴宓在躲警报中就读了《维摩诘经》《涅槃经》《佛教史》等书。哲学心理系教授金岳霖有一次带着已经写好的书稿《知识论》跑警报，他将包好的书稿垫在屁股下面，不料警报解除后忘记带回，导致数十万字的书稿丢失。

梅贻琦平时穿着整齐，永远拿一把张伯伦式的弯把雨伞，走起路来非常稳重，极富绅士风度；遇有空袭警报时，他同样不慌不忙，与其说他是"跑警报"，不如说是"走警报"，周围人群乱哄哄，梅贻琦还是不失仪容，镇定自若、安步当车慢慢地走，同时疏导学生。

在跑警报中上课是西南联大教授的另一种风采。

一天，社会系教授陈达正在上人口学课，突然警报响了，他带着学生跑警报到郊外。找到一片茂密的树林后，陈达在林中一堆坟头上讲课一个半小时，学生将笔记本放在腿上边听边记，吸引得其他一些疏散的人也来听讲。

闻一多是"不跑警报"的教授。他怕跑警报耽误时间，就在自己的院子里挖个防空洞，日本飞机来时，下防空洞躲一躲就算了。

一代国学大师陈寅恪来昆明后居住在靛花巷的史语所楼上，因为身体弱外加眼疾，跑警报多有不便。为了躲避空袭，傅斯年命人就近挖了个大土坑，上面覆盖木板以作防空洞之用，但坑内经常积水。一遇空袭警报，陈寅恪先生就带着椅子端坐水坑之中，直到警报解除。为此还特意作了一副极具调侃意味的对联："闻机而动，入土为安"。

"跑警报"不仅费时且让人心神难以安宁，却也有人不期然地从中找到一些乐趣。陈岱孙晚年回忆："警报一响，师生一起跑出去，敌机飞到头上时，大家一起趴下，过后学生一看，原来是某某老师，相视一笑。大家风雨同舟，患难与共，这也是好学风。"

费孝通更是把跑警报当作郊游的好机会："昆明深秋和初冬的太阳又是特别的可爱，风也温暖。有警报的日子天气也必然是特别晴朗，在这种天气里，谁不愿意在郊外走走！"

人们从跑警报中感受到了集体生活的妙处：跑警报时间长了，大家见面时都面带笑容，"好像有一个共同的命运把人们融合在一起，生死存亡也置之度外了。这种心情，跟平日在自己房间里那种独自一人的感觉迥然不同。每逢警报解除了，一想又要回到自己的家中，与那些看厌了的简陋的用具厮守，应付一些生活琐事，对于郊外阳光下的会合，反而有些依依难舍。"

初 2025 届 15 班　范芷聿绘

汪曾祺的《跑警报》是这样记录的：一

有警报，别无他法，大家就都往郊外跑，叫做"跑警报"。"跑"和"警报"联在一起，构成一个词语，细想一下，是有些奇特的，因为所跑的并不是警报。这不像"跑马""跑生意"那样通顺。但是大家就这么叫了，谁都懂，而且觉得很合适。也有叫"逃警报"或"躲警报"的，都不如"跑警报"准确。"躲"，太消极；"逃"又太狼狈。唯有这个"跑"字于紧张中透出从容，最有风度，也最能表达丰富生动的内容。

【课后延伸】

阅读了上面的文字后，你作何感想？当我们的生命面临威胁、警报响起时，你又会如何应对呢？

_____

_____

_____

战乱中联大教授们"跑警报"没有丝毫慌乱，反而跑出了乐观与豁达、浪漫与诗意。请结合选文说说你对哪一位教授印象最深刻，为什么？

_____

_____

_____

汪曾祺说："日本人派飞机来轰炸昆明，其实没有什么实际的军事意义，用意不过是吓唬吓唬昆明人，施加威胁，使人产生恐惧。他们不知道中国人的心理是有很大的弹性的，不那么容易被吓得魂不附体。我们这个民族，长期以来，生于忧患，已经很'皮实'了，对于任何猝然而来的灾难，都用一种'儒道互补'的精神对待之。这种'儒道互补'的真髓，即'不在乎'。这种'不在乎'精神，是永远征不服的。"请结合上文说说你对这种"不在乎"精神是如何理解的。

_____

_____

_____

_____

二、"穷"中彰显箪食瓢饮之节操

　　自抗战爆发后，通货膨胀不曾间断，在食不果腹、衣不蔽体的战乱年代，联大教授们的物质生活水平急剧下降。于是他们就想尽办法维持生计：卖书、卖衣服、卖文稿、卖图章、卖花、做兼职教师等，即便如此，依然无法摆脱生活困境。

　　下面就让我们从衣、食、住、行几方面感受一下联大教授们在物质生活上的窘迫吧。

衣

　　联大物理系教授吴大猷说："在联大校园里，虽然有人穿得好一点，但不论谁穿什么，倒也没有人感到稀奇。"

　　吴大猷也时常穿一条黄咔叽布裤子，膝盖上都补上了像大膏药一样的补丁。

　　闻一多先生经常穿一件式样过时的灰色旧夹袍，是一个亲戚送给他的，领子很高，袖口极窄。

　　昆明的冬天，有时气温会降到 0℃ 左右，非常寒冷。有一次李广田在昆明的街上遇到朱自清，可朱自清的衣着让李广田惊讶得不敢认。原来朱自清身穿旧西装，外面披了一件很奇怪的大衣，后来才知道那是赶马的人所披的毛毡，样子像蓑衣，又像斗篷，颜色却像水牛皮。一位享誉全国的学者、教授，竟会穷到这种地步，着实让人内心酸楚。

　　金岳霖先生常年戴着一顶呢帽，进教室也不脱下。每一学年开始，给新的一班学生上课，他的第一句话总是："我的眼睛有毛病，不能摘帽子，并不是对你们不尊重，请原谅。"他的呢帽的帽檐压得比较低，脑袋总是微微地仰着。他后来配了一副眼镜，这副眼镜一只镜片是白的，另一只镜片是黑的。这就更怪了。后来他在美国讲学期间把眼睛治好了一些，眼镜也换了，但那微微仰着脑袋的姿态一直没有改变。

　　有一个女生从女生宿舍到新校舍去，天已经黑了，路上没有人，她听到后面有"踢踏、踢踏"的脚步声，以为是坏人追了上来，很紧张。回头察看，原来竟然是化学教授曾昭抡。他穿了一双"空前绝后"鞋（前面露着脚趾，后跟烂了，提不起来，只能半趿着穿），一走路就会发出"踢踏、踢踏"的声音。

　　对联大教授们的穿着评价，吴晗说得更为直接和辛酸："身份早已经没有了，穿得破破烂烂，除了自己的学生，谁都以为你是个难民。"

食

战乱期间中国物价飞涨，联大教授们的工资根本无法养活家人，其生活之艰难贫困是难以想象的。学校食堂做饭用的是陈米，学生戏称之为"八宝饭"。"八宝者何？曰：谷、糠、秕、稗、石、砂、鼠屎及霉味也。"教授也跟学生一样吃不饱饭，金岳霖、朱自清等人组成种菜小组，推举植物学家李继侗当种菜组组长，生物系讲师沈同当种菜助理，所有教授出力浇水、施肥，菜丰收了，吃起来格外香。

原清华大学校长梅贻琦每月薪水勉强只够用半个月，家中常常吃的是白饭拌辣椒，没有青菜，偶尔吃一顿菠菜豆腐汤，大家就很开心。

闻一多家饭桌上常常是炒蚕豆、清水煮白菜、萝卜等"老三样"。为了补充营养，家里买点豆渣和白菜煮在起，闻一多还为其取了个"一锅煮"的雅号。平时能吃上豆腐都是件奢侈的事，闻一多就戏称豆腐为"白肉"。为了节省开支，寒冬腊月闻一多亲率子女到村南小河用冰冷的河水洗脸，有时去河里摸些小鱼小虾，或者捞田螺、捉蚂蚱改善生活。

一次跑警报后，吴大猷赶紧回家，见所有东西都埋在瓦砾下。同事们帮着挖出来，运到岗头村。两口缸虽完好无缺，但最让他心疼的是缸里储存的面粉掺进了很多碎玻璃和泥沙，扔掉怪可惜的，后来用水反复冲洗后，做成了面筋。吴大猷的妻子有严重的肺病，为给病妻增添营养，每天下午放学后，他就到菜市场捡剩骨头为妻子熬汤。当地的村民们得知此事后，常常将一些卖剩的牛骨头或边角料替他留着，等他来取。

有一次华罗庚的妻子吴筱元不知从哪里弄到两个鸡蛋，要给华罗庚补充营养。华罗庚不同意，他让妻子把鸡蛋平均分成五份，自己只吃了其中一份，其余四份留给妻子和三个孩子。妻子见状，眼泪扑簌而下。

住

学生宿舍是茅草屋顶，昆明多雨，一到下雨天屋顶即漏水，住在上铺的同学把脸盆、水桶、饭盒都拿来接水。教室的条件稍好一些，用铁皮做屋顶，但暴雨打在屋顶上声如急鼓，老师讲课的声音根本听不到。法商学院教授陈岱孙历来以完美掌控讲课时间闻名，每堂课他讲完计划内容后，说一声"下课"，铃声立刻打响，万无一失，

停课赏雨

陈岱孙
中国著名
经济学家、教育家
他在西南联大
教学的时候
说过这样一句话
面对生活
我们要懂得随遇而安

初 2025 届 2 班　张琪绘

令人称奇，可是昆明的暴雨时常打乱他的计划。一次，他正讲到得意处，忽然一阵急雨，声音大得使他无法讲下去。他想了一下，在黑板上写下四个大字："停课赏雨！"学生大笑。

在昆明期间，华罗庚靠微薄的薪水维持一家6口人的生活，常常寅吃卯粮，过着艰难、困苦、动荡的生活。为了维持一家人的生计，有些日子，这个大学教授也不得不改名换姓，悄悄地到中学里去兼课，挣钱养家糊口。他们在昆明西郊租了个牛圈，牛住下面，他们一家人住上面。牛在柱子上擦痒痒，整个楼棚就晃动起来，人坐在楼棚上，常常感觉地震一般。夏天热的时候，蚊子成群，虱子跳蚤满屋；冬天冷的时候，寒风侵袭，室如冰窖。

社会学家费孝通租住一间厢房，此厢房下面一半是房东的厨房，另一半是房东的猪舍，楼下的炊烟与猪舍的气味直冲厢房，日复一日，令人难以忍受。

著名逻辑学家金岳霖与经济学家陈岱孙合住地主家戏楼包厢；政治学家张奚若住在祠堂；建筑学家梁思成、林徽因夫妇住在阴暗潮湿的尼姑庵……

初2025届16班　郑子涵绘

汪曾祺曾回忆说："西南联大的校舍很分散，很多处是借用昆明原有的房屋、学校、祠堂。西边是学生宿舍。土墙，草顶。土墙上开了几个方洞，方洞上竖了几根不去皮的树棍便是窗户。挨着土墙排了一列双人木床，一边十张，一间宿舍可住四十人，桌椅是没有的。两个装肥皂的大箱摞起来，既是书桌，也是衣柜。有的同学在同一宿舍中一住四年不挪窝。有些同学成天在一起，乐数晨夕，堪称知己。"

行

"爱国"这两个字，现在经常被我们挂在嘴边，或写在文中，但它的分量，只有在赵忠尧手捧装着50毫克镭的咸菜坛子时，才显得格外有分量。

南渡前夕，已经逃出北平的清华大学物理系教授赵忠尧，想到有约50毫克放射性镭还在清华大学实验室的保险柜中，这是自己从英国剑桥大学学成归国时，卢瑟福博士出于对中国的好意而特别赠予的。如今北平沦陷，日军已进入清华园，如果东西落到日本人之手，后果不堪设想。为了这一份全世界都禁运的极其珍贵的高能物理材料，赵忠尧历经无数艰难险阻，悄悄潜回北京，借着朦胧的夜色，躲过日军的盘查，把盛装镭的铅筒放在一个咸菜坛子里，夹杂在逃难的人群中开始了一个人护送镭的"长征"。

三校南迁昆明，漫漫迁徙路，很多师生是靠双脚走来的。步行迁徙到昆明途中，有学生问闻一多："闻先生，像您这样的大教授，怎么放着火车、轮船不坐，和我们一起受这份罪？"闻一多笑笑说："火车我坐过了，轮船我也坐过了。但对于中国的认识，其实很肤浅。今天，我要用我的脚板，去抚摸祖先经历的沧桑。国难当头，我们这些掉书袋的人，应该重新认识中国。"经过 68 天的长途跋涉，他终于抵达昆明。

已故西南联合大学台湾校友会会长柴之棣生前回忆说："步行的同学时遇狂风、暴雨，大雪漫天飞。常借农家茅舍，时常与猪牛同屋，也曾宿荒村野店和破庙，雨雪交加时同学们以稻草为铺，油布避雨，尝尽艰辛。"

由于住房困难，联大教授居于昆明各地，当时流传着这样一句话："昆明有多大，联大就有多大。"尽管住得特别分散，但教授们上课从不迟到。

王力家离昆明十多千米，每周到联大上一次课。他每次进城，手提书袋，脚穿布鞋，徒步上路。一般情况下是头天进城，在学校临时宿舍住一夜，第二天早晨上课，下午徒步返回。

物理系教授周培源住在昆明城外的西山脚下，离联大新校舍约有二十千米。周培源只好自己养一匹马，骑马来到教室跟前，把马一系，就进教室，保证了按时上课，他也因此被人戏称为"周大将军"。

吴大猷住在昆明北门外 5 千米外的岗头村。他说："从岗头村步行到学校，要一小时，我住在岗头村早上五点多钟起程，六点三刻左右到学校。有时刚刚走到学校，便逢着警报，立刻又要赶回岗头村。累不必说了，皮鞋走石子铺的路一天来回二十里，不几天便要打掌。"1943 年春天的一个下午，吴大猷搭一辆马车去上课。他坐在车尾，下坡时马忽然惊了。他的头撞到车上，摔了下来，昏倒在路边。不知过了多久才苏醒，步履艰难地走回家，一进门又昏迷了过去。幸好邻居中有位医生，经检查诊断为脑震荡，卧床近一个月才恢复过来。

一箪食，一瓢饮，人不堪其忧，但联大教授们却不改其乐。

物质上的贫乏并没有动摇联大教授们的教学热情，反而铸就了联大教授们匹夫不可夺志的品性。他们更加深刻地认识到自己所承担的历史重任。为了国家民族之复兴，他们将自己的命运融入抗战救国的大时代中，选择了以教育救国、教育兴国作为实现自己爱国情怀的途径。

当时昆明物价暴涨，货币贬值，联大教授们的生活普遍陷入困难境地，闻一多一家人口多、开支大，生活几乎陷入绝境，过着节衣缩食的日子。他给自己的兄弟写信："书籍衣物变卖殆尽，时常在断炊中度日。"对于闻一多家中经济窘困的状况，教授们不仅直接帮助，而且还帮忙想办法。有些熟悉闻一多的老朋友想起他当年曾搞过篆刻，建议他从这方面找点出路，闻一多仔细思考后，欣然接受了朋友们的建议，觉得从事篆刻既可依靠自己的劳动增加收入，又不失风雅，便开始挂牌治印。闻一多治印的目的是缓解家庭困难，但他并不是无原则地见钱就收。国民党云南省党部书记兼民政厅长李宗黄（制造一二·一惨案的主谋之一）以丰厚的报酬要求闻一多为其刻印，闻一多断然拒绝，而当和平民主运动需要印章时，闻一多却慷慨捐献。

初 2025 届 28 班　李相宇绘

初 2025 届 2 班　王健翔绘

1938 年冬，华罗庚一家没有住处，闻一多就邀请华罗庚一家搬到他家一起住，两家人中间用帘子隔开，这样闻家八口和华家六口就开始了隔帘而居的生活。在这样的环境下，闻一多、华罗庚两人还坚持学术研究，闻一多在帘子这边进行考古研究，华罗庚在帘子那边进行数学研究。华罗庚专门写了一首诗描述当时的生活和心理状态："挂布分屋共容膝，岂止两家共坎坷。布东考古布西算，专业不同心同仇。"

联大教授们还要克服纸张匮乏的困难，陈寅恪曾向史语所借纸："弟所作二书，一论唐代制度，一论唐代政治，此书则言唐代社会风俗耳。……此间坊间，稿纸不堪用，且不合格式，增改极不便，不知所中尚有旧式之稿纸否？如有之，不知可以分寄少许否？……近日纸贵，如太费钱，可作罢论，不该多费公币，于心不安也。"

对吴大猷来说，物质生活困难还是次要的，他的妻子长年生病卧床，给他造成了巨大的心理压力，吴大猷把学术研究视为缓解压力的"妙法"。在这个时期，他写了一部专门讨论近年来物理发展的书，撰写了17篇研究论文，将尤金·维格纳关于群论的德文书译成英文。"如果没有这些'逃避'妙法，我的神经恐怕早就支持不住了。"

初2025届1班 田壮壮绘

王力教授写过一篇名为《灯》的小品文，文中谈到他为了避免空袭的危险，疏散到乡下，告别了电灯，点起了煤油灯。后来因为煤油太贵了，买不起，于是他又改点菜油灯。无可奈何之下，他勉强找了一个点菜油灯的理由，说是电灯比不上菜油灯有诗意，聊以自慰。

陈平原曾说："联大人贫困，可人不猥琐，甚至可以说'器宇轩昂'，他们的自信、刚毅和聪慧，全都写在脸上。"贫乏的物质生活没有使联大教授放弃学术研究，他们反而借助学术创作来缓解生活中的痛苦和压力，自由求真所释放的精神力量在此得到淋漓尽致的体现。

初2025届22班 李泽菘绘

在吃不饱、饿不死，艰难困苦的环境中，西南联大聚集了众多著名教授，有良好的学术氛围，有优良的校风、校训，这深深地影响着联大的教师和莘莘学子，使他们逐步培养了刚强、坚定、毅力、卓越的优秀品质和人格风骨，骨子里有一种不畏困难、艰苦奋斗、积极向上、追求卓越的奋斗精神，而这些正是一个人取得成就不可或缺的必备素质。西南联大在八年时间里创造了教育史上的奇迹，培养了许多人才，原因很多，但"刚毅坚卓"的精神风貌也是重要原因之一。

《护国史》主纂白之翰先生在《公送国立西南联合大学北归复校序》中写道："观联合大学诸先生，类多在事数十年，乃至笃守以终身，是岂菲食恶衣所能尽哉！惟其然也，故能以不厌不倦者自敬其业，而业乃久；以不忧不惑者自乐其道，而道乃尊。"青灯素帐，焚膏继晷，生命不息，工作不止。置身艰难时局，西南联大的教授们依然将中国传统知识分子的风骨与精神继承下来并发扬光大。

【课后延伸】

林语堂抗战时期对于西南联大的评价："西南联大物质生活不得了，但精神生活了不得。"请结合选文谈谈你的理解。

_____

_____

_____

读完上面的文字，请同学们思考：是什么让西南联大的教授们能在清贫的物质生活中执著坚守的？

_____

_____

_____

三、 威逼利诱下依然追求自由独立之精神

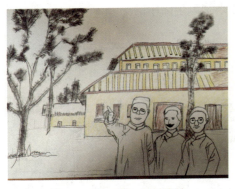

初 2025 届 1 班　刘益嘉绘

"国家兴亡，匹夫有责"，这在受中国传统文化影响的中国知识分子身上更有分量。他们两度迁徙，为的就是担起振兴国家的责任。

在西迁昆明的时候，师生分三路入昆，其中闻一多、李继侗、袁复礼、曾昭抡、黄钰生等 11 位老师和约 250 名学生除短途乘船乘车外，几乎是用双脚横跨湘黔滇三省。他们跋山涉水，栉风沐雨，渡盘江、越高山，历时 68 天，完成了中外教育史上罕见的文化大迁徙。很难想象，这些身着长衫、戴着眼镜、瘦削文弱的知识分子会有如此坚毅的精神支持他们克服艰难险阻，到抗战的大后方办教育。学校南迁展现了中国知识分子誓死不当亡国奴的崇高气节。这段光荣的历史，不但联大值得纪念，在世界教育史上也值得纪念。

联大负责人梅贻琦曾说："在敌人进占安南（越南），滇境紧张之日，敌机更番来袭，校舍被炸之下，弦诵之声，未尝一日或辍，此皆因师生于非常时期教学事业即所以树建国之基，故对于个人职守不容稍懈也。"也正是这样的理想信念，让他们在危机四伏的生活下展现出为后人津津乐道的精神魅力。

罗常培亦说："假如能在危城中奋勉写成几本书，以无负国家若干年养士的厚惠，那么，就是敌人把刀放在我的脖子上，也会含笑而

逝，自觉对得起自己，对得起学校，对得起国家！"

张奚若有一次参加国民参政会，他发言批评国民党的腐败和蒋介石的独裁，被蒋介石打断。张奚若拂袖而去。下次开会时，他接到寄来的通知和路费，当即回一电报："无政可参，路费退回。"从此不再参加国民参政会。

抗战后期，国民党为了加强对西南联大的控制，要求联大的院系负责人加入国民党，时任法商学院院长的陈序经说："如果一定要我参加国民党，我就不做这个院长！"

1938年，教育部次长顾毓琇邀请闻一多从政做官，闻一多知道做官可以获得更优厚的待遇和更大的权力，妻子和不少朋友也赞成他弃学从政，认为做官可以让家人过上稳定舒适的生活。闻一多经过慎重考虑，谢绝了顾毓琇的邀请，因为他清楚自己的志趣在于学术，也坚信学术有更大的价值，

初2025届18班　毛清瑶绘

"仅国学中某一部分，兹事体大，万难胜任。且累年所蓄著述之志，恨不得早日实现。近甫得机会，恐稍纵即逝，将使半生勤劳，一无所成，亦可惜也。"

闻一多、吴晗等人都是声誉卓著的杰出学者，他们率先走出书斋，毅然投身民主运动，是出于对国家前途、命运的强烈责任感而做出的抉择。

著名生物学家李继侗写信给家人时则表示："抗战连连失利，国家存亡未卜，倘若国破，则以身殉。"

【课后延伸】

孟子曰："富贵不能淫，贫贱不能移，威武不能屈：此之谓大丈夫。"请结合选文，具体谈谈你对这句名言的理解。

_____

_____

_____

"刚毅坚卓"是西南联大的精魂，联大的教授们率先垂范，用实际行动践行，以铮铮风骨诠释。阅读上述文字后，你能概括出联大教授们的节操气质吗？

_____

_____

_____

华罗庚先生写了一首七言小诗："挂布分屋共容膝，岂止两家共坎坷，布东考古布西算，专业不同心同仇。"请结合上面的文字，谈谈你对这首小诗的理解。

_____

_____

_____

下面是闻一多送给华罗庚的印章上刻的一行小字："顽石一方，一多所凿，奉贻教授，领薪立约，不算寒伧(碜)，也不阔绰。陋于牙章，雅于木戳，若在战前，不值两角。"短短四十字，五句同韵，俗雅结合，亲切自然，以谐写庄。从这首小诗你看到一个怎样的闻先生形象？

_____

_____

_____

第三节　星河璀璨　涌动莘莘学子投笔从戎抑或献身科学的情怀

本节导读

初 2025 届 29 班　王睿熙绘

当年西南联大的物质条件非常寒酸：学生宿舍无一砖一瓦，全是夯黄土为墙，堆茅草为顶，窗户没有一块玻璃，仅有几根树枝聊以象征。绝大多数师生经常食不果腹，衣不蔽体，还要不时在敌机轰炸下逃生。但秉承"中兴业，须人杰"的信念，教师为爱国而教，为人师表，一身正气，人格独立，不党不官，沉潜专注，甘于寂寞；学生为救国而学，吃红薯干，点桐油灯，以苦为乐，励精图治，弦歌不辍。五四运动所倡导的"爱国、民主和科学"精神在西南联大得以发扬光大。

一、　一腔热血　走出书斋投笔从戎去

西南联大留给后人的不仅仅是学术上的耀眼成就，抗日救亡的铁流中同样有他们刚毅坚卓的身影。随着抗战的逐渐深入，国民政府先后四次从大学生中征兵，西南联大的学生也积极响应。金书铁券，百世流芳。今天云南省师范大学一二一校区有一座西南联大纪念碑。碑文是冯友兰撰写的，我们在第一节已经介绍过，纪念碑的背面是"国立西南联合大学抗战以来从军学生题名"。碑上镌刻着联大从军学生姓名834人，故称"八百壮士"。

初 2025 届 30 班　鲁一绘

叶企孙说："国土更日蹙，逃责非丈夫。"

冯友兰在征兵动员时说："过去以血肉之躯与敌人对拼的时期、艰苦的时期，已经由我们老百姓去担当了，际今最后关头而又有新武器、新式装备可供应之时，知识青年应避免其应负之责任么？"

闻一多说："现在抗战已至最艰苦的阶段，知识青年此时实深应自动放弃不当兵的'特权'，而在抗战最后阶段更应负起责任。许多人谈民

初 2025 届 1 班　张青娴绘

主，若自己本身去负责任，尽义务，那才真正有资格谈民主，而知识青年军也就是真正民主的队伍。"

抗战时期西南联大的从军运动，是知识分子保家卫国、维护民族独立、捍卫国家尊严的一个组成部分。学生从军抗战救国，他们运用现代化的科学知识与技能，补充了战时急需的知识资源，提高了作战的能力。

1941 年 8 月，陈纳德正式组建了"中国空军美国志愿队"，俗称"飞虎队"。太平洋战争爆发后，日军实行南进，进攻东南亚，缅甸危急。英国请求中国派兵援缅，中国同时为了保卫抗日运输生命线——滇缅公路，遂组成 10 万人的远征军入缅作战。"飞虎队"需要翻译，中国远征军也需要翻译。战地服务团译训班前后共举办了 9 期，其中西南联大学生共 437 人。蒋梦麟之子蒋仁渊、训导长查良钊之子查瑞传、梅贻琦之子梅祖彦也带头报名应征。总之，缅北战场从指挥机关到后勤医院等各个单位，都有联大学生战斗和工作的身影。

联大外文系三年级学生许渊冲在译训班中成绩突出，陈纳德亲自

给他颁发了一枚镀金的"飞虎章"。许渊冲曾回忆说："有一次情报说，日本一艘军舰到达海防，一批士兵登陆；还有一批日机进驻河内机场。据此，秘书室研究认为日机很可能要对昆明进行空袭。秘书室负责人要我把情报火速译成英文，并派专车送我到陈纳德指挥室。陈纳德准将看了我面呈的情报后，对军队和战机部署做了调整。第二天日本飞机果然袭击昆明，但'飞虎队'早有准备，不等敌机飞入市区上空投弹，就在滇池上空进行截击。看到一架架日机被击落，我真正明白了译员工作的重要价值。"

联大外文系四年级学生黄维主动应征赴缅作翻译。1942年5月，日军攻陷缅甸。黄维所在的部队后撤回国。在抢渡怒江时，人多拥挤，江水湍急。船到中流，黄维失足落水，抢救不及，不幸殉职。

由于英军不通知中方就先撤，致使我军的归路被日军截断，只得向北穿越野人山。原始森林中，人烟绝迹，雨季终日大雨，远征军粮药均绝。通讯营联大学生朱湛带的粮药都和同伴们共享用光，又累又饿，背靠一棵大树坐下去，就再也没有站起来。

攻占密支那战役持续了80个日日夜夜。战火硝烟中的经历给联大学生卢少忱留下了深刻的记忆："时值雨季，淫雨绵绵。虽穿着雨衣，但内衣也是透湿。因为双方炮火猛烈而密集，我们营部的几个人不得不经常躲在略有遮盖的掩蔽部里：坑约1.5米见方，半身多高，地面雨水流入坑中，积水过膝。两腿泡在水中，时间长了，皮肤发白，夜不能眠。当地疟疾流行，遭毒蚊叮咬后24小时内可致人发烧丧命。因此每天要服两次阿的平黄色药片，时间一长皮肤呈土黄色。最令人讨厌的是遍地的蚂蟥，长达几寸，满腔人血，即使揪断，也不撒咀……7月中旬以后，我军日益接近密支那市区中心。日寇拼死顽抗，积尸遍地，有的腐烂了爬满白蛆，漂浮在河沟上，散发着臭味。当行军蹚过半身河水时，浑身沾染上死尸的臭味……"

中国远征军入缅，急需翻译。西南联大外文系教师穆旦投笔从戎，参加中国远征军入缅，做一名中校翻译官。亲历野人山奔袭，他把野人山和远征军的白骨写入诗篇，给人以极大的震撼。诗云：

是什么声音呼唤？

有什么东西忽然躲避我？

在绿叶后面它露出眼睛，

向我注视，我移动，它轻轻跟随。

2025届19班　张嘉宁绘

黑夜带来它嫉妒的沉默贴近我全身。

而树和树织成的网压住我的呼吸，

隔去我享有的天空！是饥饿的空间，

低语又飞旋，像多智的灵魅，

使我渐渐明白它的要求温柔而邪恶，

它散布疾病和绝望，和憩静，要我依从。

在横倒的大树旁，在腐烂的叶上，绿色的毒，

你瘫痪了我的血肉和深心！

热带雨林的原始繁茂，欣欣向荣的绿色，绿得诡异而蛊惑，"绿色的毒"潜藏着致命的邪恶。这首诗通过森林和人的对话写出战士的恐惧，诗中虽无一句反战的直白，然而在饥饿、疾病、恐惧和绝望对人类心灵的虐杀中，我们看到了战争的残酷。

抗战期间，西南联大外文系三年级学生杜运燮报名从军，到中国空军美国志愿大队当翻译。他曾远赴印度、缅甸参加抗战，这期间写下了成名作《滇缅公路》：

看，那就是，那就是他们不朽的化身：

穿过高寿的森林，经过万千年风霜

与期待的山岭，蛮横如野兽的激流，

以及神秘如地狱的疟蚊大本营……

就用勇敢而善良的血汗与忍耐

踩过一切阻挡，走出来，走出来，

给战斗疲倦的中国送鲜美的海风，

送热烈的鼓励，送血，送一切，于是

这坚韧的民族更英勇，开始拍手：

"我起来了，我起来了，我就要自由！"

在这首诗中，有"踩过一切阻挡，走出来，走出来"的豪迈与乐观；有"我起来了，我起来了，我就要自由！"的激情昂扬的呐喊。这是历经风霜之后，用勇敢和坚忍、汗水与鲜血唱起的赞歌。

西南联大的从军运动，谱写了抗日战争史上可歌可泣的一页。投身抗战第一线的青年，不仅贡献了自己的青春，甚至还献出了宝贵的生命。他们没有辜负校歌中"待驱逐仇寇，复神京、还燕碣"的殷切希望。他们在谱写中国知识青年保家卫国壮丽诗篇的同时，也为西南

联大这所战时高等学府增添了光荣。他们的名字应彪炳史册，正如"题名"碑所云："庶垂令闻，及于久远。"

【课后延伸】

国家危难之时，民族存亡之际，联大师生发出了愤怒的吼声。学生缪弘在西南联大五次献血，写下坚定诗篇，慨然从军，在反攻桂林的战斗中洒尽最后一滴热血。诗云：

没有足够的粮食，且拿我们的鲜血去；没有热情的安慰，且拿我们的热血去；热血，是我们唯一的剩余。你们的血已经浇遍了大地，也该让我们的血，来注入你们的身体；自由的大地是该用血来浇灌的。你，我，谁都不曾忘记。

请赏析上面这首诗歌，说说它蕴含了什么感情。

_____

_____

_____

二、 维护民主和正义，我以我血荐轩辕

在今天昆明一二一大街原云南师范大学校园东北隅，有一座青竹和翠柏掩映的"一二·一"四烈士墓。墓道前方矗立着两根石柱，顶端是鲜红的火炬；石柱基座上，刻有闻一多先生撰写的《一二·一运动始末记》。浮雕下，刻有感情深挚的悼诗：

死者，你们什么时候回来？我们从来没有离开这里。

死者，你们怎么走不出来？我们在这里，你们不要悲哀。

我们在这里，你们抬起头来。

哪一个爱正义者的心上没有我们？

哪一个爱自由者的脑里没有我们？

哪一个爱光明者的眼前看不见我们？

抗日战争结束后，中国人民希望和平民主，用一切方法制止内战。昆明学生积极响应，于1945年11月25日晚在联大图书馆前的大草坪举行反内战时事晚会。国民党军在联大围墙外用机关枪和小钢炮射击，会场上空流弹横飞，师生们不顾敌人的恐吓和破坏，进行讲演。

次日，西南联大学生率先罢课，全市大中学生立即响应，发表宣言反内战。国民党当局命令军警出动，肆意殴打上街宣传的学生，强迫学生"无条件复课"。

12月1日上午，数百名国民党员、三青团员及军官总队的暴徒携

带棍棒、铁条、刺刀、手榴弹等凶器，奉命分头攻打联大、云大、中法、英专、联大附中等学校。11 时许，国民党暴徒强行闯入龙翔街联大师范学院，肆意行凶，在饭厅前投掷手榴弹一枚，师院同学猝不及防，退入隔壁的昆华工校，联合工校同学反攻，将暴徒赶出大门。暴徒又打破大门，投进两枚手榴弹，当即炸倒学生多人。南菁中学教师于再被手榴弹炸伤，师院学生李鲁连头部中弹，血流满面；昆华工校学生张华昌被炸伤，弹片穿入脑中；

初 2025 届 1 班　张睿珈绘

与暴徒英勇斗争的师院女生潘琰被炸伤倒地后，特务分子还用尖头铁条向她腹部猛刺三下，当同学们前来抢救时，她还挣扎着呼喊："同学们，团结呵！"这四人都于当天牺牲。这次惨案另重伤 25 人，轻伤 30 多人。这就是震惊全国的"一二·一"惨案。

　　"一二·一"运动中，闻一多先生利用各种场合控诉国民党反动派的法西斯暴行，并以极其鲜明的爱憎写下了《一二·一运动始末记》。"四烈士"出殡时，他走在师生出殡游行队伍前面。在"四烈士"公葬典礼上，他悲愤致词："我们一定要为死者复仇，要追捕凶手，凶手跑到天涯，我们追到天涯，凶手跑到海角，我们追到海角。这一代追不到，下一代也要继续追，血债是一定要用血来还的！"国民党反动派对他十分忌恨，甚至扬言要以四十万元买他的头，但他却一笑置之。

　　1946 年 7 月 11 日，李公朴被国民党特务枪杀。7 月 15 日，闻一多先生发表了著名的《最后一次讲演》，就在昆明西仓坡教职员宿舍门前被暴徒狙击牺牲。

【课后延伸】

　　去年"一二·一"昆明青年学生为了反对内战，遭受屠杀，那算是青年的一代献出了他们最宝贵的生命！现在李先生为了争取民主和平而遭受了反动派的暗杀，我们骄傲一点说，这算是像我这样大年

纪的一代，我们的老战友，献出了最宝贵的生命！这两桩事发生在昆明，这算是昆明无限的光荣！

······ ······

正义是杀不完的，因为真理永远存在！

历史赋予昆明的任务是争取民主和平，我们昆明的青年必须完成这任务！

我们不怕死，我们有牺牲的精神！我们随时像李先生一样，前脚跨出大门，后脚就不准备再跨进大门！

上面是闻一多《最后一次讲演》的文段，请你结合本章节的内容，说说你对"民主与自由"的理解。

_____

_____

_____

每年十二月一日是"一二·一运动纪念日"，学校决定开展网络祭拜活动，请你为这次活动写一篇悼词。

_____

_____

_____

三、"中兴业，需人杰" 各行各业涌现献身科学事业的好儿郎

新中国在隆隆的礼炮声中诞生了，中国人民从此站立起来了。新中国成立初期百废待兴，恢复经济亟须技术人才。1949年12月18日，周恩来总理通过北京人民广播电台，热情地向海外知识分子发出"祖国需要你们"的号召，表达了对海外人才的渴望和尊重，并代表新中国政府邀请散落在世界各地的海外知识分子回国参加建设。像朱光亚、邓稼先等西南联大的学子们，都曾目睹反动派的黑暗统治，都追求过民主与光明，新中国成立的消息令他们热血奔涌，率先踏上了回国报效祖国的归途，因为他们深深地知道：中兴业，需人杰。

"回去吧！赶快回去吧！祖国在迫切地等待着我们！"——朱光亚

"繁霜尽是心头血，洒向千峰秋叶丹。"朱光亚具有浓厚的家国情怀。青年时期，他胸怀科学救国的远大抱负赴美留学，立下了学成必归，与祖国共荣辱、同命运的坚定决心。新中国成立伊始，他响应周总理的号召，用《打倒列强》的曲调自编了《赶快回

国歌》，每次聚会都要指挥大家齐唱："不要
迟疑，不要犹豫，回国去，回国去！祖国建
设需要你，组织起来回国去，快回去，快
回去！"

1959年6月，苏联单方面撕毁中苏双方
签订的有关研制原子弹的协定，撤走了苏方专
家。毛泽东铿锵有力地说："自己动手，从头
做起，准备用8年时间，拿出自己的原子弹！"
于是有骨气的中国人全都投身到这项伟大的、
艰苦卓绝的事业中。

初2025届19班 张唐瑞绘

当时年仅35岁的朱光亚临危受命，被调入核武器研究所，承担
起中国核武器研制攻关的技术领导重任。看着苏联专家留下的"残缺
碎片"，朱光亚无畏无惧：我们就要从这些碎片里，造出我们中国的第
一颗原子弹！他从家里搬进研究所单身宿舍，不辞辛劳地忘我工作。

在我国铸造核盾牌的伟大工程中，核试验的每一次成功，都倾注
着朱光亚的心血与汗水；核武器发展前行的每一步，都凝结着朱光亚
的智慧和决心。回顾自己的一生，朱光亚说："我这一辈子主要做的就
这一件事——搞中国的核武器。"凭借对祖国的忠诚和对事业的执着，
在当时极端恶劣的自然条件和极度简陋的设备条件下，我国仅用40
多次核试验就达到了外国几百次乃至上千次试验才达到的技术水平。

2004年，朱光亚80岁，为表彰他对我国科技事业特别是原子能科
技事业发展作出的杰出贡献，国际小行星中心和国际小行星命名委员
会批准将我国国家天文台发现的一颗小行星正式命名为"朱光亚星"。

"我死而无憾"——邓稼先

1958年6月，毛泽东同志强调要"依靠自己的力量发展原子弹"。
邓稼先临危受命，义无反顾。从此，邓稼先的名字便在刊物和对外联
络中消失，而且一消失就是十余年，他的身影只出现在戒备森严的深
院和大漠戈壁。制造原子弹，不少环节是非常危险的，特别是原子弹
的核心部件，要求把极纯的、放射性极强的部件毛坯切削成规定的形
状，多了不行、少了不行，不能有半点火星，邓稼先深知该部件的重
要性，坚持站在工人身后，工人轮班他也不走，直到拿到合格产品。
又如原子弹爆炸试验前的插雷管，操作者小心翼翼，在场者鸦雀无
声，而邓稼先总是站在操作者身后。

恶劣的气候加上三年自然灾害，给试验带来重重困难。1979年，
在一次航弹试验时，飞机空投后因降落伞破裂，原子弹从高空坠落地

面。计时倒数后并没有听见响声，也没有见到蘑菇云升起。指挥部立即派出一百多名防化兵在茫茫戈壁上寻找。核武器中有放射性钚，在大自然中的半衰期是两万四千年，极易进入人体，并极易被骨髓吸收。在防化兵没有找到的情况下，为了避免毁灭性的后果，邓稼先与二机部副部长赵敬璞乘车进入爆心寻找。当找到时，邓稼先坚决阻止赵敬璞和司机下车，说："你们进去没有用，也没有必要！"所谓"没有必要"，其潜台词是没有必要白白做出牺牲。高度的责任感使邓稼先一步步走向核弹，抱起摔破的原子弹碎片仔细检验，由此他受到了致命的核辐射伤害。

在邓稼先的主持下，中国不仅成功地爆炸了原子弹、氢弹，在此之后又向中子弹进军。

1986年7月29日，邓稼先因癌症去世，临终遗言"我死而无憾"。

邓稼先是中国知识分子的优秀代表，他为了中国国防科研事业的发展，甘当无名英雄，默默无闻地奋斗了数十年。他常常在关键时刻，不顾个人安危，出现在最危险的岗位上，充分体现了他崇高无私的奉献精神。他在中国核武器的研制方面做出了卓越的贡献，却鲜为人知，直到他死后，人们才知道了他的事迹。

1999年，党中央、国务院、中央军委追授邓稼先"两弹一星"功勋奖章。

"宁可不出国，中国人也要有自己的骨气！"——郭永怀

郭永怀是被授予"两弹一星"称号的元勋中唯一获得"烈士"称号的科学家，也是唯一一位在原子弹、导弹和人造卫星研制三个领域做出突出贡献的科学家。

1940年8月，在俄国皇后号邮轮上，第七届留英公费生林家翘、钱伟长、郭永怀等人发现刚发下来的护照上有日本领事的签证，并让他们中途在日本登岸逗留。国难当头之际，他们愤怒地向英代办提出强烈的抗议，坚决要求更改护照。可英代办却以取消留学资格来威胁，郭永怀义无反顾地站出来说："宁可不出国，中国人也要有自己的骨气！"最后，在他的带领下，22名留学生全体下船，拒绝出发，毅然返回了昆明西南联大。一年后，郭永怀辗转加拿大求学，开始了长达15年的海外求学与研究。

1955年，好友钱学森毅然决然返回祖国参加新中国建设，郭永怀也铁定了心要回国："家穷国贫，只能说明当儿子的无能。"为了避免被美方为难，他竟直接在公开的送别会上将大半辈子积累的科研资料

和讲义文稿全部烧掉。在场所有人既惊讶又感到无比惋惜，郭永怀却淡淡地说："没关系，知识都在科学家的脑袋中，谁也拿不走。"

1968 年 12 月 5 日，郭永怀在青海经过两个多月的试验，发现了一条重要线索。为了赶时间，他带着最新得到的数据一刻不停地踏上了飞往北京的班机。可就在飞机降落到离地面仅 400 多米时，它突然失去了平衡，猛地坠落，机毁人亡。在清理飞机残骸时，人们吃惊地发现郭永怀的遗体同警卫员紧紧抱在一起。烧焦的两具遗体被吃力地分开后，中间掉出一个装着热核导弹绝密数据文件的公文包，竟完好无损。可以说，他在生命的最后几秒，心系的仍是祖国的科技事业。

让祖国早日拥有自己的核武器，不再受外国人的欺负，这也许是郭永怀一生最大的愿望。2018 年，国际小行星中心正式向国际社会发布公告，编号为 212796 号的小行星被永久命名为"郭永怀星"。至此，郭永怀成了"夜空中又一颗闪亮的星"。

"原本山川，极命草木"——吴征镒

中国植物学家吴征镒被世界科学界称为中国植物的"活词典"。他能说出中国国土上上万种植物的名称。随手拿来一株小草，或是一朵小花、一粒种子，他张口便能说出这些植物是什么科、什么属——犹如一个父亲述说着自家的孩子一样熟悉。

吴征镒

吴征镒自幼就与植物结缘。幼时的吴征镒发现家对面芜园的雨后竹笋仅一个早上就可以和自己长得一样高，如同"梦中竹林"一般，这让他感到十分惊讶，开始对植物产生了兴趣。之后他偶然间从父亲书房中得到清代吴其濬的《植物名实图考》和日本牧野富太郎的《日本植物图鉴》，便开始在芜园"看图识字"地辨认树木花草。1933 年，吴征镒考入清华大学生物系。抗战伊始，吴征镒随闻一多等步行到达昆明。在行军途中，李继侗带领吴征镒、清华农科所的毛应斗、郭海峰和地理系的王钟组成了一支小小综考队，尽力做些力所能及的科考工作。吴征镒对往日书中的植物图画通过自己亲眼观察、亲手触摸，有了更生动的认识。吴征镒前前后后三下云南，最终定居于云南，如同一颗种子落在了云南的土地上，生根发芽，长叶开花，最终成为云南这个植物王国的"守护者"，成为一位能"辨花语""识树声"的著名植物学家。

1940 年，吴征镒开始着手整理吴韫珍老师从外国学者处手抄的《中国植物名录》以及秦仁昌先生从英国皇家植物园等处拍摄的中国植物模式标本照片，补充文献、记录小环境和地理分布记载，

耗时 10 年制作出约 3 万张植物模式标本卡片。拉丁学名、发表时间、文章名、发现者、标本号和模式标本照片……一张巴掌大的卡片上，吴征镒用自成一体的"蝇头小楷"工整地将各个植物的资料记录得详详细细。同样一张卡片，别人只能写几十个字，吴征镒能写上百个字。3 万多张这样的卡片重达 300 千克，放满了整整 80 个标准卡片盒。那期间，吴征镒曾任西南联大生物系助教，他在茅草房里创建了一间用破木箱和洋油桶建成的植物标本室，这个极为简陋的标本室竟然拥有两万多件标本。通过整理这些卡片，吴征镒对于植物学名、采集者、生境及在群落中的位置等，达到了如指掌的境地。

西双版纳是云南植物种类最多的地方，也是吴征镒学术考察最频繁的地方。吴征镒在野外考察的时候，不看天、不看山、不看景，一路上就喜欢低着头观察植物，在热带雨林的红泥巴路上不知滑了多少跤，全身糊满红泥。因此，大家送了吴征镒"摔跤冠军"的雅号。对于这个雅号，吴征镒满不在乎，笑着说："摔跤也好，有时摔跤还能发现新种呢！"他的话里说的是这样一个小故事。有一次，吴征镒考察云南文山西畴植物，在密林里跌了一跤，坐到了地上。同行的同事都为他捏了一把汗，担心他跌伤了。吴征镒却不急于起来，左顾右盼，突然看见了一株白色寄生植物，他立刻拿在手上仔细察看，认出是锡杖兰。这是一个重大发现。

吴征镒曾说："我认为做科学研究必须经历三个境界：一是立志立题，确立科研思路；二是殚精竭虑，百折不挠；三是上下求索，终有所得。我就是在个人的志趣和应用相结合中走到了今天。"

2011 年 12 月 10 日，国际小行星中心将第 175718 号小行星永久命名为"吴征镒星"。

"大人不华，君子务实。"联大学子工作上追求完美极致，注重各方协作协同，充分发扬技术民主，是实践科学精神的光辉典范。凭着这种科学精神，他们创造了奇迹：从第一颗原子弹到安装在导弹上的核弹头，美国用了 13 年，苏联用了 6 年，中国仅用了 2 年；从第一颗原子弹到第一颗氢弹，美国用了 7 年 3 个月，苏联用了 4 年，中国则只用了 2 年 8 个月。

据统计，1949 年 8 月至 1957 年底，陆续回国的中国留学生和学者约有 2500 多人，其中主要是北美和欧洲的回国人员。他们抛弃了欧美国家舒适的生活条件，与当时经济还很困难的祖国患难与共，不计得失，胸怀理想。他们的贡献将永远镌刻在新中国的丰碑上。

朱光亚　　　邓稼先　　　郭永怀

【课后延伸】

"他一生就做了一件事，但却是新中国血脉中激烈奔涌的最雄壮力量。细推物理即是乐，不用浮名绊此生。遥远苍穹，他是最亮的星。"这是 2011 感动中国年度人物颁奖对朱光亚的颁奖词，请就上面提到的"联大之星"，挑选其中一位，为他也写一份颁奖词。

_____

_____

_____

星河璀璨，短短八年，联大在各领域培养了诸多名人、大师：2位诺贝尔物理学奖获得者杨振宁、李政道，4位国家最高科学技术奖获得者黄昆、刘东生、叶笃正等，8位"两弹一星"功勋奖章获得者朱光亚、邓稼先、郭永怀、陈芳允、屠守锷、王希季……读了上文，你能否说说，他们身上有哪些精神品质是相同的？

_____

_____

_____

学习了第三节，联大学子"爱国、民主、科学"的精神熠熠生辉，作为新时代的少年，你认为这些精神今天还有学习的必要吗？谈谈你的看法。

_____

_____

_____

第四节　铭记历史　赓续红色血脉，今朝求实学子弘扬联大之荣光

本节导读

　　"七七事变"后，日寇开始全面侵华。1938年，由国立北京大学、国立清华大学、私立南开大学在长沙组建成立的国立长沙临时大学因长沙连遭轰炸而分三路西迁昆明，改称国立西南联合大学。当时国内著名的学者、教授纷纷来到昆明，在此续写了一段艰苦而又光辉的岁月。本节将走近朱自清、闻一多两位大师，了解他们的生平事迹，挖掘他们与十中的渊源，期望求实学子能赓续并弘扬这份情怀。

一、联大教授与十中渊源

　　西南联大的师生在国难当头之际，用自己的坚忍和情怀，延续了中华的文脉，华夏文明在他们手中薪火相传，更加发扬光大。今天毗邻十中求实校区的龙头街、司家营一带，在八十多年前，聚集了西南联大的许多著名教授。我国著名的学者闻一多、朱自清、梁思成和林徽因夫妇都曾居住在这里。其中闻一多、朱自清的故居与十中仅一街之隔，两位先生也曾受邀到十中讲学，与十中结下了不解之缘。

（一）朱自清

1.经历（在昆明）

　　1925年，朱自清进入清华大学任教，后任清华大学中文系主任。1939年，他带领清华学生辗转来到云南，定居昆明。同当时很多贫苦的联大教授一样，朱自清家庭负累很重，清华教授的薪水并不够承担生活的重担，所以他还在昆明的中学任教，也曾到十中兼职讲学。今天十中为了纪念他，也为了赓续这一份缘分，在求实校区修建了"荷塘月色"的景观。作为学生，我们要学习《荷塘月色》；作为十中学子，我们也可以效仿朱自清去感受"荷塘月色"的美好。

2.作品

荷塘月色（节选）

　　曲曲折折的荷塘上面，弥望的是田田的叶子。叶子出水很高，像亭亭的舞女的裙。层层的叶子中间，零星地点缀着些白花，有袅娜地

开着的，有羞涩地打着朵儿的；正如一粒粒的明珠，又如碧天里的星星，又如刚出浴的美人。微风过处，送来缕缕清香，仿佛远处高楼上渺茫的歌声似的。这时候叶子与花也有一丝的颤动，像闪电般，霎时传过荷塘的那边去了。叶子本是肩并肩密密地挨着，这便宛然有了一道凝碧的波痕。叶子底下是脉脉的流水，遮住了，不能见一些颜色；而叶子却更见风致了。

月光如流水一般，静静地泻在这一片叶子和花上。薄薄的青雾浮起在荷塘里。叶子和花仿佛在牛乳中洗过一样；又像笼着轻纱的梦。虽然是满月，天上却有一层淡淡的云，所以不能朗照；但我以为这恰是到了好处——酣眠固不可少，小睡也别有风味的。月光是隔了树照过来的，高处丛生的灌木，落下参差的斑驳的黑影，峭楞楞如鬼一般；弯弯的杨柳的稀疏的倩影，却又像是画在荷叶上。塘中的月色并不均匀；但光与影有着和谐的旋律，如梵婀玲上奏着的名曲。

荷塘的四面，远远近近，高高低低都是树，而杨柳最多。这些树将一片荷塘重重围住；只在小路一旁，漏着几段空隙，像是特为月光留下的。树色一例是阴阴的，乍看像一团烟雾；但杨柳的丰姿，便在烟雾里也辨得出。树梢上隐隐约约的是一带远山，只有些大意罢了。树缝里也漏着一两点路灯光，没精打采的，是渴睡人的眼。这时候最热闹的，要数树上的蝉声与水里的蛙声；但热闹是它们的，我什么也没有。

这一部分写景极其细致传神。第一段对荷叶的描绘先是采用了比喻的手法，之后采用博喻写花，一阵微风传来，化静为动，再采用通感的修辞，以听觉写嗅觉，将味道写得更为具体形象，有画面感。接着镜头一闪而过，由上而下，关注到荷叶下"脉脉"的流水。我们在写作时，就应该开发、开放我们的感官，把我们的听觉打开、视觉打开、触觉打开，让各感官相通，就能用好通感，写出生动形象的画面。

除修辞手法的运用之外，文中的动词也使用得极精准恰当，还有叠词的大量使用，"曲曲折折""田田""亭亭""层层""粒粒""缕缕""脉脉""静静""薄薄""淡淡"等，增强了文章的韵律美和画面美。

第二段则主要集中在对月色的表述，月光笼着一切，不太亮也不太暗，在树的阻隔下又形成了阴影，就这样明暗交织在一起，如梦一般。

最后一段讲究写景的顺序，由近到远，由荷塘到荷塘四面再到远山，拉长了镜头，将更多景致收入眼中，不过在这样的光影之下，景色变得模糊，更添一份朦胧的美感。

九十多年前，朱自清先生在清华园的荷塘之畔写下《荷塘月色》，今天我们也可以走到十中的荷塘边，去续写属于自己的《荷塘月色》。

_____

_____

_____

_____

_____

请阅读下面三段有关朱自清先生的材料，谈谈你对他的为人和做文学的感想。

材料一：

1948 年 8 月，因常年饥饿，患有严重胃病的朱自清住进医院，弥留之际，他仍坚持在抗议美国扶日的宣言上签名，拒领美国面粉，哪怕生计再艰难，他也以大丈夫的气节捍卫着国家的尊严。这样一位可亲可敬、对中国现代文学有着卓越贡献的大师就这样走向了生命的尽头。

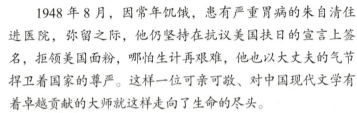

材料二：

朱自清说："文学是记载人们的精神、思想、情绪、热望；是历史，是人的灵魂之唯一的历史。文学里若描写山川的秀美，星月的光辉，那必是因为它们曾给人的灵魂以力量；文学里若描写华灯照夜的咖啡店，'为秋风所破的茅屋'，那必是因为人的灵魂曾为它们所骚扰……文学所要写的，只是人的灵魂的戏剧，其余都是背景而已。灵魂的历史才是真正的历史。"

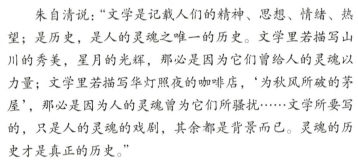

材料三：

钱理群：他（朱自清）的每篇散文都有实验的目的，怎么抒情、怎么叙事、怎么创作，核心是创造一个现代的中国的语言，现代汉语的文学语言。

郁达夫：朱自清的散文，能够贮满一种诗意。

清华教师送挽联：使顽夫廉懦夫立，求经师易人师难！

后世评价：五四之子！

你的感想：_____

_____

_____

_____

_____

（二）闻一多

　　闻一多先生于 1938 年来到昆明，他来昆明的旅途，可以说是既艰难又特殊。1937 年，他带着一百多名学生从长沙建立的临时大学徒步来到昆明，这一路，他们也深刻感受了中国的民情。到昆明以后，闻一多先生一边在西南联大教书，教授学生《诗经》《楚辞》，让学生浸润在古典诗意中，一边积极投身于各项爱国事业，起草政治宣言、发表爱国演讲、争取民主和自由。正如他的学生臧克家所评价的："闻一多先生，是卓越的学者，热情澎湃的优秀诗人，大勇的革命烈士。"

　　1. 一腔爱国热血的诗人

　　1919 年"五四运动"爆发，紧随校园运动的潮流，闻一多激情难耐，手书岳飞的《满江红》，贴于学校饭厅门前。之后毅然投身于这一伟大斗争中，发表演说，创作新诗，成为五四"新文艺园地"中的拓荒者之一。1923 年，闻一多出版第一本诗集《红烛》，把反帝爱国的主题和唯美主义的形式典范地结合在一起。1925 年 3 月，在帝国主义瓜分中国的浪潮下，闻一多先生深感民族危机的严重，怀着对祖国无限的爱和思念，写下《七子之歌》。1928 年 1 月，闻一多出版第二部诗集《死水》，在颓废中表现深沉的爱国主义激情。

　　下面我们来欣赏一下他的诗歌《发现》。

发现

我来了，我喊一声，迸着血泪，
"这不是我的中华，不对，不对！。"
我来了，因为我听见你叫我；
鞭着时间的罡风，擎一把火，
我来了，不知道是一场空喜。
我会见的是噩梦，哪里是你？
那是恐怖，是噩梦挂着悬崖，
那不是你，那不是我的心爱！
我追问青天，逼迫八面的风，
我问，拳头擂着大地的赤胸，

总问不出消息；我哭着叫你，

呕出一颗心来，——在我心里！

　　这首诗写于闻一多先生留美回国之际。一踏上祖国的土地，他就感受到了当时军阀混战下国家的残破与黑暗，忧愤之下，他写下了这首《发现》。

　　《红烛》是闻一多的成名作品，我们一起欣赏吧。

红烛（序诗）

"蜡炬成灰泪始干。"

——李商隐

红烛啊！

这样红的烛！

诗人啊

吐出你的心来比比，

可是一般颜色？

红烛啊！

是谁制的蜡——给你躯体？

是谁点的火——点着灵魂？

为何更须烧蜡成灰，

然后才放光出？

一误再误；

矛盾！冲突！

红烛啊！

不误，不误！

原是要"烧"出你的光来——

这正是自然底方法。

红烛啊！

既制了，便烧着！

烧罢！烧罢！

烧破世人的梦，

烧沸世人的血——

也救出他们的灵魂，

也捣破他们的监狱！

红烛啊！
你心火发光之期，
正是泪流开始之日。

红烛啊！
匠人造了你，
原是为烧的。
既已烧着，
又何苦伤心流泪？

哦！我知道了！
是残风来侵你的光芒，
你烧得不稳时，
才着急得流泪！

红烛啊！
流罢！你怎能不流呢？
请将你的脂膏，
不息地流向人间，
培出慰藉的花儿，
结成快乐的果子！

红烛啊！
你流一滴泪，灰一分心。
灰心流泪你的果，
创造光明你的因。

红烛啊！
"莫问收获，但问耕耘。"

　　这首诗有浓厚的浪漫主义和唯美主义色彩。诗歌在表现手法上重幻想和主观情绪的渲染，大量使用了抒情的感叹词，以优美的语言强烈地表达了心中的情感。

2. 埋首书卷、探索救国良方的学者

从武汉大学开始，闻一多开始致力于中国古代文学研究。他从唐诗开始，继而上溯，由汉魏六朝诗到《楚辞》《诗经》，由《庄子》而《周易》，由古代神话而史前文学，同时对古文字学、音韵学、民俗学也下了惊人的工夫，涉猎之广、研究之深、成果之丰，令人惊叹。

说和做——记闻一多先生言行片段（节选）
臧克家

"人家说了再做，我是做了再说。"

"人家说了也不一定做，我是做了也不一定说。"

作为学者和诗人的闻一多先生，在30年代国立青岛大学的两年时间，我对他是有着深刻印象的。那时候，他已经诗兴不作而研究志趣正浓。他正向古代典籍钻探，有如向地壳寻求宝藏。仰之弥高，越高，攀得越起劲；钻之弥坚，越坚，钻得越锲而不舍。他想吃尽、消化尽我们中华民族几千年来的文化史，炯炯目光，一直远射到有史以前。他要给我们衰微的民族开一剂救济的文化药方。1930年到1932年，"望闻问切"也还只是在"望"的初级阶段。他从唐诗下手，目不窥园，足不下楼，兀兀穷年，沥尽心血。杜甫晚年，疏懒得"一月不梳头"。闻先生也总是头发零乱，他是无暇及此。闻先生的书桌，零乱不堪，众物腾怨，闻先生心不在焉，抱歉地道一声"秩序不在我的范围以内。"饭，几乎忘记了吃，他贪的是精神食粮；夜间睡得很少，为了研究，他惜寸阴、分阴。深宵灯火是他的伴侣，因它大开光明之路，"漂白了四壁"。

不动不响，无声无闻。一个又一个大的四方竹纸本子，写满了密密麻麻的小楷，如群蚁排衙。几年辛苦，凝结而成《唐诗杂论》的硕果。

他并没有先"说"，但他"做"了。作出了卓越的成绩。

"做"了，他自己也没有"说"。他又由唐诗转到楚辞。十年艰辛，一部"校补"赫然而出。别人在赞美，在惊叹，而闻一多先生个人呢，也没有"说"。他又向"古典新义"迈进了。他潜心贯注，心会神凝，成了"何妨一下楼"的主人。

做了再说，做了不说，这仅是闻一多先生的一个方面，——作为学者的方面。

3. 大勇的革命烈士

1945年12月1日，昆明发生国民党当局镇压学生爱国运动的

"一二·一"惨案，闻一多亲自为死难烈士书写挽词："民不畏死，奈何以死惧之"。出殡时，他拄着手杖走在游行队伍前列，并撰写了《一二·一运动始末记》，揭露惨案真相，号召"未死的战士们踏着四烈士的血迹，再继续前进"。

1946 年 7 月 11 日，民盟负责人、著名社会教育家、当年救国会"七君子"之一的李公朴，在昆明被国民党特务暗杀。闻一多当即通电全国，控诉反动派的罪行。他为《学生报》的《李公朴先生死难专号》题词："反动派！你看见一个倒下去，可也看得见千百个继起来！" 7 月 15 日，在云南大学举行的李公朴追悼大会上，主持人为了闻一多的安全，没有安排他发言。但他毫无畏惧，拍案而起，慷慨激昂地发表了《最后一次讲演》，痛斥国民党特务，并握拳宣誓说："我们有这个信心：人民的力量是要胜利的，真理是永远要胜利的，真理是永远存在的""我们不怕死，我们有牺牲的精神，我们随时像李先生一样，前脚跨出大门，后脚就不准备再跨进大门！"下午，他主持《民主周刊》社的记者招待会，进一步揭露暗杀事件的真相。散会后，在返家途中，闻一多突遭国民党特务伏击，身中十余弹，不幸遇难。

闻一多的小女儿闻铭曾含泪回忆父亲被暗杀的情景："我父亲、大哥，横一个竖一个倒在血泊里头，我们一下子就扑上去、扑上去，我爸那个时候满身都是血，我抱着我爸就叫，我妈抱着我爸也叫，我们拼命叫'爸呀爸'，但是他已经，当时已经什么都不知道了，我就眼看着他那个嘴唇从红变成紫。"

最后一次讲演

闻一多

这几天，大家晓得，在昆明出现了历史上最卑劣最无耻的事情！李先生究竟犯了什么罪，竟遭此毒手？他只不过用笔写写文章，用嘴说说话，而他所写的，所说的，都无非是一个没有失掉良心的中国人的话！大家都有一支笔，有一张嘴，有什么理由拿出来讲啊！有事实拿出来说啊！（闻先生声音激动了）为什么要打要杀，而且又不敢光明正大来打来杀，而偷偷摸摸地来暗杀！（鼓掌）这成什么话？（鼓掌）

今天，这里有没有特务？你站出来！是好汉的站出来！你出来讲！凭什么要杀死李先生？（厉声，热烈的鼓掌）杀死了人，又不敢承认，还要诬蔑人，说什么"桃色事件"，说什么共产党杀共产党，无耻啊！无耻啊！（热烈的鼓掌）这是某集团的无耻，恰是李先生的光荣！李先生在昆明被暗杀，是李先生留给昆明的光荣！也是昆明人的光荣！（鼓掌）

去年"一二·一"昆明青年学生为了反对内战，遭受屠杀，那算是青年的一代献出了他们最宝贵的生命！现在李先生为了争取民主和平而遭受了反动派的暗杀，我们骄傲一点说，这算是像我这样大年纪的一代，我们的老战友，献出了最宝贵的生命！这两桩事发生在昆明，这算是昆明无限的光荣！（热烈的鼓掌）

反动派暗杀李先生的消息传出以后，大家听了都悲愤痛恨。我心里想，这些无耻的东西，不知他们是怎么想法，他们的心理是什么状态，他们的心怎样长的！（捶击桌子）其实很简单，他们这样疯狂地来制造恐怖，正是他们自己在慌啊！在害怕啊！所以他们制造恐怖，其实是他们自己在恐怖啊！特务们，你们想想，你们还有几天？你们完了，快完了！你们以为打伤几个，杀死几个，就可以了事，就可以把人民吓倒了吗？其实广大的人民是打不尽的，杀不完的！要是这样可以的话，世界上早没有人了。

你们杀死一个李公朴，会有千百万个李公朴站起来！你们将失去千百万的人民！你们看着我们人少，没有力量？告诉你们，我们的力量大得很，强得很！看今天来的这些人，都是我们的人，都是我们的力量！此外还有广大的市民！我们有这个信心：人民的力量是要胜利的，真理是永远存在的。历史上没有一个反人民的势力不被人民毁灭的！希特勒，墨索里尼，不都在人民之前倒下去了吗？翻开历史看看，你们还站得住几天！你们完了，快了！快完了！我们的光明就要出现了。我们看，光明就在我们眼前，而现在正是黎明之前那个最黑暗的时候。我们有力量打破这个黑暗，争到光明！我们的光明，恰是反动派的末日！（热烈的鼓掌）

李先生的血不会白流的！李先生赔上了这条性命，我们要换来一个代价。"一二·一"四烈士倒下了，年青的战士们的血换来了政治协商会议的召开；现在李先生倒下了，他的血要换取政协会议的重开！（热烈的鼓掌）我们有这个信心！（鼓掌）

"一二·一"是昆明的光荣，是云南人民的光荣。云南有光荣的历史，远的如护国，这不用说了，近的如"一二·一"，都属于云南人民的。我们要发扬云南光荣的历史！（听众表示接受）

反动派挑拨离间，卑鄙无耻，你们看见联大走了，学生放暑假了，便以为我们没有力量了吗？特务们！你们看见今天到会的一千多青年，又握起手来了，我们昆明的青年决不会让你们这样蛮横下去的！

反动派，你看见一个倒下去，可也看得见千百个继起的！

正义是杀不完的，因为真理永远存在！（鼓掌）

历史赋予昆明的任务是争取民主和平，我们昆明的青年必须完成这任务！

我们不怕死，我们有牺牲的精神！我们随时像李先生一样，前脚跨出大门，后脚就不准备再跨进大门！（长时间热烈的鼓掌）

结合选文，请说说你心目中闻一多先生是一个怎样的人。

_____

_____

_____

（三）探访闻一多、朱自清故居

建筑是石头写成的史书。岁月更替，物是人非，老建筑留守原地，代表时光讲述过往。

闻一多公园坐落在昆明地铁二号线司家营站后面的俊发城小区里。闻一多、朱自清旧居就在绿树成行的闻一多公园内那座"一颗印"民居里。

这座"一颗印"民居虽然历经岁月，但依然保持着曾经的风貌。这是一座小小的二进院，跨进大门，还有一方狭长的小院，天光从这窄窄的天井里泻下来。南向的正房，两边是东西向的耳房，加上入口的门厅，小小的一方天井，就是这座民居的全部。

1937年抗日战争全面爆发后，闻一多携家眷先迁居武汉，后随校

转往长沙、昆明。离开清华时，行前仓促，所有的书籍、细软全部留在了北京。简陋的屋舍，古朴的桌椅，战争状态下，贫苦是生活的底色，但联大教授的精神世界却是丰盈的。这里，曾是西南联大学者们笔耕不辍的前沿阵地。这不只是一处简单的居所，更是一种联大精神的代表，是一代知识分子安贫乐道节操的体现。

抗战结束后，国家的前途命运让闻一多不再埋首书屋，而是奋起捍卫民主。1946 年 7 月 15 日，他倒在国民党当局政治谋杀的枪弹之下，但他英勇不屈的正义精神，已永远化作中华民族的脊梁。

联大精神已经和昆明这座城市的精神融为了一体，镌刻在了昆明的历史血脉里。

【课后延伸】

闻一多公园距离我们如此之近，我们一定要去参观一下。请你制订一个活动计划。

_____
_____
_____
_____
_____
_____
_____
_____

二、求实师生与西南联大的渊源

西南联大与昆十中颇有渊源。请看下表：

姓　名	学　历	担任职务	教学科目
郑永福	西南联大教育系毕业	校务主任	英　文
蔡　劼	西南联大教育系毕业	教务主任	英　文
于华荣	西南联大教育系毕业	教务副主任	英　文
章绍林	西南联大经济系毕业	训导主任	公　民
李敏信	西南联大经济系毕业	专任教员	英　文
肖庆弗	西南联大商学系毕业	专任教员	史　地
宋导生	西南联大历史系毕业	兼任教员	史　地
李永嘉	西南联大数学系毕业	专任教员	数　学
张师载	西南联大电机系毕业	专任教员	数　学
王兆裕	西南联大化学系毕业	专任教员	化　学
郑林生	西南联大物理系毕业	专任教员	物　理
江爱良	西南联大物理系毕业	专任教员	物　理
曹日昌	西南联大心理系毕业	兼任教员	动植物
汪旭珍	西南联大生物系毕业	兼任教员	动植物
罗宗续	西南联大外语系毕业	专任教员	体　育

正是这些西南联大锤炼出的教师，给求实中学注入了知识报国的强大动力和良好的教风、学风，成为学校办学历史上不可或缺、引以为傲的亮色。

昆十中的前身是苏鸿纲先生于1920年开办的求实学校，在那个战火纷飞的年代，昆十中也为祖国培养了很多人才。不少优秀的昆十中校友考入了西南联大，成为闻一多、朱自清等著名教授的学生。

施子愉，1919年生于昆明。1931—1934年就读于求实中学初中。1946年，他从西南联大清华研究院文科研究所中国文学部研究生毕业。从现存的史料来看，施子愉的毕业，前后经过了清华、北大等校十多位大家学者的考核。1949年，施子愉在美国密执安大学研究院获硕士学位，1951—1979年在武汉大学任教，1979年起任云南大学西南

初 2025 届 22 班　李泽翰绘

亚研究所教授。

闻一多呈函梅校长关于施子愉
毕业初试事
（1946年2月3日）

敬启者：中国文学部研究生施子愉请求举行毕业初试，该生研究题目系《唐代科举制度与文学》，此次考试范围应为中国通史、哲学史、及文学史。兹拟请罗膺中、向觉明、冯芝生、雷海宗、朱佩弦、王了一、浦江清、许骏斋、闻一多等九位先生为考试委员，并定三月二十二日（星期五）为考试日期，敬希分函聘请，是为至荷，此上

梅校长

闻一多谨启

二月三日

照函聘，地点、时间应定好于函内通知。　埼　三月五日

清华大学档案

朱自清呈函校长、教务长关于
施子愉论文考试事
（1946年4月9日）

校长先生、教务长先生大鉴：兹定于本月十八日（星期四）下午三时起，在清华办事处举行中国文学部研究生施子愉论文考试，论文题目为《唐代科举制度与文学》。考试委员除本校中国文学系教授外，并拟聘请罗膺中、游泽承、冯芝生、雷伯伦四位先生，至祈台洽，并请转嘱文书科办理通知函件，事务科届期预备茶点各项，至纫公谊，谨颂

道安！

同学们，请细看一下施子愉此次研究生毕业初试的考试委员：

罗膺中（罗庸，中国著名古典文学研究专家和国学家）；

向觉明（向达，中国著名历史学家、敦煌学家、中外交通史专家）；

冯芝生（冯友兰，中国当代著名哲学家、教育家）；

雷海宗（雷伯伦，中国著名历史学家、国学家）；

朱佩弦（朱自清，中国现代散文家、诗人、学者、民主战士）；

王了一（王力，中国语言学家、教育家、翻译家、散文家、诗人、中国现代语言学奠基人之一）；

浦江清（现代著名古典文学研究专家）；

许骏斋（许维遹，著名语言文字学家、古文献学家）；

闻一多（诗人、学者、爱国和民主主义者）。

如此豪华的教授阵容，如此严格、严谨、严肃的研究生毕业考，决定了施子愉毕业考试的学术质量和精神高度。窥一斑而知全豹，由

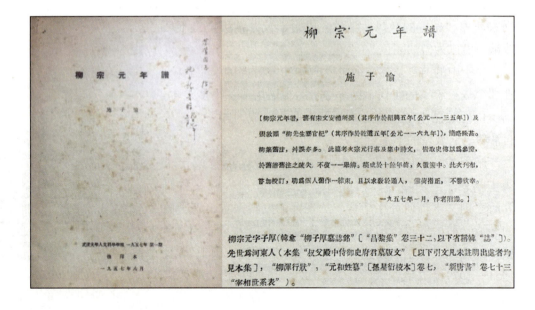

此可以看出为何八年时间里，西南联大三校学籍的学生只出了 74 位研究生，由此也才能解释为何西南联大培养出了那么多为国家、为民族、为世界做出巨大贡献的卓越人才。

郑永福，云师大外语系教授，1917 年生于昆明，求实中学初1931 届毕业生，1942 年毕业于西南联大教育系，和苏鸿纲先生同为云南优级师范学堂（后来的云南省立第一师范）校友。1943 年 1 月至1945 年，郑永福曾回到母校求实中学任教并担任教务主任、校务主任。1945 年初至 1947 年秋，郑永福任云南省立玉溪中学（现玉溪一中）校长。在此期间，他盛邀其西南联大的老师罗庸先生、张清常先生为玉溪中学创作了校歌，两位先生正是西南联大校歌的词曲作者，两首校歌成为姊妹篇，一时传为佳话。1947 年，郑永福赴美留学，获硕士学位后，再入哈佛大学研究院学习；1950 年，郑永福回国后任教云师大，致力于外语教学和中外教育研究。

郑永福 1992 年写下《抗战胜利前夕的云南私立求实中学》一文，深情回忆求实中学以及西南联大对求实中学的深远影响。

郑永福在文中专门对所记起的 15 位教师加以记录，真诚评价道："所聘请的教师都学有专精，各有所长，对于教学勤勤恳恳，兢兢业业，不辞辛苦，不畏艰难，对教学认真负责，批改作业一丝不苟，因而教学质量高，学生受益多。当时苏校长对教师的积极态度赞不绝口，认为在这样生活困难的情况下，教师们能谆谆教导，不为名，不为利，只为培养年青一代而努力，这是求实中学中兴和鼎盛的时代。"

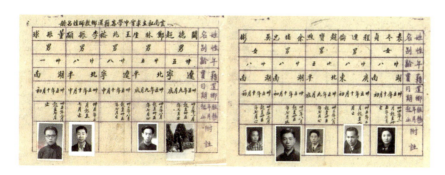

十位还乡的求实中学的教师，九位来自西南联大。仅 1944 至1946 年，三十几位西南联大的学者教授、毕业学生在求实中学讲学、任教，学校风气为之蔚然一新；苏鸿纲校长兼容并蓄，追寻真理，求实而为的办学思想，成就了滇中中学翘楚的求实中学。

我们史海钩沉，致敬、纪念西南联大与求实中学的弦歌往事，在追思先贤的时候，西南联大的"刚毅坚卓"，求实中学的"求实"校训鼓舞着我们，静思立德树人的根本任务，回归教育的初心本意。唯此，才能在精神和理想的薪火相传中，不断开拓属于十中人的求实之路。

【课后延伸】

同学们，有幸成为十中人，就要继承和发扬求实魂，请在求实留言墙上留下你的感悟吧。

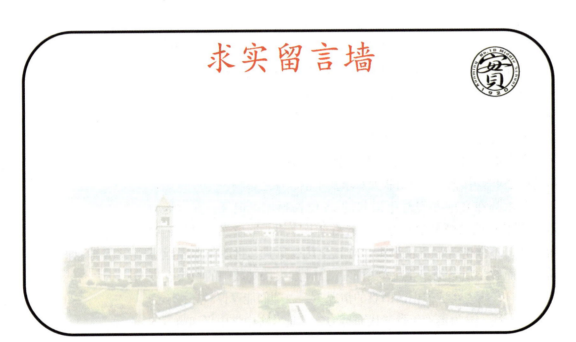

耀目民俗话春城

单元导读

昆明，一座飞速发展的城市，中西交汇，古今融合，一派生机勃勃的景象。时代在飞速发展变化，但不管时代如何变化，不变的是昆明人的淳朴热情和对民俗文化的坚守与传承……

去听，"蟹呀么螃蟹哥，八呀八只脚……"这些陪伴了一代又一代昆明人长大的童谣，依然回荡在耳边，那是在外婆背上的岁月，感受着外婆的体温，听着外婆轻轻哼唱，不知不觉就进入了甜甜的梦乡；当你听到昆明话"我要克诺诺了"，你一定会奇怪这是什么意思？其实是要去睡觉的意思。昆明话给人的感觉总是大大咧咧，气性骄傲，昆明人说起话来气势十足，外地人却常常一头雾水。昆明话属于北方语系，后来又融合了其他省份的方言。听昆明人眉飞色舞地讲方言，妙趣横生。

去看，花灯表演又为佳节增添了几分喜庆的气氛，演出队伍边走边演，穿越时间的长河，走过每一段不平凡的岁月，演绎着英雄的故事，展示着平凡的生活，歌唱着对美好生活的向往，抒发着对勤劳勇敢精神的赞美之情。

去感受，历史的车轮滚滚向前，时代的脚步永不停歇，有人经过昆明，有人留在昆明，不断给昆明注入新鲜的血液。昆明的服饰、节日和民俗也在保留了地方特色的同时，呈现多民族融合的特点。

一个世纪之前，求实中学在昆明这片沃土上扎了根，苏鸿纲校长立下"求实"的校训。从此，昆十中在见证着昆明发展的同时，也和这座城市同呼吸，共进步，代代求实人迈着坚定的步伐阔步向前……

本单元，我们将进入多姿多彩的昆明民俗世界，一起去听、去看、去感受昆明丰富多彩的民俗文化。

第一节　昆明的童谣与方言

本节导读

　　一方水土养一方人，造就一种文化，酝酿一份乡情。昆明"四季如春"的宜人气候，赋予了这座城市温润的个性。众多的民族，用自己的勤劳智慧创造了丰富的物质财富和精神财富。昆明悠久的历史所铸就的深厚文化底蕴，让昆明形成了别具地方特色的语言文化。昆明的童谣与方言文化，让这座城市别具韵味，也形成了昆明人独特的心理积淀。

一、昆明的童谣

白塔中学初 2023 届 1 班　施丹旎绘

　　月亮婆婆爬上西山，风在给滇池畔的树挠痒痒，树叶沙沙，似乎在哼着古老歌谣。昆明城打起了鼾，无数孩童的甜梦，就在这鼾声里酝酿着。那孩童的歌谣，跟着习习清风，拂过金马碧鸡坊；随着夕阳的余晖，洒落在长虫山顶上；也伴着旧日时光，记录昆明城的过往。去寻吧，寻那昆明童谣中的清风与明月；去觅吧，找那昆明童谣中的童真与欢悦；去感受吧，那昆明童谣背后氤氲的春城气息，迷人的昆明记忆……

　　童谣是属于儿童的歌谣，常以短诗的形式呈现。童谣讲究音韵节奏，多以口头形式传唱；其内容通俗易懂，富有童真、童趣，想象丰富，符合儿童的心理和认知特点；其语言活泼，节奏明快易唱，朗朗上口。

　　按照国家的不同，童谣可分为外国童谣和中国童谣。按照年代的不同，童谣可分为传统童谣和新童谣。按艺术形式的不同，童谣可分为摇篮曲、游戏歌、数数歌、问答歌、连锁调、拗口令、颠倒歌、字头歌和谜语歌等。

　　童谣是全世界各民族文化中一颗明亮的星，很多国家的文化中都有关于童谣的记录，如我国的《三字经》、英国的《闪亮的小星》等。

　　我国的童谣历史悠久，最早可见于《诗经》中的"心之忧矣，我歌且谣"。纵观我国古代童谣的历史可发现，真正与儿童生活密切相关的、反映儿童心理的童谣出现在明代以后。童谣通常带有浓厚的地方特色。2008 年 6 月 7 日，北京童谣经国务院批准列入第二批国家级非物质文化遗产名录。

老昆明童谣是昆明本土方言文化的一块瑰宝。昆明的童谣也带着昆明的底色，经过一代又一代昆明人的润色加工，焕发出迷人的光彩。

下面，我们就将昆明童谣粗略地分成属于儿童的歌谣和体现昆明地域特色的歌谣两个大类来进行欣赏。

（一）儿童的歌谣

1. 与儿童生活有关的童谣

孩童天真纯粹，不为世俗所扰，拥有简单的快乐。我们逐渐长大的过程，也就是逐渐失去童真的过程。所以，透过这些散发着童真的童谣，从孩童懵懂的视角去看这个世界，那里的美好是春日的耕牛，夏日的西瓜，秋天的稻黄，冬天的雪白。那是一个清澈的世界，那是一片广阔的天地。

（1）摇篮曲和哄孩子的童谣。

摇篮曲是由母亲或其他亲人吟唱，用来给婴幼儿催眠、教话、认物的简短童谣。

范例：

（A）

月亮公公，打把鸡枞；
鸡枞高高，架笔管管。
笔管漏漏，架绿豆豆；
绿豆香香，架新姜姜。
新姜辣辣，架宝塔塔；
宝塔高高，扭着腰腰。
我家宝宝，快睡觉觉。

（B）

小青蛙不要叫，
小狗狗在睡觉。
盖上被窝闭上眼，
梦里来到小板桥。
小青蛙不要叫，
小狗狗在睡觉。

注："小狗狗"是对小孩子的昵称，多指男孩子。

　　这两首温馨的摇篮曲颇具昆明特色。童谣运用了大量叠词，符合孩童的言语习惯。每两句押一个韵，配上昆明方言的发音，十分婉转动听。童谣描绘的生活场景虽然平常，却又颇具昆明特色，连月亮公公出门，都是打着火把鸡枞来照明的呢！架绿豆，架新姜，是从前昆明人家寻常的劳作场景。进入梦乡前还在回顾着劳作，这难道不是昆明人的勤劳努力和热爱生活的状态吗？伴着这样的童谣而做的梦，一定是香甜而快乐的。

　　除了摇篮曲以外，还有一些用来哄孩子的童谣。这类童谣多运用叠词、拟声词，符合孩子的语言习惯和认知水平。哄孩子的童谣一般生动活泼，既能够吸引孩子的注意力，又能够起到很好的安抚作用。

　　范例：

（A）

拉锯扯锯，外婆门口有好戏。
请我狗狗来看戏，没得哪样吃，买个包子夹狗屁。
（注：狗屁，指什么都没有。）

（B）

不怕，不怕，娃娃掼大。
胆子骇大，葫芦麦瓜吊大。
（注：掼，摔。）

（C）

斗叽叽，斗虫虫，虫虫咬着手。
叽！叮着！叮着！嘟！飞掉了！

（D）

古嘟古嘟颠颠，颠到外婆家家。
外婆出来赶狗，骑着花马就走。

（E）

叮叮糖，叮叮糖，
吃了不想娘，想起娘来哭一场。

（F）

斗虫虫，咬手手，
鸡飞飞，飞到后院下个蛋，拿给妈妈做晚饭。

（2）游戏歌。

游戏歌是儿童在游戏过程中吟唱的童谣，往往伴有动作，是老昆明儿童在庭院中和伙伴玩耍时必不可少的童谣。

范例：

（A）

城门城门几丈高？三十六丈高。

骑匹马，买把刀，走进城门挨一刀。

（B）

城门城门几丈高？三十六丈高。

骑花马，带把刀，骑匹马来坐的轿轿，

走进城来么到处绕绕。

白塔中学初 2023 届 1 班　涂运焘绘

这首童谣是在做一个群体小游戏时吟唱的。游戏时，由两个小孩手拉手举过头顶，形成"拱门"，其他小朋友则互相拉着衣服，组成一列"火车"边唱童谣边从"拱门"底下穿过，每次唱到"挨一刀"时，"城门"便会轰然向下，被困在"门"里的孩子就要"挨一刀"——表演才艺。参与游戏的孩子，将自己想象成骑着高头大马，挎刀巡视昆明城的大将军，真是威风凛凛！孩子们的快乐很简单，在天马行空的想象中，这样的游戏他们玩上几十遍也不会厌烦。其中"挨一刀"中的"挨"，是昆明独特的乡音。属于昆明的慢时光，就这样静静地伴着快乐的童谣流淌。

范例：

（A）

躲猫猫拿耗耗，老猫不在家，耗子出来钻泥巴。

——咯愿啦？（躲好没有？）

——愿啦！（躲好了！）

（注：躲猫猫，即捉迷藏，是孩子们最爱的一种游戏形式。）

（B）

揍揍包，揍揍包。

你出锤来我出包，输了支着弹脑包。

弹脑包，数脑包，头上长出大包包。
你一包，我一包，弹得头上大包包，脑壳上尽是老糟包。
（注：搂搂包，指剪刀石头布游戏。）

（C）

点点豆豆，南山咳嗽！
张飞骑马，拿刀就刮，
刮着一匹小—白—马！

（D）

蹲呢蹲，站呢站，
哪边多哪边赢。

（E）

敲竹板来打竹板，莲花落来打不响。
低下头来想一想，不如去玩跷跷板。

（F）

我们要求一个人。
你们要求什么人？
我们要求×××。
什么人来出大力？
就是我来出大力！

（G）

糯米糯米团，
火烧火龙船。
沙林沙林果，
撒下撒下河。
顶锅盖，油炒菜，
炒着哪个莫来怪。
（注："沙林果"即山楂。）

以前的日子，车马很慢。没有新奇的玩具和电子产品。每天的闲暇时光，孩子们便在院子里呼朋引伴，玩耍嬉戏。他们一起奔跑，一起嬉闹，时光便在快乐中流淌，流过昆明城的大街小巷，滋润着每个人的心田。我们慢慢长大的过程，就是渐渐失去童真的过程，但相信每个人心中都有一所房子，里面住着一个富有童真的小孩。这些记录游戏欢乐的童谣，便成了昆明人成长路上的愉悦音符和记忆中的快乐元素。

（3）对孩子有教育作用的童谣。

孟郊的《劝学》一诗曰："人学始知道，不学非自然。"教育贯穿了每个人的一生，说到底，教育让人类的生命和精神在文明的层面世代延续。诚如陶行知先生所言，教育不是造神，也不是造石像，而是要培养真善美的"活人"。童谣带给孩子们的，就是这样一个真善美的世界。童谣往往从以下几个方面潜移默化地实现对孩子的教育功能。

1）对自然的认知。

范例：

螃蟹歌

螃呀么螃蟹哥，
八呀八只脚，
两只大眼睛，
一个硬壳壳。
一个螃蟹八只脚，
两只眼睛那么大呢壳，
两把夹夹尖又尖，
走起路来么撵也撵不着。
一个螃蟹八只脚，
钻进水里撵也撵不着，
两把夹夹尖又尖，
夹着哪个么甩也甩不脱。

这是一首昆明孩子耳熟能详的童谣，也是教孩子认知自然事物的歌谣。螃蟹的身体构造、脾性都在童谣中生动形象地展现出来，俏皮的话语，配上昆明方言吟诵，颇有趣味。

范例：

海菜花

海菜花，白菜花，
它爱洗澡呢小娃娃，
清清呢水不带泥来不带沙，
滇池到处都是海菜呢家。

金蛐蛐

金蛐蛐，银蛐蛐，

石头底下"的了的了"。

搬开石头来瞄瞄，

抓着你就不能跳，

抓着你就跑不掉。

2）对知识的学习。

这类童谣又可分为数数歌和问答歌两种形式。

数数歌是用来训练儿童数数能力的童谣。这类童谣具有很强的生动性和形象性，符合儿童的认知心理，对儿童有较大的教育作用。有的童谣还加入了大量的节日习俗。

范例：

正月正

正月正，狮子闹龙灯。

二月二，老龙抬起头。

三月三，荠菜花儿赛牡丹。

四月四，四个铜锤溜一字。

五月五，五只龙船漂花鼓。

六月六，家家门前晒红绿。

七月七，七个果子甜如蜜。

八月八，八丫①西瓜赛月牙。

九月九，九朵菊花泡老酒。

十月十，十个老倌②偷食吃。

冬月冬，家家围着向烘笼③。

腊月腊，吃稀饭来煮嘎嘎④。

（注：①丫，块的意思；②老倌，意为老爷爷；③烘笼，指火炉等用以取暖的器具；④嘎嘎，指肉类。）

这首童谣描绘从正月到腊月十二个月独特的习俗，语言简洁明了，用词可爱，把孩童们走街串巷时唱着歌谣、玩着游戏的活泼展现得淋漓尽致。弯曲无尽的昆明老街，坑坑洼洼的路面，道路两旁的小屋，十二个月不同的景象，节奏不一的吆喝声，夹杂着孩子们清脆的笑声，交织成老昆明独特的风景。正月过新年的忙碌与热闹，端午时节家家门头悬挂的菖蒲和艾叶，秋意正浓时走街串巷叫卖水果的小贩，冬日里家家升起的炊烟和火炉中橘黄的火苗。这些充满昆明味道和人间烟火气的画面，在童谣中生动展现，成为昆明人最温暖的记忆，也是孩子对这个城市、对自己故乡最初的认知。

问答歌是采取问答的形式来叙述事物、反映生活的童谣，其特点在问答。问答通常有一问一答和连问连答两种形式。问答歌能够唤起儿童对事物的注意，帮助儿童更好地理解周围的世界，从而启迪儿童心智。

初2023届13班　王琼萱绘

范例：

猜调

小乖乖来小乖乖，我们说给你们猜。
什么长长上天？哪样①长在海②中间？
什么长长街前卖嘛？哪样长长妹跟前？
小乖乖来小乖乖，你们说给我们猜。
银河长长上天，莲藕长长海中间，
米线长长街前卖嘛，丝线长长妹跟前喽来。
小乖乖来小乖乖，我们说给你们猜。
什么团③团上天？哪样团在海中间？
什么团团街前卖嘛？哪样团团妹跟前？
小乖乖来小乖乖，你们说给我们猜。
月亮团团上天，荷叶团团海中间，
粑粑④团团街前卖嘛，镜子团团妹跟前喽来。

（注：①哪样，什么；②海，老昆明将大湖称为海；③团，圆的意思；④粑粑，指饼。）

这首问答歌活泼生动，通过具有互换性的称呼"小乖乖"开始，通过一连串的排比句发问。所提的问题都是关于自然和生活的，回答的一方并没有被长长的一串问题难倒，而是对答如流，脱口而出。问得巧，答得妙，妙趣横生。《猜调》还多处运用叠词，虽少了孩子间玩笑的乐趣，但用昆明方言吟诵出来，还是趣味盎然。"粑粑""米线"都是昆明的美食名片上不可或缺的部分。这样的童谣能够让孩子更好地了解生活，了解家乡的一切。

3）对品性的涵养。

范例：

金钩钩，银钩钩

你的东西给我吃，我的东西给你吃。
我俩从小挨到老，不挨就是短命佬。

金钩钩、银钩钩是两个小孩子之间互相拉钩，约定将好吃的零食相互分享。"人无信不立"，这首童谣就是在教育孩子们遵守约定。在学会做一个守信者的基础上，如果还能是一个大方友善，乐于分享的人，就更好不过了。

范例：

（A）

金饭碗，银饭碗，
一个也不跟你抢。
金调羹，银调羹，
一个也不跟你争。

（B）

告嘴婆，洗裹脚。
洗到太阳落，滑下洗马河。
捞也捞不着，捞着一只小拐脚。

（C）

搂肩搭脖，
花子滴夺。
（注：滴夺，意为非常。）

（D）

墙头草，
风吹两边倒。

（二）体现昆明地方特色的童谣

童谣为孩童们打开了认识自然、认识世界的大门，其中还蕴藏着地方的历史和文化。一首童谣，一口乡音，是流淌在每一个生于昆明、长于昆明、热爱昆明的人身体里的温暖血液。每每念起这些童谣，人们的眼前就会浮现儿时的玩伴、家乡的风物，以及那念念不忘的旧时光，这些是每个昆明人生命中自带的宝藏。

1.天气歌

范例：

大头大头

大头大头，下雨不愁。
别人有伞，我有大头。
大雨大雨大大下，
小雨小雨我不怕。
铜牛铜牛叫三声，
水淹水淹大东门。

这是一首和老昆明传说有关的童谣——《大头大头》。"大头大头，下雨不愁，别人有伞，我有大头"这句话是这首童谣里最广为人知的一句。"铜牛铜牛叫三声，水淹水淹大东门"这句话的字面意思是：如果铜牛发出了叫声，昆明城就可能会被水淹。在这首童谣里，铜牛复活了，这已经是十分神奇的一件事，更为有趣的是，这铜牛竟然还能预报天气。实际上，这只铜牛是一种叫"犴"的神兽，它的铸像被安置在旧时盘龙江边的安澜亭内，铸像是中空的，背部有一个圆洞，它的身下则是一口和盘龙江相通的井。当盘龙江涨水时，江水灌入井中，空气通过犴的身体向外排出，于是就发出了类似牛叫的声音。

范例：

（A）

云朝东，有雨变成风，
云朝西，有雨披蓑衣，
云朝南，有雨下不长，
云往北，一夜下到黑。

（B）

栽黄秧，吃白米，
又出太阳又下雨，
青蛙出来讲道理。

白塔中学初 2023 届 5 班　康昊熙绘

2. 地名歌

范例：

> 东寺街，
> 西寺巷，
> 茅司拐拐小楼上。
> （注：茅司，意为茅厕。）

一群儿童在昆明的冬日暖阳下，沿着小巷蹦蹦跳跳，一起唱这首童谣，小巷里有吸着水烟筒的老人，这便是对昆明人安宁闲适慢生活的完美诠释。东寺街位于老昆明城的市中心，这里的"东寺塔""西寺巷"是建于唐朝的古迹。

范例：

（A）

梅花开在黑龙潭，昙花开在昙华寺，
菊花开在菊花村，莲花开在莲花池。
梁家呢河，王家呢桥，潘家呢湾，
苏家呢村，张家呢庙，严家呢地。

（B）

> 朱家大兵进昆明，
> 一箭穿心到鼓楼。
> 到鼓楼，大点兵，
> 当官的姓张有一营。
> 一个营，抬王旗，
> 一个营，抬金刀。
> 一个营来搓麻线，
> 一个营来铺席子，
> 一个营来做豆腐，
> 凉拌黄瓜一个营。

（C）

> 呈贡的风，凉习习，
> 呈贡的雨，娃脾气，
> 万溪冲的梨花万人迷。

（D）

青石板上滚铁环，
坑坑洼洼走不完。
我呢滚上黄土坡，
你呢还在西仓坡。

3.幽默歌

这类童谣或是故意将事物的本来面目颠倒过来叙述，使其具有幽默和讽刺的意味，或是因为方言本身的发音特点使其具有幽默的效果。

范例：

赶马呢老大哥，
得闲么来坐坐，
有糖吃，有酒喝，
要吃茶喊马撒，
要吃汤圆么有马屙；
还有丝棉大被窝，
盖的脚上暖和和。

这首童谣不仅体现了昆明的"茶马"文化，而且表现了昆明物产丰富、昆明人热情好客的特点。

范例：

（A）

哪个头上有根草，
今天明天倒粪草。

（B）

我喜欢，我喜欢，
鸡蛋炒馒馒。

（C）

不听不听狗念经，
三十晚上再来听。

（D）

瘪嘴老奶奶，走到三市街。
想吃糯米饭，嘴也张不开。

二、昆明的方言

"埋埋散散""你街给请的了？"每当这样的乡音回荡在昆明的大街小巷，初来乍到的外乡人定会一头雾水。但是在这里土生土长的人，却在这弥漫着烟火气的日常生活中，被浓浓的乡情浸润着。他们深爱这片土地，一如他们深爱这极具特色的乡音一样……

（一）昆明方言的形成

昆明方言属西南官话——云南片滇中小片。昆明方言主要是指昆明市盘龙、五华、官渡、西山四城区汉语方言，或是以其为代表的，有时也兼及周边各县的汉语方言。

昆明方言是在明朝初期，以江淮方言为基础，同时吸收了华北方言及其他一些江南省份方言特点的汉语方言，所以昆明话中保留了大量古语词汇。三百多年前，吴敬梓创作的《儒林外史》就是用当时的"西南官话"混合江淮一带方言写就的，里面的"把窝子""发梦冲""尚服你叽""辣燥媳妇"等词汇至今还被昆明人挂在嘴边。

昆明方言的形成，与大批内地汉族军民迁入云南屯垦开发有密不可分的关系。这种以安徽、南京一带的江淮方言为基础而又杂有南腔北调的汉语方言，就是昆明方言的源头。加之其对华北方言的吸收，以及受到吴方言、赣方言、湘方言等的影响，最终形成了它的独特面貌。

可能很多昆明人都没想到，自己平常天天说的昆明话居然和这座城的变迁有着千丝万缕的联系。

白塔中学初 2023 届 5 班　方思澔绘

（二）昆明方言的特点

1. 语音特征

受地理环境和历史文化的影响，昆明人容易养成疏懒恬退的生活态度和较为温和的性情，作用在语音上，也就形成了昆明方言平直、舒缓、松弛、低沉的特点。

2. 词汇特性

（1）丰富多彩。首先，昆明的汉族居民来自全国各地，必然带来各地特有的一些事物，汇成许多地域性的名词。其次，昆明地理环境和气候复杂多样，动植物种类繁多，因而表示各种动植物名称的词语也就多。再次，昆明地区少数民族众多，有的少数民族有较多的分支和名称，这些少数民族的词语主要是名词，尤其是地名词语，有一些融入了昆明方言。最后，云南与越南、缅甸、老挝、泰国接壤或接近，边民贸易时，语言也互相吸收，其中有少量词语进入昆明方言。除上述因素之外，还有一个不可忽视的因素，就是昆明方言存留着较多的古词语，特别是元明清时代流行于内地的近代汉语词语。

（2）古拙朴实。由于昆明地处西南一隅，四周崇山峻岭，不便与内地交往，处于隔离状态，因而生活习俗和语言受外来影响较少，这就使得昆明方言的"新陈代谢"较为缓慢。可以肯定，明代的口语词汇中所保留的古代词汇必然比清代以来的口语中所保留的古代词汇多。因此，昆明方言保存的古代词汇必然比中原和长江中下游地区保存的古代词汇多，特别是较多地保留了元、明时代的词汇。创作于元、明时代以至清代初年的大量白话戏曲和小说，是用当时通行的北方方言写成的。

（3）五方色彩。昆明方言词汇中蓄存着其他一些汉语方言词语，不同程度地带着那些汉语方言的色彩。这里主要以江淮方言和吴方言的词语来说明。在地域上，江淮地区和今吴方言地区是相连的，远在明代初年，很可能这两个地区的语言比较接近；而昆明汉族居民的源头，主要就是明初从这两个地区来的移民。因此，昆明方言词汇中存在着江淮方言和吴方言中的土话俚语。

（4）雅达纯净。"雅"含有古朴典雅的意思。昆明方言中保留着大量的古词语，这是构成"雅"的一个因素。加之老昆明人重礼貌，与人交谈常用敬称，日常谈话中有大量的文雅词语。"达"指词语含义清楚、使用恰当，能准确表达思想感情。所谓"纯净"，是指词语中很少有怪异、下流的东西，也不带那种难以入耳的口头禅。至于常用的一些介词、语气词、助词，如"挨""改"等，显得有点"土俗"，却无污秽不堪的成分。"雅达纯净"在昆明方言的称谓和众多名物的称呼用语中表现得特别突出。

三、无改乡音诉乡情——传承和保护方言文化的意义

方言因其独特的区域文化特征而具有较高的地方文化价值。任何一种语言不单单是文字和语音，而是有着独特的历史、传统、文化，肩负着传承人类文明的使命。一种方言的消失，就是一种地方文化的损失，也是整个民族文化丰富性的萎缩。所以，传承和保护方言文化意义重大。

在说好普通话、方便交流的前提下，我们需要为方言文化留出一定的空间。一方面可以追根溯源，通过一些有效的方法，激起新一代的昆明人对方言文化的兴趣，让他们在对方言文化的了解和学习中，更加深入地了解家乡的历史文化、风土人情，以达到传承地方文化的目的；另一方面可以增加地方认同感，因为方言文化不仅能拉近人与人之间的距离，更能让人找到家乡所赋予的文化身份和文化自信，也能增强人们自觉维护方言文化的意识。

方言也是乡音。古往今来，多少文人骚客眷恋着乡音，多少背井离乡的游子总是"乡音无改"，在听到熟悉的乡音时总是无比激动。昆明方言，就是乡音，就是故土，就是亲人，已经深深融入每个昆明人的感情，无法割舍。

活动探究

1.学完那么多首昆明的童谣后，你一定对昆明的童谣有了很多感触，请选一首你喜欢的昆明童谣进行赏析，也可以试着给这首童谣配一幅手绘插画。

童谣	
赏析	

插画	

2.运用你理解最深、最有感触的昆明方言词汇,模拟一个生活场景,写一段话。

_____

_____

_____

_____

_____

_____

_____

_____

_____

_____

第二节　昆明的滇剧文化

本节导读

　　受益于得天独厚的自然资源和绚烂多彩的民族文化,滇剧诞生在云南这片美丽富饶的热土上,凝结了劳动人民朴素生活的智慧。源远流长的戏剧文化是民族历史发展演变的缩影,优秀的剧目和演员更是给人们提供了一场场视听盛宴。滇剧文化的继承与保护也聚焦我们的视线,为优秀传统文化的保护与发展注入源源不断的新鲜血液。

　　让我们将一起走进滇剧的世界,感知它的独特魅力。

一、滇剧长流　奔涌不息

（一）岁月流金

云南戏剧的源头与其他地域性剧种一样，萌芽于原生态歌舞、原始宗教祭祀活动与相关仪式中，是劳动人民抒发情感、表达思想的有力媒介。在发展过程中，滇剧受到了外来剧种的影响，吸收和融合了不少外来剧种的唱腔和优势。

尽管古代交通条件差，但因为驿路的存在，明代初期，其他地区的戏曲流传进来，给云南的地方剧种带来了影响。杨升庵在嘉靖三十年（1551年）刊刻了一部《陶情乐府》，书中有一首词，曲牌名为《金衣公子》，就写到这种变化："滇音按歌，秦声半讹，金屏笑映如花坐。"艺人唱歌时虽是秦腔，但吐字却是云南方言，听起来也别有一番风味。

到了明末清初，学唱秦腔的云南人越来越多。大西军入滇时，原来属于李自成的军队还带着秦腔戏班。史料记载："昆明四门唱戏，金吾不禁，百姓男妇入城观者如赴市。"城门大开，通宵达旦，可见观剧场面之盛大，百姓观剧热情之高。后来吴三桂又率领清军打败了大西军，秦腔戏班大量流散。流落在民间的艺人为了立足谋生，赢得当地百姓的喜爱，他们把秦腔融合进云南的地方曲调，演变为一种新的声腔，叫作"滇梆子"。长久以往，这种声腔发生了巨大的变化，变成了滇剧的第一类唱腔——丝弦腔。

吴三桂统治云南时，因爱妃陈圆圆擅长昆曲，他不惜花费大量的财力、物力来满足陈圆圆的"戏瘾"，昆曲之韵第一次展现在这片土地上。之后，昆曲又与地方剧产生了新的碰撞，不少剧目被移植、改编，用"滇曲滇调"演唱。如器乐曲牌中的"菊花酒""风入松""千秋岁""柳青娘"等，均从昆曲而来，演化成滇剧曲牌，更接地气的同时，不同唱腔碰撞交流，新的艺术技巧产生，丰富了滇剧的声腔和唱法，也带给观众新的视听享受。

雍正、乾隆时期，云南的经济文化大力发展，商品贸易繁荣，安徽的徽调戏班跟随徽商进入滇中、滇南一带，演出《牡丹亭》《白兔记》

咏秦谁八艳·陈圆圆

秀发丰颐俏丽姿　梨园
歌女动京师　哭尽平生红
粉泪香魂终断处

初 2023 届 11 班　李东哲书法

《玉簪记》《长生殿》等剧目，生意极佳，深受民众欢迎。徽调声腔"平板""四平调"也在民间传唱开来，湖北的汉调戏班也来到云南，外来的戏剧不断被本土化，更多地融合了云南的乡土风味、生活气息，成为滇剧的重要构成部分。滇剧就在这个过程中不断发展，出现了多样的风格和多元的审美。因为题材多样，生活经历丰富，广袤的创作背景为新剧目的诞生奠定了基础，带给人们更多的惊喜和感动。

道光时期，云南剧坛已经呈现出一派蓬勃发展的景象。道光二十二年（1842年），昆明城内的老郎宫修葺一新。这座供奉老郎戏神的庙宇，可是戏曲艺人集会、议事的胜地，地位非同一般。庙宇中有《重修老郎宫碑记》，上面铭刻着捐献资金的戏班班主、艺人的姓名和捐款数额。最为重要的是，碑文中有"旧班改新班"的说法。这里的四大新班是福寿班、泰洪班、福升班、永庆班，其四位班主均是昆明人。之所以被称为"新班"，是因为它们凝聚了新的演艺特色：一是演出剧目大多出本地人之手，或者由本地人加工创作而来；二是正生、正旦、老旦、花脸等行当的主要演员是本地人；三是他们演唱的声腔已经形成丝弦、胡琴、襄阳三大系统，有了成套的板式，如"倒板""机头""一字""二流""三板""滚板""平板"等。四大新班的出现，是云南戏剧史中的重要事件，标志着滇剧正式形成。

光绪时期，滇剧以昆明为中心，辐射至各州县。昆明地区的城镇农村，季节性的业余滇剧演出组织纷纷出现。如牛街庄、马村等地都出现过乡班子，有的还进行长年演出，具有一定的稳定性。昆明城区的滇班先后有泰洪、福寿、福升、庆寿、永庆、钰全、荣华、富贵八班。这些戏班有的是川班所改，有的则时有并散。其中经年不散、稳定维持的是四个班，即福如班、寿华班、祥泰班、联升班。这四个班的演出较为固定，演出方式有四种：（1）每逢会期在庙宇、会馆万年台上或现搭高台演出庙会戏（即酬神还愿戏）；（2）非会期在庙宇、会馆或在农村草台四周围草席演出，设专人收钱，再放观众入场的拉门戏；（3）为官府或富豪之家的喜庆、祝寿、宴客等唱堂会戏；（4）在城镇、农村茶馆打围鼓清唱、不作化妆表演的围鼓戏。此一时期，围鼓茶铺应运发展。昆明最大的围鼓茶铺有三合宫（原址在马市口）、八宝园（原址在护国路威远街口）、陶然亭（原址在玉溪街）。相继开设的茶铺有阁楼脚茶室、益和公茶室、云光茶室、庆丰茶室等十二家。同时出现了一批滇剧名角和名票，如王项、刘盛斋、陈益寿等。这一时期的滇剧演出形式多样，出演演员卖力，滇剧更加蓬勃地发展起来。

（二）改良之声

社会生活的变革决定了艺术风貌的变革，辛亥革命前后，云南掀起了"滇剧改良"的新浪潮。改良活动首先是由海外留学生倡导发起的。当时，在日本的云南留学生有170多人，大部分参加了中国革命同盟会。因追求思想进步，他们创办了《云南》杂志，并在昆明成立分社，发行《云南》杂志。该刊物以反抗清朝、宣扬民主政治为宗旨，还刊登文艺作品，提倡改良滇剧，希望把滇剧作为宣传革命战斗精神的有力武器。1906年6月发表的《滇省戏曲改良之建议》提出："戏曲是一个喜怒哀乐的活动画谱，唱衰亡的能使人悲哀，唱凶暴的能使人不平，唱英勇的确能使人奋发。且词调浅显，事理易明，不论男女老少、富贵贫贱的，都能一听便解。所以说开通风气，莫妙于改良戏曲。"这一建议直接点明了改良戏曲的作用。之后，因革命形式所需，留日学生不断回乡，进行街头演说，鼓动民主革命。同时，他们提倡编演新戏，内容不论古今，题材不论中外，目的是唤醒国民，激发爱国精神，启迪民主思想。这一时期，滇剧的娱乐功能被淡化，宣传功能则被努力发挥到极致。滇剧作为通俗易懂、便于传播的载体，把革命思想带入到最广大的人民群众中去。

《悲滇》是云南剧坛最早出现的一个时事现代戏。它记叙了法国强力修建滇越铁路，力图侵占掠夺中华财富，以毕雄、金杰为首的爱国人士，号召民众反帝救亡，与法国的侵略势力做斗争的故事。该剧意在唤醒国民的革命斗志，号召大家都投身革命，保家卫国。

《张敬尧纳溪被困》《援川》《爱国血》《姐妹投军》等剧目，记叙了云南兴起护国运动，护国军兴师讨伐窃国称帝的袁世凯的故事，也有一定的政治宣传性，能在一定程度上起到启发民智、宣传革命的效果。

历时十年的滇剧改良活动，追随民主革命大潮，呼唤民众觉醒，鼓吹自由平等，激励民众反帝反封建的斗志，立下了不可磨灭的功劳。改良演出的新剧目，选择的题材大多是发生在现实社会的重大事件，有着新的思想内容，表现了新的时代生活，刻画了新的人物形象。但在艺术形式、表现手段、舞台表演等方面，迈不开大胆革新的步子，演剧方法是"旧瓶装新酒"，仍然有很大的探索和改进空间。

（三）抗日风云

抗日战争时期，日本飞机轰炸昆明，滇剧戏班歇业停演，艺人四处疏散。1942年，云南省主席龙云提出恢复滇剧，由官方组建"滇剧改进社"，宗旨在于"培养艺员，实验改进"。同年 11 月，又改组为"云南戏剧改进社"。该社维持了一年多的时间，因为经费不足、管理人员作风恶劣，艺人和学员都非常不满，他们写了控诉函投到参议会。当局者苦于应付，干脆下令撤销云南戏剧改进社，解散人员，令其自谋出路。昆明舞台又以京剧演出为主，滇剧清唱兴起。此时，滇剧发展受到了很大的影响和打击。

初 2023 届 12 班　田晓悦绘

　　此后，滇剧迅速衰落。昆明没有一家戏园演出滇剧，只有几个偏远的县城，艺人们临时凑合，在酒楼、茶馆演唱，条件简陋，艺人们难以施展才华。偶尔组织起一个戏班登台演出，也不成规模，生意清淡，观剧者寥寥。滇剧之花在凄风冷雨中日渐枯萎，已到了花残叶落、一蹶不振的悲惨境地。滇剧的发展亟待出现一个转机，能有人高瞻远瞩，站在时代的前沿，力挽狂澜，抑或是时代发展提供新契机，让新生的曙光降临到滇剧的舞台上。

（四）重现生机

　　1949 年 11 月，中国人民解放军向大西南进军，解放重庆后逼近云南。以卢汉为首的云南地方政府迫于形势，于 12 月 9 日宣布云南起义，服从中央人民政府。从此，云南跨进了新中国的光辉历程。可喜的是，政府十分重视滇剧艺术的发展建设。1950 年，云南省文联筹委会组成了滇剧研究会，举办"滇剧如何改进"座谈会，为新时期的滇剧发展指明方向。1951 年，第一个国营剧团——云南省实验滇剧团（省滇剧团）在昆明成立。同年 4 月成立了昆明戏曲改进协会，组织传统剧目的整理和新戏的编写，收集了宝贵的资料，出版了《滇剧剧目选编》等，这对于滇剧的发展和传承具有重要意义。 1956 年，宝善街摊贩市场设立围鼓茶室，清唱滇剧。1958 年，在清唱剧团的基础上成立了盘龙滇剧团，这是盘龙区第一个演唱滇剧的专业剧团。1958 年，在原址建盖盘龙剧场，作为盘龙滇剧团的专用剧场。从 1960 年起，盘龙滇剧团创作演出大戏《金牛》《滇池三波》，改编演出《南方来信》等，剧团除下乡、下厂演出外，每天在盘龙剧场演出午夜

初 2023 届 12 班　李欣语绘

场。滇剧发展由省、市、区不断向外辐射，呈现出遍地开花、生机勃勃的繁荣景象。滇剧迎来了大发展的历史机遇，沐浴着阳光雨露，乘着浩荡春风，冲开了崇山峻岭的包围，走向外地，走向北京，不断扩大其影响力和号召力。到 1963 年，全省已有滇剧团（院）27 个，员工 1 300 余人，又成立了文艺学校滇戏科，培养了大量滇剧人才，除老一辈的罗香圃、张禹卿、栗成之、戚少斌、碧金玉、彭国珍外，又出现了万象贞、周惠侬、李廉森、邱万荪、李少虞、王玉珍等后起之秀。一些文人雅士喜爱滇剧，如云南大学教授刘文典就很喜欢，看了栗成之的演出后，誉为"云南叫天"，赠诗："檀板讴歌意蓄然，伊凉难唱艳阳天。飘零白发同悲慨，省食憔悴李龟年。"滇剧被更多的人发现和欣赏，拥有了更强的生命力和更大的发展空间。

之后的滇剧发展结合时代特点，与时俱进，不断吸收各民族优秀唱腔和舞蹈，内化融合成为"滇萃"，闪耀在云南人的日常生活中，展现多姿多彩的民族风韵，书写着与时俱进的云南故事。

二、　新花烂漫　硕果满枝

滇剧作为一种极富魅力的地方戏剧，无论是剧情内容、人物关系、性格特点、生活习俗、语言特点还是布景、服饰、道具等，都必须忠于生活，在真实性和逻辑性的基础上进行艺术加工，展现时代风貌。滇剧艺术工作者在创造性的劳动中，殚精竭虑、精益求精，取得了骄人的成绩，可谓是"新花烂漫、硕果满枝"。

（一）优秀剧目

1.《关山碧血》

（1）剧情叙述。

英国使馆武官格莱，要从滇西边界过境进入缅甸，永昌知府刘亦凤、傣族土司莫罕奉命迎接。仪仗队迎到了格莱的官轿，轿内无人，却蹲着一只洋狗！这是对地方官员极大的欺辱，都司刘南屏愤怒难忍，拔刀劈了洋狗。

奸诈的格莱从另一条路进入馆驿，戒备森严。太平军遗孤罗霞飞女扮男装，追寻当年屠杀太平军战士的洋枪队长格莱，欲报深仇大恨。她深夜潜入馆驿，要刺杀格莱，却被汉奸通事杨寒发现，惊呼抓刺客。罗霞飞杀死杨寒，冲破侍卫们的刀丛，越墙脱险。格莱认为刺客是刘南屏所派，电告英国使馆。英国使馆向清朝廷提出抗议，要求抓捕镇守边关的刘南屏治罪。刘南屏肩负着守卫天龙关的重任，侦察到驻扎在缅甸的英军即将入侵。他与知府刘亦凤召集各民族土司、头人共商抗敌保土的大事。傣族、景颇族、阿昌族、德昂族、傈僳族的土司、头人结盟立誓，同心协力保卫领土。

罗霞飞逃避格莱侍卫们的追捕，偶遇景颇族勇士腊都仗义相救，与腊都结拜为兄弟，一起加入抗英的队伍。格莱出境后，为英国侵略军策划，偷袭边关隘口。英军小分队潜入时，抓到莫罕土司的女儿艾英。罗霞飞、腊都等人奋勇杀敌，救下艾英。

格莱率领大队英军猛攻天龙关。刘南屏指挥各民族抗英队伍，在山林中布下天罗地网，充分利用地形地物，歼灭入侵之敌。经过浴血苦战，他们赶走了侵略者，生擒了敌酋格莱。各族土司、头人摆下酒宴，欢庆胜利。正当举杯庆功、歌舞欢腾之时，清朝廷派来的钦差带兵闯入，宣读圣旨，对刘南屏与土司、头人定下危害邦交、挑起战火的罪名，给他们戴上锁链。格莱由罪人忽而又变为上宾，得意忘形，发出狂笑。正在这时，罗霞飞换上艾英的傣族女装，借口为土司父亲送别，出其不意，用短剑刺进格莱的心窝，报了国仇家恨。

《关山碧血》讲述了晚清时期发生在云南边疆的一场抗英斗争，颂扬了各族人民团结一致、敢打敢拼、甘洒热血保卫国土的爱国主义精神。

（2）成就和评价。

1985年12月，《关山碧血》剧祖赴北京参加全国戏曲观摩演出，获得文化部颁发的编剧、导演、主演、配演、音乐、舞美等11个奖项。

2.《南诏奉圣乐》

（1）剧情叙述。

故事发生在大唐天宝年间，南诏王阁罗凤让郑回主持排练《南诏奉圣乐》，准备进献到长安。参加筹划这部大型乐舞的还有凤伽异王子、云城公主、多诺公主。

姚州太守张虔陀是一个贪赃枉法、横行霸道的封疆大吏，他与范阳节度使安禄山暗通消息，欲反叛大唐。张虔陀来到南诏太和城，视察奉圣乐的排练情况。阁罗凤摆下酒宴，盛情款待张虔陀。席间，多诺公主带领歌舞者表演。张虔陀酒后无德，竟然调戏多诺公主。阁罗凤怒斥张虔陀，反而被张虔陀恶言欺辱。阁罗凤忍无可忍，拔剑杀死了张虔陀。

杨国忠权倾朝野，又是张虔陀的靠山，他得知心腹干将被杀，便挑唆唐玄宗下旨讨伐南诏。鲜于仲通率领十万人马进攻南诏，发起了史上有名的"天宝之战"。阁罗凤写了辩白是非的表文，愿意赔罪求和。鲜于仲通欲灭南诏，一意孤行，挥兵攻打。阁罗凤迫于无奈，派兵抵抗。西洱河畔展开了一场激战，大唐将军张义负伤晕倒，被南诏驸马郑回救下，为其治疗创伤。鲜于仲通损兵折将，大败而回。杨国忠却隐瞒战败的实情，向唐玄宗虚报战绩。阁罗凤在战后反思，为战争给百姓带来的灾祸而痛心疾首。他赞扬郑回救下了大唐将军张义，封郑回为国师，让郑回拟写一篇碑文，表明与大唐和好、重新归附大唐的诚意。郑回奉命写好碑文，竖立了南诏德化碑。这块南诏德化碑作为历史的见证，经历了千年风雨，至今仍挺立在洱海之滨、苍山之下。

安禄山准备在范阳起兵反唐，派遣部将麻秋来到南诏，挑拨南诏反叛朝廷，发兵攻唐，形成南北夹击之势。南诏继任首领异牟寻一心归附大唐，逮捕了安禄山的部将麻秋，交给西川节度使韦皋处治。同时又派多诺公主带上三件珍宝进献到朝廷，作为归附大唐的信物。西川节度使韦皋奉朝廷圣旨，来到南诏与异牟寻结下盟约，南诏重新归于大唐的中央政权。

韦皋精心指导《南诏奉圣乐》的排练，把歌队、舞队、乐队扩大为196人。运用舞蹈队形的变化，在五个乐章中分别呈现南、诏、奉、圣、乐这五个巨大的字形。这部大型乐舞综合了云南特有的民族民间歌舞，还运用了龟兹部的大量乐器。其服饰华丽，歌舞新颖，乐曲精美，极一时之盛，为唐代乐舞宝库增添了一颗耀眼的明珠。唐贞元十六年（800年），《南诏奉圣乐》被进献到长安城，朝廷上下争相观赏，交口称赞。唐德宗在观看之后，赐予丰厚的奖赏。

（2）成就与影响。

昆明市滇剧团创作演出的《南诏奉圣乐》，在历史的基础上加以虚构。公演期间受到观众的欢迎，于是被改编为电视剧，由中央电视台影视部、云南民族音像出版社联合摄制，面向全国发行播放，影响广泛。

3.《童心劫》

（1）创作起点。

云南省滇剧院创作演出的《童心劫》，选择了明代哲学家、文学家李贽的一段故事，以李贽的《童心说》作为核心，演绎出生动的剧情。

（2）剧情叙述。

明朝万历年间，李贽奉命到云南任职姚安太守。他注重教育，开启民智，把火神庙改为光明宫，用后殿办学堂，招来彝族、汉族青年男女，教他们读书识字。

赵巡按的女儿冰娘，读了李贽的《童心说》后，受到很大的启发，敬佩他的人品学识，用一首自创的琴曲向李贽表达爱慕之情。但李贽与赵巡按有政见矛盾，虽然赞美冰娘才貌双全，有一颗真心，却不能接受冰娘对自己的爱。

彝族女头人山娅，抗议赵巡按欺压彝族百姓，横征暴敛，强夺民田。赵巡按派手下人去抓捕山娅，当众毒打。山寨彝民怒不可遏，解救了山娅，赶走了差役，准备聚集闹事。李贽在偏僻山区忙于修路、架桥，不知道彝族山寨所发生的变故。赵巡按带领七千人马，借口剿灭匪乱，屠杀无辜的彝族民众。李贽听到凶讯，飞马赶到彝寨，只见房屋被焚烧，鲜血浸湿了泥土。死里逃生的山娅，满身血污地走到李贽面前，质问道："这天底下真有你说的人人真心相待的光明世界吗？"李贽痛心疾首，回去怒斥赵巡按犯下的罪行。但赵巡按朝中有靠山，依仗权势，反而指责李贽迂腐无能。李贽与山娅愤怒难忍，放火烧了光明宫，把《童心说》扔进火堆。

全剧将《童心说》作为一条贯串线，起先带给人们美好的希望，最后变为理想的破灭。虽是悲剧但也展现着一种强韧的生命力，童心即真心，虽然遭受劫难，但仍然展现了人类追求光明的一种思想境界。

（3）成就与影响。

《童心劫》剧本结构严谨，戏剧冲突激烈，台词洗练，唱词优美，让更多观众走近滇剧、爱上滇剧。

（二）优秀演员

除了优秀剧目之外，滇剧表演中的优秀演员也是不容忽视的，他们用自己精彩的表演，生动地诠释了人物形象，彰显了滇剧主题，给予了观众最为灵动的演绎，唤起了广大观众的共鸣和感动。接下来，让我们一起走近这些优秀的滇剧演员。

1.戚少斌

（1）简介。

净行名家戚少斌出生于1915年，昆明市人。他身材挺拔，气质伟岸，双目粲然如星。他声若洪钟，高音穿云裂石，低音苍劲雄浑，让人不由赞叹。

（2）高光时刻。

戚少斌在《牛皋扯旨》中扮演牛皋，体现出虎老雄风在的英雄气概，全然没有草莽山大王的粗野暴戾，俨然是大将军的风姿气度。在剧情发展的过程中，他把牛皋明辨是非、深明大义、重情重义、胸怀广阔的性格特点做了充分展示，浓墨重彩、层次分明，在人们的心目中留下深刻印象。当牛皋拜读岳夫人的书信时，他演唱了一大段成套的胡琴腔，时而咽喉哽咽，时而大放悲声，时而高昂峻拔，并辅以真挚动人的面部表情，饱含情绪的身段动作，演得万分精彩。每当演到此处，观众无不为之动容，心灵震颤，许多人禁不住流下了泪水，"滇剧的大花脸把观众唱哭了"一时传为佳话。著名京剧导演李紫贵评论道："这在净角演员中是罕见的，很难得。原因在于他把人物内心活动理解透了，由悲痛、怨恨、恼怒交织起来的激情，得到了充分的宣泄，引起观众深切的同情。"这种对于角色的深入感悟让人敬佩不已。

2. 王玉珍

（1）简介。

王玉珍以刀马旦为专长，兼擅文武花旦，还能反串小生、武生，戏路比较宽，演技精湛。

（2）高光时刻。

王玉珍在《杨门女将》中扮演穆桂英，英姿飒爽，光彩照人，颇有女将风采。她挥笔题写战旗时，充满壮志豪情，一曲高亢激昂的唱腔，大气磅礴，震人心魄。

她在《白蛇传》中扮演白素贞，《水漫金山》的武戏显示出精湛的技巧。"打出手"让观众目不暇接，16 支花枪满台飞舞，频频向她投掷过来，她沉着应对，前踢、侧踢、后踢、腾空而起，身手矫健，如有神助。高超的技艺与轻盈的舞姿融为一体，观众赞叹不已。武戏之后紧接着的便是唱、做并重的"断桥"戏，她一人连着演下去。在大段唱腔中，表现出白素贞对许仙又爱又怨的复杂心情，唱得起伏跌宕，动人缠绵。由英勇奋战的蛇仙转而变为柔情似水的民间少妇是两种截然不同的气质风度，往常的舞台表演往往由两个人来分别饰演，但王玉珍却一人担起大梁，举重若轻，可见她的武戏、文戏功力均是拔类超群的。

1985 年，王玉珍在《关山碧血》中扮演罗霞飞，时而是女扮男装的英勇侠士，时而是貌美动人的傣族姑娘，武戏开打身手敏捷，文戏唱做优美动人，可谓"文武双全"。赴北京参加全国戏曲观摩演出时，她荣获了主演一等奖。1991 年，王玉珍到北京做专场演出，以《桑园封宫》《京娘送兄》《云妆皇后》三个折子戏组成一台晚会。她在《桑园封宫》中扮演奇女子钟离春，以花旦的表演方法为主，融合了武生、花脸的一些表演成分，展现出人物复杂而立体的人物性格，刻画了钟离春貌丑心美、活泼开朗又有几分帅气的个性特征，给观众留下了深刻的印象。

3. 冯咏梅

（1）简介。

冯咏梅是滇剧旦角中的后起之秀。她生于1969年，10岁时就进入玉溪市滇剧团，跟班学艺，14岁便登台演出。她天赋很好，悟性较高，有一副天生的金嗓子，音色纯净，音域宽广，可以高低自如流转。再加上她本人吃苦耐劳，技艺就更是精湛了。她的专长是花旦、闺门旦，还能兼演武旦。她的唱功最为突出，字正腔圆，情感充沛，行腔婉转清丽，宛若夜莺低语，声音曲折回旋，珠圆玉润，给人以余音绕梁之感。

（2）高光时刻。

在多年的舞台实践中，冯咏梅扮演了十多出大戏的主要人物，被评选为云南青年表演艺术家。

1999年，冯咏梅在全本《京娘》中扮演主要人物赵京娘，扮相俊秀俏丽，一举一动显得聪明灵巧、活泼纯真，让人难以忘怀。之后，她又在《西施梦》中扮演女主人公西施，塑造了一个宅心仁厚、心怀天下、平易近人的西施。她的表演体现了西施的温婉、平和、从容、淡定，让观众眼前一亮。她在唱腔中巧妙地融入一些江南风韵，但没有冲淡滇剧声腔的特色，听起来既有新意，又有浓郁的"滇味"。

在行腔的旋律中，她巧妙地运用了加花衬垫的方法，使高、中、低音统一和谐，带来天然清新的听觉享受。她在表演中讲究以形传神，表现宫廷宴舞时，双足绑上木跷，运用娴熟的踩跷技艺，走碎步、跑圆场，双手舞动长绸，跳到大鼓上面翩翩起舞，身似惊鸿，堪称一绝。

冯咏梅先后到北京、上海演出《京娘》《西施梦》，受到戏曲专家和观众的称赞。她荣获了第十七届梅花奖、白玉兰戏剧表演艺术奖。

4. 周卫华

（1）简介。

昆明市滇剧团的著名生角演员周卫华，曾在三十

初2023届15班　张静一绘

多出戏中担任主要角色，深受戏迷欢迎。

（2）高光时刻。

周卫华在新编历史戏《瘦马御史》中扮演一号人物钱南园，着重表现这一个铁面御史的刚正不阿、睿智过人，同时又表现出钱南园的文艺气质和画家风采。他的嗓音高亢明亮，唱腔情绪饱满，神气十足，表演风度儒雅，含蓄深沉。当矛盾冲突尖锐激烈时，他激情迸发、声色俱厉、正气凛然；当表现母子情深时，他孝敬温顺、善解人意、令人感动；当表现与红颜知己连心的情愫时，他潇洒俊逸、雅量高致、风度翩翩。他塑造的钱南园非常成功，受到了广大观众的肯定和赞赏。

周卫华荣获了第十六届梅花奖、第十届上海白玉兰表演奖。

三、 承先启后 与时俱进

滇剧是地域文化的精粹，是非物质文化遗产的重要组成部分。滇剧在 200 多年来的历史发展中流派纷呈，剧目众多，名家辈出，具有丰厚的历史积淀和地域文化底蕴。新时代下滇剧的传承与保护自然成为我们关注的焦点。

（一）文化保护我知道

1. 政府扶持

2006 年 5 月，滇剧被列入首批公布的国家级非物质文化遗产名录。云南省委、省政府提出，要高度重视对滇剧、花灯剧的保护和发展，提供条件，创造环境，加大投入，完善设施，促进繁荣。省委宣传部于 2006 年 10 月成立了"云南省繁荣发展滇剧花灯艺术领导小组"，在省文联设置了办公室。领导小组牵头，联合省文化厅、省文联，举办了两届"滇剧、花灯艺术周"大型演出活动，鼓舞了从业人员的士气，掀起了数万人观看演出的热潮，让这些在快节奏的都市日常里稍显黯淡的传统文化佳作再次展现其动人风采，取得了良好的社会效益。

2. 活态传承

戏曲传承依赖人的传承，一代一代艺人们在传统剧目的演绎过程中，逐渐创造出精彩超凡的表演、声腔技艺，这些技艺的精准、微妙之处，很难通过

初 2023 届 16 班 张馨匀绘

文字翔实记录，必须是口传心授，也就是"活态"的传承。因此，对滇剧、花灯剧等剧种的各种行当、流派的名角名家的表演特色、声腔技术技巧等做记录，以留下宝贵资料非常重要。

3. 演员与观众的培养

演员与观众的培养也非常关键，要想做到人才接力、好戏连台，就必须提高滇剧的接受度和影响力。

（1）加强剧团的建设。

剧团的存在为剧目的传承和演员的发展提供了关键的平台。如昆明市牛街庄业余滇剧团，它成立于清代光绪初年，至今延续150多年，有着悠久的历史，传承人已到第七代。1953年，牛街庄业余滇剧团人才济济，演出水平比较高。张育才、张荣、张坤等几位票友，提出要到云南省滇剧团参加演出，显示他们的表演技艺。滇剧净角名家戚少斌多次观看过他们的演出，鼎力支持。于是，几个业余演员登上了省级大剧团的舞台，与著名演员同台演出了三个折子戏，成为当时的热点新闻。牛街庄业余滇剧团团长张勇，已是第五代传承人中的代表性人物。他是农民企业家，更是一个"戏痴"，不惜把准备用来盖房子的十多万元钱，全部拿到上海购置服装道具，用于剧团支出。这个业余滇剧团有60多个人，阵容整齐。在王玉珍老师的指导下，曾排演了《杨门女将》，到市区和其他乡镇演出，效果极佳，获得了广泛的好评，扩大了滇剧的影响。不禁让人感叹：热爱能创造一切条件。

（2）加强滇剧文化的输出。

"滇剧入校园""滇剧出国门"等系列活动，也能增加滇剧的知名度，如在大中小学开设滇剧课程，让更多的学生了解滇剧发展历史、了解本土丰富的资源文化遗产，增强学生对地方戏曲艺术的认知，提高学生的审美能力和对多元文化价值观的认知意识。通过学习滇剧，学生增加了对本土历史文化、生活习俗以及滇剧戏曲风格特色的了解，培养了文化艺术观，激起了对滇剧学习的兴趣，从而促进学习传统地方戏曲艺术的积极性。培养更多的滇剧人才和滇剧观众，也是在为实现传统地方戏曲的艺术传承做贡献。

初2023届16班 郭姝辰绘

（二）文化传承我参与

了解了滇剧的形成与发展，感受了优秀剧目跌宕起伏的故事，领悟了滇剧演员出神入化的精彩表演，知道了滇剧传承与保护的手段，想必你对滇剧有了新的认知。接下来，请你来担当文化传承的使者，将滇剧之美传承下去。

以下活动请你任选其一完成。

活动探究

活动一：经典选段我来唱

请你从以下经典唱段中选择一段来欣赏，尝试演唱给他人听。

（1）《荷花配》选段"双双离了水晶宫"。

（2）《荷花配》选段"三月桃花红似火"。

（3）《血手印》选段"自幼儿相府来生长"。

（4）《血手印》选段"数桩"。

（5）《江油关》选段"怀抱着娇儿解纽扣"。

（6）《女盗令》选段"太君娘请息怒儿拿礼奉"。

（7）《顶本章》选段"李艳妃设早朝大摆銮驾"。

（8）《白蛇传》选段"为妻原非是凡间女"。

（9）《白蛇传》选段"叫青妹搀为姐慢慢行走"。

（10）《秦香莲》选段"秦香莲口叫苦"。

（11）《秦香莲》选段"夫相饮酒妻站廊"。

（12）《山伯访友》选段"又来了一伙乐家"。

（13）《春花走雪》选段"柳春花离了延安城一座"。

（14）《借亲配》选段"桂英端茶过竹林"。

（15）《断太后》选段"想当年在皇宫何等光景"。

（16）《断太后》选段"宋王爷坐江山人称有道"。

（17）《智取威虎山》选段"八年前风雪夜大祸从天降"。

（18）《智取威虎山》选段"管叫山河换新装"。

（19）《空城计》选段"想当年在卧龙岗修身养性"。

（20）《二龙山》选段"天仙女把某的雄心哭软"。

（21）《三打王英》选段"太行山摆下了金杯玉盏"。

（22）《贺后骂殿》选段"淡月疏星绕建章"。

（23）《钱南园》选段"闻盟耗痛伤心泪如雨溅"。

活动二：推荐大使我来当

请你利用课余时间观赏一部滇剧，并为它写一则推荐语，让更多人发现它、喜欢它。

_____

_____

_____

_____

活动三：滇剧名家我来访

如果有机会与滇剧名家访问交流，你最想和谁交流？为什么？

_____

_____

_____

_____

_____

_____

_____

_____

活动四：滇戏博物馆的奇妙之旅

请你前往牛街庄村的滇戏博物馆体验考察，把你的考察收获分享给大家。

_____

_____

_____

_____

_____

_____

_____

_____

第三节　多民族融合的多彩民俗

本节导读

　　昆明共有九个世居的少数民族，分别是彝族、回族、白族、苗族、傈僳族、壮族、傣族、哈尼族、布依族，成规模迁入的蒙古族、满族等少数民族更是不胜枚举。多民族的聚居态势，构建起昆明丰富、开放、包容、多元的民风民俗和民族风情。

　　生活在昆明地区的各民族同胞热情好客，能歌善舞，民风淳朴，无论是其待人接物的礼仪、风味独特的饮食、绚丽多彩的服饰，还是风格各异的民居建筑、妙趣横生的婚嫁风俗，都能使人感受到鲜明的民族特色。

　　让我们一起走进昆明多彩的少数民族文化。

一、丰富多彩的少数民族文化及节庆

　　"云南习俗多，十里不同天；天上云追云，节日天跟天。"民族文化的多样性带来了少数民族文化及节日习俗的丰富。火把节、十月节、立秋节、新米节……昆明的少数民族文化丰富多彩，节日不胜枚举。

（一）彝族

　　彝族是昆明市少数民族人口中最多的民族，聚居在石林彝族自治县、禄劝彝族苗族自治县、寻甸回族彝族自治县、晋宁县双河彝族乡和夕阳彝族乡、宜良县九乡回族彝族乡和耿家营彝族苗族乡、西山区团结镇等县区乡镇。昆明地区的彝族同胞因族源、服饰、方言及聚居地的区别，又有纳苏濮、尼濮、诺苏濮、葛濮、僾颇、阿细、子君等十余个支系。

　　纳苏濮、诺苏濮、僾颇等支系彝族人口，主要聚居在禄劝彝族苗族自治县内，有较大一部分人口称黑彝；彝族尼濮支系，则主要分布在石林彝族自治县，石林撒尼人自称"尼濮"，官渡区阿拉彝族乡撒梅人（自称"散尼帕"）也属于尼濮支系。此外，寻甸县、东川区、西山区、富民县等的彝族人口中，也有一部分属于尼濮支系，称白彝。阿细支系彝族人口，主要居住在石林彝族自治县的西南部等。

　　彝族的支系很多，其文化也十分灿烂。如虎的图腾崇拜集中表现了彝族虎文化的特点，太阳历则是彝族先民创造的颇具科学价值的古老历法。彝族聚集地的太阳历广场上，图腾柱上有太阳、虎、火和八卦图形象，周围环绕着黑白面向不同的十个月球造型，与依山而建的"土掌房"建筑群互为呼应，相得益彰，真实再现了彝家与自然和谐相处的生存观。

彝族是个能歌善舞的民族，民间对歌、跳乐之风盛行，大三弦、跌脚舞久负盛名。火把节是民间歌舞狂欢最具特色的节日。

火把节是彝族最隆重、最盛大、场面最壮观、参与人数最多、最富有浓郁民族特色的节日，更是全族人民的盛典。火把节多在农历六月二十四或二十五举行，节期三天。火把节这天，四里八乡的人们相聚在村头寨脑的小广场里，先选一根三四丈高的挺拔苍松，抬一堆松枝和干柴，一层松枝，一层干柴，把树围成塔形，顶端放一根翠木，将一串串红花等挂在翠木上，立在广场的中央。傍晚，锣号齐鸣，男女老少擎着小火把，带上米酒、炒豆等食品，汇聚在广场上。大家一起将树塔点燃，火光冲天，人们欢呼雀跃、歌舞庆贺。随后，人们组成若干队伍，举着火把，形成火的长龙，分别进入田间、地头、村边巡游。据说，这是祖先传下的习俗，意在驱邪，祈求丰年。

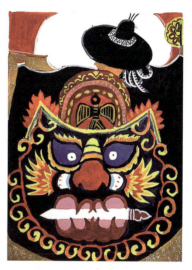

白塔中学初 2023 届 7 班
马庭玉绘

白塔中学初 2023 届 7 班
孙攀可雅绘

彝族的服饰丰富多彩，风格独具，形态有近百种。历史上，由于彝族支系众多，居住分散，因此，各地服饰区别明显，样式各异，带有浓厚的地域色彩，各具特色。

彝族妇女一般上身穿镶边或绣花的大襟右衽上衣，戴黑色包头、耳环，领口别有银排花。除小凉山和云南的彝族女子穿裙子外，其他地区的彝族女子都穿长裤，许多支系的女子长裤脚上还绣有精致的花边，已婚妇女的衣襟袖口、领口也都绣有精美多彩的花边，尤其是围腰上的刺绣更是光彩夺目。滇中、滇南的未婚女子多戴鲜艳的缀有红缨和珠料的鸡冠帽，鸡冠帽常用布壳剪成鸡冠形状，又以大小数十、数百乃至上千颗银泡镶绣而成。居住在山区的彝族，过去无论男女，都喜欢披一件"擦耳瓦"——羊皮披毡。它形似斗篷，用羊毛织成，长至膝盖之下，下端缀有毛穗子，一般为深黑色。彝族少女 15 岁前，穿的是红白两色童裙，梳的是独辫。满 15 岁，有的地方就要举行一种叫"沙拉洛"的仪式，意即"换裙子、梳双辫、扯耳线"，标志着该少女已经长大成人。15 岁以后，女子要穿中段是黑色的拖地长裙，单辫梳成双辫，戴上绣满彩花的头帕，把童年时穿耳的旧线扯下换上银光闪闪的耳坠。彝族男子多穿黑色窄袖且镶有花边的右开襟上衣，下着多褶宽脚长裤。头顶留有约三寸长的头发一绺，汉语称为"天菩萨"，彝语称为"子尔"，千万不能触摸。头上裹以长达丈余的青或蓝、黑色包头。男子以无须为美，耳朵上戴有缀红丝线串起的黄或红色耳珠，珠下缀有红色丝线。

昆明地区彝族女装的主要款式为右襟或对襟上衣，长裤，个别地方着裙，以白、蓝、黑为底色，多饰动植物花纹图案和几何图案。女子头饰各地差异很大。

（二）白族

昆明市世居的白族人口主要聚居在近郊西山、五华区的西北部和与两区接壤的安宁县东部、富民县南部的半山区，有安宁太平和五华沙朗两个白族乡，以及团结、厂口两个彝族白族乡。

白族传统的建筑，以飞檐斗拱，雕梁画栋的"三坊一照壁"、"四合五天井"乃至"六合同春"等样式为主，颇具典型性。早年，昆明城乡的白族建筑中，上述建筑形式都曾经存在过，但最多的建筑样式还是三坊一照壁。

白族民居多合院式，三坊一照壁是主院的常见形式。院门开在照壁一侧。面对照壁的三间正房为一坊，中间明房做堂屋，是居家重要活动场所。左右两间次房做长辈卧室。遇婚娶，次房一间用作新房。照壁两翼连厢房，形成另两坊。照壁有隔墙、反光功能，装饰往往精美细腻，是白族合院文化的标志。白族民居正房的堂房上，往往设有佛堂，摆有佛龛、佛像以及桌、台，须新增烛、灯等。

白族历史文化悠久，有自己的语言，有独特的建筑风格以及精湛的雕刻技术。民间艺术"霸王鞭""草帽舞""大本曲"等充满喜庆欢乐气氛；民俗节庆活动有热闹欢快的"三月街""绕三灵"等。白族传统"三道茶"堪称是民族茶道文化中的一绝。

白族火把节源于汉代，古语叫星回节。白族火把节的节期在农历

白塔中学初 2023 届 8 班　马佩莹绘

六月二十五，有些地方还延续到二十六，用两天时间欢度火把节。届时村中竖起三丈高的塔形火把堆，入夜人人擎着小火把，汇聚一起将树塔点燃，火光冲天，人们歌舞庆贺。随后，形成火把长龙，分头进入村边及田间地头巡游，意在驱邪，祈求丰年。

绕三灵始于先唐，是拜谒佛寺和纪念祖先的结伴巡祭活动。三灵指佛都崇圣寺、神都圣源寺和仙都金奎寺。逢农历四月二十三至二十五三天，人们结队分别巡拜三庙，且载歌载舞。

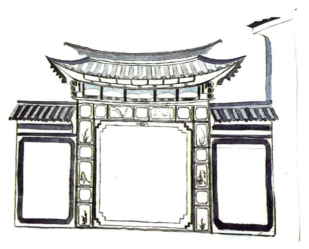

白塔中学初 2023 届 8 班　赵子菡绘

一年一度的水稻移秧插秧劳作，是白族民间重大的农事活动。一家栽秧，全员出动，亲朋好友齐来帮忙。田间地头，一篇欢腾繁忙的劳动景象，不时还传来阵阵对调歌声。这样的场景充分反映了人与自然和谐相处的白族生态观。

白族的服饰经历了一个漫长的历史发展过程，并在其中形成了自己的民族特色。白族男女普遍崇尚白色，各地的服饰款式略有不同，以白色衣服为尊贵。大理地区的白族男子喜缠白色或蓝色包头，多穿白色对襟上衣，外套黑领褂，下身穿宽筒裤，系拖须裤带，有的还喜欢佩戴绣有美丽图案的挂包。其他一些地区的白族男

白塔中学初 2023 届 8 班　顾子琦绘

子，则比较喜欢头戴瓜皮帽，穿大襟短上衣，外套羊皮领褂或数件皮质和绸质的领褂，谓之"三滴水"，显得敦厚英俊、洒脱大方。一直以来享有"金花"美誉的白族妇女的服饰更是色泽艳丽，绚丽多彩。大理一带的妇女多穿白上衣、红坎肩或是浅蓝色上衣配丝绒黑坎肩，右衽结纽处挂"三须""五须"的银饰，腰间系有绣花飘带，上面多用黑软线绣上蝴蝶、蜜蜂等图案，下着蓝色宽裤，脚穿绣花的"白节鞋"。手上多半戴纽丝银镯、戒指。已婚妇女梳发髻，未婚少女则垂辫或盘辫于顶，有的则用红头绳缠绕着发辫下的花头巾，露出侧边飘动的雪白缨穗，点染出白族少女头饰和发型特有的风韵。白族女性头上戴的头饰也有着"风花雪月"的含义。白族少女的头饰上，垂下的

穗子代表下关的风，艳丽的花饰代表上关的花，洁白的帽顶代表苍山雪，弯弯的造型代表洱海月。剑川一带的年轻女子则又喜戴小帽或"鱼尾帽"。洱源西山及保山地区的白族妇女，常束发于顶，上插银管，再以黑布包头，穿右襟圆领长衣，系绣花腰带，衣袖和裤脚喜镶绣各色宽窄不同的花边，有的还喜欢束护腿，十分匀称协调，俊俏美观。总之，白族服饰因聚居地不同而略有差异，但所体现出的总体特征是：用色大胆，浅色为主，深色相衬，对比强烈，明快而又协调；挑绣精美，一般都有镶边花饰，装饰繁而不杂。将其地域特点与白族服饰特色联系考察，大致可寻出这样的变化趋势：白族服装越往南越艳丽饰繁，越往北越素雅饰简；就山区与坝区比较，山区白族穿着艳丽，坝区白族相对素雅。

白塔中学初 2023 届 8 班　杨紫祺绘

（三）苗族

昆明市内的苗族人口分布较多的是禄劝彝族苗族自治县，另外，五华、西山、宜良、富民、嵩明、寻甸、安宁等县（市）区也有分布。

昆明的苗族有"花苗"和"白苗"两大支系。苗族是一个历史悠久的少数民族，崇拜祖先，有自己本民族的语言和文字，是一个不断迁徙的古老民族。"苗绣"在云南独具特色，苗族的芦笙舞精彩纷呈，代表节庆是"花山节"（踩花山）。

苗族花山节，一般选择在农历正月初一或者十五。节间，对歌唱调，跳芦笙舞，十分热闹。其中，倒爬花杆的绝技精彩绝伦，是花山节上的代表性节目。

苗族服饰，苗语叫"呕欠"，主要由童装、便装、盛装组成，苗语称"盛装"为"呕欠嘎给希"，即"升底衣服"，苗语"呕欠涛"即"银衣"。苗族服饰样式繁多，据不完全统计有 200 多种，年代跨度大。银饰、苗绣、蜡染是苗族服饰的主要特色。

（四）傣族

昆明的傣族主要聚居在禄劝县金沙江南岸的汤郎、皎西和大松树三个乡。禄劝傣族的族源有两种说法：一说是祖上从元江迁入元谋，再迁至武定，清顺治七年（1650 年）始迁入汤郎和皎西；一说是原居江西，后迁入四川米易县，清嘉庆五年（1800 年）从米易渡过金沙江，在禄劝定居下来。禄劝傣族自称有"旱傣"和"水傣"两种。由于长期与汉族、彝族杂居，禄劝傣族语言有部分汉、彝语的借词。就云南省而言，傣族主要分布在德宏傣族景颇族自治州、西双版纳傣族自治州及澜沧江流域的河谷坝子地区。

昆十中初2020级年班美伦

初 2023 届 14 班　朱彤绘

傣族往往临水而居，一年一度的"泼水节"期间，傣寨都有活泼欢快的"象脚鼓舞"和婀娜多姿的"嘎光舞"，活动丰富多彩，十分热闹。寨神，傣语称"丢拉曼"，是傣族村寨的保护神。通常将木桩（少数情况下是巨石）作为寨神的象征，每年于插秧前祈求丰收，于秋后感谢神恩而举行两次祭神活动。在许多傣族聚居的寨子，还会建有缅寺。每年的开门节、关门节、泼水节，傣族民众会成群结队到缅寺朝拜。

傣族服饰淡雅美观，既实用又有很强的装饰意味，颇能体现出热爱生活、崇尚中和之美的民族个性。各地男子的服饰差别不大，一般常穿无领对襟或大襟小袖短衫，下着长管裤，以白布、水红布或蓝布包头。傣族妇女的服饰因地区而异。西双版纳的傣族妇女上着各色紧身内衣，外罩无领窄袖短衫，下穿彩色筒裙，长及脚面，并用精美的银质腰带束裙；德宏一带的傣族妇女，一部分也穿大统裙、短上衣，色彩艳丽，另一部分（如潞西、盈江等地）则穿白色或其他浅色的大襟短衫，下着长裤，束一绣花围腰，婚后改穿对襟短衫和筒裙；新平、元江一带的"花腰傣"，上穿开襟短衫，着黑裙，裙上以彩色布条和银泡装饰，缀成各式图案，光彩耀目。各种傣族妇女服饰均能显出女性的秀美窈窕之姿。傣族妇女均爱留长发，束于头顶，有的以梳子或鲜花为饰，有的包头巾，有的戴高筒形帽，有的戴一顶尖顶大斗笠，各呈其秀，各显其美，颇为别致。

（五）壮族

昆明的壮族主要分布于禄劝和石林两个自治县境内。禄劝的壮族聚居于则黑、马鹿塘、乌蒙三个乡，石林的壮族则主要聚居于美邑乡。就整个云南省来说，壮族主要聚居在文山州，曲靖、红河等州市也有分布。昆明的部分壮族还保留有自己的语言，文字与服饰则已经基本汉化。壮族一般都选择居住在气候较暖、水源充足的地方，他们的村寨大都依山傍水。农作物以水稻种植为主，养殖业和加工业都非常发达。壮族信仰"万物有灵"的原始宗教，有太阳崇拜和长老崇拜

白塔中学初 2023 届 6 班　赵睿珠绘

的风俗，民间的祭祀活动十分丰富。壮族同胞视铜鼓为重器，厚爱银饰，爱吃五色花饭，能歌善舞，热情好客。

（六）哈尼族

昆明的哈尼族主要分布在禄劝县的崇德和晋宁县的夕阳两个乡境内。世居禄劝的哈尼人自称"和泥"，他称"罗缅"。世居晋宁的哈尼人自称"富努若"，又称"窝尼"，有唐、赖、拖、林、方、普、法莫等宗族姓氏。两地的哈尼人还部分保留有哈尼语言。哈尼族是我国西南边疆历史悠久的农耕民族，从云南全省范围看，哈尼族主要居住在红河、元江、澜沧江流域的无量山区和哀劳山区，是我国西南边疆历史悠久的农耕民族。哈尼族村寨一般都有寨神树和祭石，以表现哈尼族"万物有灵、多神崇拜"的宗教信仰。哈尼族崇拜自然力，民间丰富的祭祀活动与农业生产直接相联。哈尼族的传统节日有"年首扎特勒""苦扎扎""插秧节""尝新米节"等。被誉为"哈尼山魂"的片片梯田，是哈尼农耕文化的经典，广受称道。

哈尼族服饰色彩斑斓，有 100 多种不同的款式。适应于梯田农耕劳动，具有共同的刺绣图案、装饰物品和审美色彩，这是哈尼族服饰的基本特征。哈尼族以黑色为美、为庄重、为圣洁，将黑色视为吉祥色、生命色和保护色，所以，黑色是哈尼族服饰的主色调。哈尼族服饰上的装饰物品和刺绣图案，实质上都是自己民族生存区域地理环境的反映，也是对祖先英雄业绩的缅怀和记述。

二、 热情欢快的少数民族舞蹈与音乐

昆明是云南的省会，是多民族共居的城市，各民族多姿多彩的舞蹈、音乐在这里生根开花，结出丰硕的成果。

（一）扁鼓舞

彝族撒梅人能歌善舞。每年农历七月初七祭虫山时，阿拉乡的彝族撒梅妇女都要跳彝族民间传统舞蹈扁鼓舞，以祈祷家乡风调雨顺、五谷丰登。扁鼓舞起源于彝族巫师在祭祀活动中所跳的一种祭祀舞蹈，流行于昆明市官渡区阿拉乡的彝族撒梅人聚居地区。扁鼓舞无音乐伴奏，以敲击扁鼓的快慢来变化舞蹈节奏，以转身或交叉跳跃等多

种动作来变化形态。这种舞蹈无一定套路，在表演上往往以巫师的独舞为多见，也有巫师和扮演神灵者两人相对而跳的双人舞。随着历史的发展，扁鼓舞逐步发展为女子集体舞，在彝族撒梅人中代代相传，形成了独具特色的传统歌舞形式。

（二）踩场舞

踩场舞是彝族撒梅人世代相传的传统舞蹈，流行于昆明官渡区大板桥阿拉乡，是撒梅人古老的祭祀方式。这种舞蹈最早源于彝族祭祀，后逐步融入云南花灯的律动特点，演变为大众参与性较强的民族民间传统舞蹈。舞蹈由一个扮演"唐王"的人领头，"唐王"是一个在彝族传说中能歌善舞的天神，人们把天神请下来教授舞蹈，并由他来主持整个"踩场"活动。踩场舞一般有打击乐伴奏，节奏非常灵活。"唐王"领头，四个秧老鼓手及打击乐队跟随，成对的男女青年手执灯笼、扇子、彩带跟随其后。整个舞蹈过程锣鼓喧天、热烈奔放、气势雄壮。

（三）花棍舞

花棍是民间集体舞蹈的一种道具，又称"霸王鞭"或"金钱棍"，白族的花棍舞是一项手、足、腰、身、头同时活动的歌舞形式。舞蹈时，举起的霸王鞭要在与音乐节奏的合拍中，按既定套路在肩、臂、胸、脚、腿、膝、颈等部位进行敲击，同时，协调全身动作，再配以双膝的节奏颤动与肩、腰的适度晃动，这样就形成一整套跳跃的连续动作。群体舞蹈时，多为男女之间的交错对击，有"背合背""心合心""脚勾脚""凤穿花""双采花""石梅花""一条街""龙吐水"等造型与组合。其动作既有韵律、柔美的一面，又有腾跃、弹跳等活泼的一面，深受当地民众的喜爱。

（四）大三弦舞

彝族阿细、尼濮等支系的民间大三弦舞蹈非常有名，流传很广。按当地风俗，只要弹起大三弦，就一定有值得高兴的事，就要邀请人跳团场舞，共同分享吉祥和福气。参与者既为祝福，也为"沾福"。因此，大三弦的团场舞常常扣弦聚众，歌舞召宾，引人入胜，参与面广。

大三弦舞以"三步一脚踢"为基础，在前后、左右的组合与调度方面，变化无穷。欢悦的"快板"进行一段之后，往往还加入一段抒情的"慢板"调节情绪，继而又进入快板形态，求得高潮。"三步一脚踢"的变化进程中，男子们弹响大三弦，伴有笛子、三胡、木叶、哨子等，女子们则拍掌打和声。大三弦舞蹈的代表作品《阿细跳月》刚劲而欢快，特别是那充满激情的大三弦大音量的和谐颤音，营造出一浪高过一浪的热烈气氛，已经成为喜庆集会不可缺少的主要节目。

白塔中学初 2023 届 6 班　余蕊希绘

白塔中学初 2023 届 6 班　刘泽凯绘

（五）芦笙乐舞

苗族是一个能歌善舞的民族。在苗族中最为盛行、最有代表性的乐器是芦笙，它是苗族文化的灵魂，被誉为苗族人民的精神象征。苗族人民在艰辛的生存过程中获得勇气与智慧，并将音乐的种子一代代传承下来，衍生出独属于他们的芦笙音乐。芦笙在苗族音乐中起着举足轻重的作用，无论是日常娱乐还是丧葬习俗，都可看到芦笙这种乐器。芦笙乐舞，是苗族等少数民族文化生活的重要组成部分。在苗族的每个村寨里，都有一个跳芦笙舞的中心院坝，在夏秋季节的月明之夜，芦笙鸣响，全寨的男女老少聚集在一起，或随着轻松活泼的芦笙曲翩翩起舞，或谈古论今，尽情地享受着劳动后的欢乐。芦笙曲的种类很多，内容和形式也丰富多样，多取材于民间歌谣，苗族人民用它们来表达细腻的内心感情和对于新生活的无限热爱。

白塔中学初 2023 届 2 班　鹿媛绘

安宁水井湾村较完整地保存了苗族芦笙音乐。安宁苗族是清末从滇中和滇东北及黔西北迁入的，"阿佐"芦笙音乐是他们用芦笙吹奏的一整套音乐，共 12 套 28 组 69 节。第一套序曲，第二套祝愿曲，第三套出征曲，第四套群舞（花开曲），第五套敬请曲，第六套团圆曲（祭祀曲），第七套敬酒曲，第八套盼鸡鸣曲，第九套破阵曲（又称起步曲），第十套鸡鸣曲，第十一套天明曲，第十二套开亲曲。举行阿佐时，芦笙队在鼓队、歌队的配合下边吹边舞，从头天晚上吹奏到天亮。

（六）木叶音乐

在昆明各民族间普及率很高的音乐还有用树叶噙在嘴里演奏曲子。山野间，信手摘下一片树叶，含在口中，经气息处理，即可随意吹出各种曲调。这种乐器天成天就，取自大自然，当为"山水音乐"的典型。

三、旖旎绚烂的少数民族民间技艺

少数民族传统技艺是民间传承延续下来的文化精髓，每一个细节都烙印着民族的印记，有着强烈的本民族特色，具有丰富的内涵和意蕴。

（一）彝族挑花刺绣

挑花刺绣是流传在彝族民间的一种服饰文化。彝族撒尼妇女的刺绣是一件件精美的艺术品，刺绣作品上往往绣着各种图案：三弦花、八角花、太阳花、羊角花、蝴蝶花、四瓣花、八瓣花、狗齿纹、火焰纹、跳脚纹、石榴纹、青蛙纹、树纹、蕨草纹……凝神细看，还有一些简单的菱形、三角形、条纹图案以及细腻柔和的写实性花卉图案，如山茶花、杜鹃花、石榴花、荷花等。镂空贴花是粗犷的抽象性图案，由云纹、波浪纹组成。这些或飘逸或鲜活的图案花色有着黑色、深蓝色或白色的底子，

白塔中学初 2023 届 2 班　李桔熔绘

夹杂少量黄、橙、红等色块，以黑、黄、绿、红、蓝、白、青等颜色的绣花线交错搭配，色彩明快，对比强烈。还有的用单一颜色在深或浅色度的底色上挑起清晰突出的纹样，借助色相明暗对比作用，使纹样清晰突出、清淡素雅、简洁大方。

黑色的底布是艺术创作的舞台。撒尼人自己织麻、纺线和织布，撒尼村寨里家家会纺麻、会织麻布褂。尽管机织布料的服装早已进入寻常生活，但撒尼人依然在使用古老的织布机织布，用原始的传统工艺制作服饰。黑、红、青、黄、白构成了彝族服饰中的主要色彩。其中首服多以黑色、青色为基色，装饰的镶嵌色布和刺绣花边、图案，多选用红、黄、蓝等颜色，经过精心调配，色调鲜艳且和谐，具有别具一格的美感。

彝族的绣花技法是千变万化的，挑花、贴花、锁花、穿花、盘花、滚花、补花、刺花、纳花、纤花、平绣、镂空……如此繁复众多的手法在彝族撒尼刺绣中全部得以应用。尤其是挑花技艺，更是在撒尼民间得到了广泛的流传和普及，刺绣图案更加夸张和抽象，形成了"重挑轻刺"、民族特色浓郁、地域特色明显的撒尼挑花风格。图案绣在姑娘的包头、衣襟、袖口上，绣在中老年妇女的围腰、飘带、鞋面上，表现了撒尼人的审美观念和对幸福生活的向往。

（二）羊毛花毡印染

羊毛花毡印染技艺所在地为昆明市禄劝彝族苗族自治县皎平渡镇长麦地村委会代家村，是一门纯手工羊毛制毡画染技艺，在民间生活中具有较强的文化代表性。

白塔中学初 2023 届 2 班　马瑞祺绘

禄劝羊毛花毡印染工艺历史悠久、工艺独特，色调素雅质朴，多为红与绿、黑与白、黄与紫。这些和谐生动的配色及巧夺天工的技法针法，全是当地人凭着自己对美的把握与领悟，自觉地、随意地组合搭配，使图纹恣意横生，充满离奇的想象，如翩翩起舞的蝴蝶落下，翅膀上长着枝条，枝条上连着果实，果实上连着梅花，梅花上停着喜鹊。人们把所有认为美好吉祥的事物组合在一起，一切都是为了他们心中认为的"好看"和"美"。这种自由自在、超越时空的创作，构成了半毛花毡印染的魅力所在。

羊毛花毡印染工艺较复杂。其制作材料有羊毛毡子、植物和化学染料混合物，还有麦面、自制画笔、铝锅和水。把毡子清洗晾干，用麦面和染料配出至少五种颜色，用画笔在毡子上画图案。画好后染色，再用清水洗干晾干。整个制作过程讲究火候和技巧，在染料加工和作画时需谨慎小心，煮染料时，水温和时间都要掌握得恰到好处，不足和过火都会影响花毡的成品质量。花毡图案大小按毡子尺寸而定，画笔一挥而就，图案自然天成，美观耐看。

（三）扎染

扎染是一种流传在昆明西山区古老而传统的制布工艺，它对研究白族的工艺史和服饰史具有很大的价值。扎染时，染料由中心向四周层层展开，结构繁复，层次多变。主体图案之间以各种花饰线条作为过渡图案，从而使整件图案显示出密密匝匝、花中套花、连片成体、纹饰交融、均衡对称、错落有致的整体效果。

昆十中初 2023 届 12 班　王茜媛绘

第四节　初心如磐传节俗，坚守创新"求实"

本节导读

昆明这座新旧融合、多元碰撞的城市，一方面与世界接轨，借着 COP15（《生物多样性公约》缔约方大会第十五次会议）这阵东风，以一个充满生机活力的东道主身份出现在世界舞台上；另一方面依旧坚守着传统民俗，这些带着岁月烟火气的传统民俗在昆明人心中生根发芽，滋长茁壮，随着岁月流逝不断传承与创新。这份传承与创新，也是代代求实人所努力践行的。我们，一直在路上。

让我们一起走进求实校园，感受与思考带着求实情味的昆明民俗。

一、　薪火相传　继往开来

（一）浓浓端午情　拳拳求实心

端午节是中国民间十分盛行的民俗节日，过端午节，是中华民族自古以来的传统习惯。昆明人的端午节也以祈福、消灾等礼俗为主题，这也寄托了昆明人迎祥纳福、辟邪除灾的愿望。端午节期间传统民俗活动展演既能丰富群众精神文化生活，又能很好地传承和弘扬传统文化。同样，到了每年的农历五月，端午节的节日气息也会蔓延到求实校园的每个角落，求实师生会通过各种各样的活动迎接端午节的到来。

每年的端午节，昆十中都会开展"我们的节日·端午"主题活动，在这项主题活动中，求实学子会通过绘制手抄报、题诗作画、召开主题班会等形式庆祝端午节，祈求平安幸福。除此之外，求实学子会通过独特的形式表达深深的祝福。

求学之路上的两次大考：中考和高考，总是在端午节后接踵而来，所以，端午节也成为求实考生们寄托美好愿望的节日。师生们会以端午节为契机为考生们送上美好的祝愿。我校2014届高三年级的同学们，端午节是这样过的：

高考越来越近了，高中三年的最后一个端午节也提前在高三年级拉开了帷幕。此时，高三年级办公室里的老师们已经开始了紧锣密鼓的准备。虽然教学工作非常紧张，但老师们还是挤出时间采购了粽叶和糯米。当学生们在为高考奋战时，老师们一展身手，争先比试包粽子。有的老师包得既快又好，有的老师虽然手艺欠缺，但也非常认真且专注地参与其中。许多老师都开心地参与了进来，办公室里不时笑声朗朗，热闹非凡。紧张学习之余，学生们品尝到了老师们亲手包的软糯的粽子和学校食堂送来的咸香温热的茶叶蛋。不知不觉间，校园早已成为学生们温暖的家。回望过去的三年，时光飞逝，日月如梭，但记忆中的点点滴滴，汇成生命中的河流，时刻滋润着求实学子的心田。那些奋斗、拼搏的日子，或苦或甜，都将成为永远的怀念。

当然，求实学子们也在为即将奔赴考场的学姐学长们送上最真诚的祝福。从古至今，香囊都是端午节的代表物件，佩戴装有草药的

学生缝制香囊

端午节向学长学姐们送祝福

香囊，取其芬芳，有助于驱蚊祛瘟，还有利于防病健体，更是寄予了人们最朴素、真挚的祝福。在 2020 年的端午节，2019 级的学生们就为初三和高三的学长们送上了最真诚的祝福。小小针线深藏着中华民族博大的文化和浓浓的祝福，学生们携着心灵的祈盼，带着手心的温度，裁一块粗布，系一根彩绳，藏几缕幽香，一针一线间，一个个朴素却情意满满的香囊完成了。

携亲手缝制的香囊，2019 级的学生们向学长学姐们送出最真挚的祝福：

初三和高三的学长们
祝你们心想事成，一举高"粽"
祝你们厚积薄发，喜上金榜
祝你们喜讯频频捷报传，家人欢喜尽开颜
祝你们
马到功成声名就　前程似锦美梦圆
锦衣凯旋沐春风　笔下烟云任遨游

同样的温暖故事发生在 2021 年的端午节。虽然祝福形式变了，但这份温暖却永远不变。端午节前夕，我校 2020 级师生自发组织各分小组，到学校和社区周围超市、广场等地募集资金，购买了粽子、鸭蛋等传统端午节食品，为辛勤工作在一线的学校社区执勤人员献上端午节的特别贺礼。6 月 11 日一大早，初一（5）班的班主任刘庆兰老师和同学们忙碌的身影就已经出现在学校。即使阴雨蒙蒙，但同学们依然热情高涨，当向校保卫队的叔叔们讲到这些礼物都是他们用募集来的资金采购的时候，同学们的脸上洋溢着满满的自豪和喜悦。除此之外，在学校打扫卫生的大爷大妈、在校门口执勤的警察叔叔、社区派出所的民警都收到了热心的同学们送出的端午祝福。小小的礼物，是端午节的美好情谊和祝愿，是赤子们对辛勤工作的劳动者的感恩之心，更是中华文明的传承与发展，是昆十中学子的悠悠爱国心。

端午节为学校工作人员送祝福

（二）求实浓情迎双节　中秋国庆撞满怀

普天同庆迎国庆，花好月圆过中秋。十月伊始，人们心头早已按捺不住迎接中秋伴国庆的喜悦。正所谓红旗飘扬耀国威，皓月当空人团圆。求实学子们早已蓄势待发，准备用自己的方式表达这份喜悦之情。

2020年的"双节"，学校推出"月满国庆十中·且听且看"专题活动，学生们踊跃报名，为我们呈现出一场别开生面的视听盛宴。阖家团圆时，学子们纷纷走进厨房，用勤劳的双手烹制色香味俱全的饭菜，锅碗瓢盆，酸甜苦辣，感受着浓浓的烟火气，沉浸在劳动的乐趣中。月圆饼亦圆，千家万户团团圆圆，共享月饼，共赏圆月，拍几张全家福，记录下这美好的瞬间。求实学子们那满满的情谊，溢于心底，跃于纸上。且看学子们的多彩中秋。

学生作品欣赏：

白塔中学初 2023 届 2 班　罗琪作品

在"我为祖国发声"这一专题活动中，学生们踊跃参加，纷纷选择爱国文学作品，深情朗诵并录制成音频和视频，表达对祖国的热爱，那一声声呼喊、一句句诉说，无不表达着对祖国母亲的感恩与祝福。伟大祖国母亲七十一周年生日之际，我们又一次站在了新的起点，青年的朝气浩浩荡荡奔袭而来，生在阳光下，长在春风里，少年学子带着伟大祖国的期望勇往直前。十中少年正年少，白塔学子奋青春，以少年之名义说少年之中国。

学生作品欣赏（国旗下演讲）：

梦想有多雄奇，中国就有多美丽

昆十中高 2023 届 2 班　李骏澎　昆十中高 2021 届 1 班　杨依璇

（节选）这个国庆节，我们应当纪念新中国的成立，这是一个从血与泪中站起来的国家，是由无数先辈艰苦奋斗换来的。而如今的中国，正以令世人惊叹的速度发展壮大起来。作为新一代的青少年，我们不能辜负前辈们的信任，更应发奋图强。当青年人充满力量，中国就将一往无前。

当然，这世上从来没有一帆风顺。生命的酒杯，不可能总是盛满可口的甘醴，苦酒也是成长的滋味。一帆风顺，显示不出水手的坚强；百转千回，才能百炼成钢。恰恰在跌倒的时候，奋斗才能凸显其意义。

…… ……

每一代年轻人都有着最朴素、最纯真的希冀，都曾在火热年华里热血沸腾，都渴望在时代的大潮里中流击水。这样奋斗的精神，也是中华民族不断探索、进步的动力。中国依然是世界经济增长的引擎，时与势都在中国，作为新青年的我们，应当成为这个国家最鲜活的血液。作为中学生的我们，虽然学习任务繁重，但我们应当勉励自我，认真学习。等待学有所成，方可报效祖国、奉献社会，成为一个有价值的人。

愿这个新时代，能唤醒你身体的每一个细胞。向上生长，才有分量；向前奔跑，才能抵达成功的终点。愿你青春灿烂，前途光明；愿祖国繁荣富强，蒸蒸日上！

有国才有家，国家富强、团圆和睦是我们最大的幸福，昆十中的学子们虽已离开求实校园，但"聚是一团火，散是满天星"，我们的心永远在一起，这就是团圆。在"双节"喜庆的日子里，已经毕业的求实学子们为母校送来拳拳祝福，我们，永远都是一家人。

学生作品欣赏：

庚子览十中抒怀

高 2020 届十中校友 李鼎

白塔市井纵阡陌，

钟楼遥映北辰星。

才忆绵绵苏生情，

又闻袅袅聂耳音。

一校两地千贤聚，

十中百年万象新。

四海桃李鸿鹄志，

九州共彰求实心。

译文：白塔校区位于市中心，交通便捷，景象繁华；求实校区的钟楼静静地矗立在北极星所指的方向。我们才回忆起苏鸿纲先生对学校绵绵不绝的恩情，又听到了校友袅袅不绝的悠扬琴声。昆十中拥有白塔、求实两个校区，里面聚集了众多师生贤才；而昆十中建校百年之际，一切又都是崭新而辉煌的。学校所育桃李遍布四海，学生们有着远大的志向与光明的前程；而毕业的学子虽已远离母校，遨游九州，却始终将求实精神铭记于心。

于亲情，儿女永远眷恋着温暖的家庭；于国家，华夏儿女永远依恋着祖国母亲。作为新时代的少年，昆十中学子们利用丰富的假期，抒发浓浓的家国之情，求实学子在校训的滋养中，与昆十中同成长，和祖国共奋进！

（三）历添新岁月 春满求实园

"鞭炮声声迎新年，妙联横生贴门前。笑声处处传入耳，美味佳肴上餐桌。谈天论地成一片，灯光通明照残夜。稚童新衣相夸耀，旧去新来气象清。"春节作为最重要的传统节日，是中华民族传统文化的重要载体，承载着中华民族文化的智慧和结晶，凝聚着华夏人民的生命追求和情感寄托。听钟声回荡，一元复始；看春色清河，万象更新。人们在春节表达自己辞旧迎新、吉祥如意、团圆平安、兴旺发达等美好的祝愿。

春节时虽在放寒假，但求实学子们表达喜悦的热情依然不减，传达着对生活和学习的美好愿望。这些表达方式，既有传统的，又有让人眼前一亮的创新。昆十中师生积攒了一整年，在2021年的春节，用对联和画作的形式，向大家送出了万事皆宜、恭贺新春、喜乐安康的美好祝福。

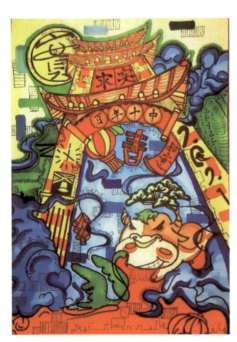

白塔中学高 2022 届 17 班　杨婧作品

张玙麟老师书　　　昆十中初 2021 届班　张阁今书　　　　刘茜老师作品

　　除此之外，昆十中的老师还非常贴心地将求实校园各个月份具有代表性的景物印到了新一年的年历上，时光流逝，翻到的每一页都会让人心生温暖的情愫，每个月都是新气象和新开始，希望这本台历能陪伴求实学子来年的春夏秋冬，记录下求实学子的成长印迹，温暖每个人的长情岁月。翻着这样精心设计的台历，纵使寒风阵阵，心中也定会鸟语花香，涌起阵阵暖流。

　　每年的春节都在求实学子的声声祝福中度过，喜庆与祥和同在。但就在 2020 年春节前夕，新冠疫情在祖国大地蔓延开来。求实师生发起了"用文字刻录时代，以声音吐露情怀"的活动，全校师生的爱国情怀与参与热情如潮水一般涌起，用文字和声音表达对抗疫工作者和疫区人民的美好祝福，每一句问候都温暖如春，每一次表达都震撼人心。

　　学生作品欣赏：

山河有恙，终不敌世间盛情

昆十中高 2021 届 8 班　王序超

　　"己亥末，庚子春。华夏大疫，数日万人染疾。众惶恐，惧出户。"一场疫情，照见人情冷暖，途经坎坷，忽觉最厚重的感动虽然和光同尘，却深烙心头。

　　伟大的灵魂，常寓于平凡的躯体。

　　这次，泪水和汗水再也不是直溜溜地滚落到衣角。它们沿着口罩和护目镜压出的红印，迂回流淌，最后注入岁月深处。我曾目睹热恋的青年，在客运站隔着口罩和玻璃窗吻别；又曾目睹为人父母，在警戒线外与骨肉隔空拥抱；亦曾目睹古稀老人临危请缨，全副武装奔忙在病床之间……本可以坐享岁月静好、天伦之乐，最终还是决定背上行囊，负重前行。"沉默是最大的迫害，而圣者从不缄默。"很难想象，这些大爱者是在多少个夜不能寐和辗转反侧中狠心割舍，在多少担忧和哀求中坚定信念的。"我们从古以来，就有埋头苦干的，有为民请命的，有舍身求法的人……这是中国的脊梁。"人们口口相传的英雄，往往就是拥有伟大心灵的平凡人。

舔舐过去的伤口只会阻碍结疤，且待冰破春回。

假如给你一个2020年的重启按钮，你会按下去吗？庚子伊始，每个人的生活似乎都被乱云蒙上一层灰霾。于我而言，充满泥淖坎坷的开端，仿佛让人看不到年末。除夕时，少了邻居不舍扫走的"大地红"，众人皆爱的奶茶、火锅也销声匿迹，贺岁片被疫情宣传片取而代之……不由得让人感叹：也许华灯初上时，人山人海才是一种安静的幸福。但是没关系，别那么悲观！漫长的假期中，你学会了自己动手做饭；国难当头，你知晓了那些素不相识、从未谋面的人都有一个共同的姓名——中国人……"四月的天空如果不肯裂帛，五月的裌衣如何起头？"放下过去，在苦涩中留心美好，未来才可期。不放弃对漫长黑夜过后对胎生朝阳的青山的期待，这才是对生命的礼赞。

弄潮儿向涛头立，手把红旗旗不湿。

"十七年前，全中国保护'90后'。十七年后，'90后'守护全中国。"白衣战袍如巨船风帆，立于浪尖风口，眸眼如钻，未有踟蹰。行军之列，不乏青年才俊。加冠未几，抑或而立之年，百舸争流，少年自强，易老兵倦马为骁勇少将，以血肉之躯筑铜墙铁壁，古有铁甲木兰替父从军，今有白衣木兰征战病毒。秉灼灼丹心，以骨为盾，以命作赌，光耀千古，气贯长虹……病毒肆虐之际，作为沿袭民族火种的青年人，不再蜷缩于避风港，而是挺身而出，落语铿锵，这是一个国家、一个民族生生不息的象征。九万里风鹏正举，数月后，定会人心皆平定，街巷市井人声鼎沸，解心头微羸之忧悸，迎满城飞花之欢欣。

霁光为浓雾所朦胧，又为道义所清晰。没有一个冬天不会逾越，没有一个春天不会来临。纵山河有恙，终究不敌世间盛情。

虽身处校园，却心怀大义。求实学子们作为新一代的青少年，是民族的脊梁、未来的希望。

二、守正出新 弦歌不辍

（一）飞花九月景色好 求实桃李尽芬芳

夏去秋来，我们期待九月，九月有着收获的甜蜜，更有绽放的希望。每年的 9 月 10 日，音乐掌声，鲜花微笑，只为老师。

教师节一到，铺天盖地的祝福纷纷向老师们涌来，这份祝福与金钱无关，而是求实学子最真诚、最朴素的真情。

求实学子向老师们敬献鲜花

1. 团拜活动

昆十中的教师节一直延续着一个传统，那就是进行"团拜活动"。学生们整齐列队，学生代表们怀捧着一束束鲜艳的花朵，庄严肃穆地向老师们走来，为这些在过去一年中给予自己知识和关切的老师们送上这一捧被自己手心和怀抱温暖着的鲜花，学生们向辛勤耕耘一年的老师们鞠躬致敬，表达对老师们的祝福与赞美之情。

2. 书写祝福墙

教师节前夕，学校就为学生们准备好了各种展板，以供学生们书写对老师的祝福。即使学习紧张，学生们仍然热情不减，一笔一画间抒发着对老师浓浓的感恩与祝福之情。

3. 拜师结对仪式

活到老，学到老。虽然已经踏上了工作岗位，但继续学习对于老师们来说是必不可少的，新教师之所以能够成长为历经千锤百炼有经验的教师，是因为老教师们的帮助。"老带新"是昆十中历来的优秀传统，而每年的教师节，也是新教师认师父的日子。这一天，新教师与有经验的老教师，通过一场郑重的拜师结对仪式结成师徒。一声"师父"出口，就代表了一世的敬重与信赖，在师父们的引领下，新教师们在育人之路上会越走越宽，撑起一片天地，带领求实学子勇攀高峰。

（二）科技一展芳华彩 文艺高歌求实情

1. 科技节

作为全国新课程改革先进学校和科普教育先进学校，昆十中一直致力于"五育并举"的实施，培养德智体美劳全面发展的人，为每一位学生的终生发展奠定良好的基础。2021 年 4 月 30 日，盘龙区"科

昆十中学生在"科创文化节"进行创新成果展示

技赋能教育·创新驱动融合"高端研讨会暨盘龙区首届科创文化节开幕式在昆十中举行。这次的科创文化节也是昆十中在科创活动和校园特色文化活动开展方面的一次全面展示。本次活动在求实校区设主会场，进行科创工作研讨交流，在盘龙区多所中小学进行科创成果展示活动；在白塔校区设分会场，进行科技创新成果展示、科创微课堂体验、学生科技知识微课堂等活动。同时，来自盘龙区部分中小学上千名热爱科创活动的学生也到场参与了活动。

在本次活动的启动仪式上，谢晓玲校长介绍说，昆十中开设了STEAM课程，开展了人工智能学科机器人、编程无人机、电子积木、3D创意设计、智能航模等创客课程。昆十中秉承"教育应着眼于人类社会未来的发展"这一共识，不断对教育方式及观念进行创新，将学生培养成为适应未来社会发展，参与未来国家建设的核心素养人才。

在接下来的活动中，学生们不仅看到了其他学校的学生们展出的创意作品，而且有序游览了昆十中求实校区缤纷多彩的校园，参观了校史馆，回顾了昆十中辉煌的百年历史。

值得关注的是，此次科技活动展示了昆十中部分选修课课程的成果。从2020年11月至今，学校在初一、初二年级开设选修课，内容涉及人文、地理、数理、科学、语言、艺术、体育、信息技术8类近40门类，不仅成为学生第二课堂的主阵地，也全面提高了学生的综合素质。

在本次科创文化节的承办过程中，昆十中积极创建多样化的教育实践活动平台，普及科技知识，实施素质教育，让我们的教育与未来接轨，STEAM课程、创客课程、"头脑风暴"等，锻炼了学生的动手能力，激发了学生的发散性思维，"智能机器人教育实验室项目"更是走在昆明市同类教育项目的前列。

2. 文化节

（1）宿舍文化节。

学生宿舍是学生们校园活动的一个重要场所，集中体现着学生们的精神面貌。为给学生创造优雅、卫生、安全的生活环境，进一步提高学生的审美素养，促使学生养成健康的生活习惯，提高学生的集体荣誉感，从2020年起，昆十中开办了第一届主题为"营造健康宿舍文化，创建雅致文化宿舍"的宿舍文化节，这个活动就一直延续，至今已成功开办了四届。

打分评比从多个方面进行，如宿舍安全、卫生常规、宿舍文化和违规物品等。在对宿舍进行装饰和布置时，学生们群策群力，布置书香宿舍，展示自己高雅的志趣和个性，或清新可爱，或典雅大方，宿舍里张贴催人奋进的名言和标语，体现了学生们的奋发努力，也体现了对未来的希望。这点点滴滴的小细节考验着学生们的恒心和耐心。在装饰宿舍的过程中，学生们领悟出一个道理，即认真做好生活中的每一件小事，认真对待生活中的每一个细节，细节决定成败，生活中处处都是课堂，文明的种子会播撒到求实校园的每个角落。

历届宿舍文化节评比的指导思想一直是"以人为本"，以宿舍为单位，营造积极进取、内务整洁、井然有序的宿舍育人环境，规范学生的日常生活习惯，培养学生健康的生活方式，提高学生的集体观念和荣誉感，一起打造和谐、健康的校园。

（2）经典诵读。

经典诵读不仅可以弘扬中国传统文化，提高学生人文素养，还能锻炼学生的语言表达能力。经典诵读活动已经成为昆十中每年的惯例赛事，每年的比赛都精彩纷呈，每个参赛节目都是师生们精心筹划、认真排练的成果。

初一（17）（18）班表演《离人悲喜》

2017年6月2日，为展示初一学生们的才思，2016级的学生们以"弘扬社会主义核心价值观·我的中国梦·诵读经典"为主题，开展了盛大的经典诵读活动。古典诗词是中华五千年文明长河中璀璨的硕果，是最能滋养少年心灵的沃土。学生们表现精彩，在舞台上展示了最蓬勃的昆十中少年，如最先登场的初一（7）（8）班同学，伴随着慷慨激昂的《满江红》乐曲，淋漓尽致地演绎出古典诗词中的爱国情怀；如初一（5）（6）班同学，他们的《寂寞乡愁》在皎洁明月的映照之下，婉转动听，那沉沉的低语诉说着古人的离愁别绪，触碰到我们心中最柔软的地方；如初一（11）（12）班同学，为我们展现了古人赋予每一株花不同含义的别样情思，带我们走进那文雅多彩的世界，体会流转于文人笔下的花团锦簇；如初一（17）（18）班的同学，于萋萋芳草、黯然南浦、伤柳灞桥、十里长亭道尽离人悲喜，絮语凝咽，体现了超然物外的豁达洒脱，一字一句，情味悠长，余音绕梁，让人沉浸其中。

2020 年新年音乐会

新年音乐会节目展演

（3）新年音乐会。

用文化浸润校园，用音乐滋养心灵。从2013 年起，昆十中每年都会举办新年音乐会，在音乐中，在歌声中，带着希望，带着憧憬，告别过去的一年，开启全新的一年。老师和学生们在排练过程中痛并快乐着，点点滴滴都凝聚着大家的热血和希望，并在新年音乐会中完美呈现。

2016 年的新年音乐会，改变了传统的音乐会形式，而是别开生面地以"走过四季"为主题，用春、夏、秋、冬四个季节的四个情景剧穿插于音乐会中，删减了烦琐的主持报幕，整场音乐会完美呈现。为了达到出色的演出效果，策划、组织、参演的老师和学生们倾注了比往年更多的心血去设计和排练。家长们也参与其中，同师生不断讨论、策划和调整，一遍又一遍地排练。"赏心悦目的音乐会离不开求实师生的辛苦付出，回首过去，我们无怨无悔，总结经验，远眺未来，我们初心不改，坚定奋进。"谢晓玲校长在致辞中说道："2019 年我们共祝新中国成立70 周年，伴着共和国奋进的步伐，昆十中走过了收获的2019 年，中高考捷报频传，教育教学质量名列全省、全市前茅，学科竞赛、科技创新、各类文体活动，学校师生屡屡获奖。累累硕果凝聚成我们发展的智慧和力量，推动我们秉承'求实'精神，做有教养的十中人，立德树人，开拓创新。奋进的2019 年即将远去，崭新的2020 年迎面而来。"这一年的音乐会共有14 个节目，由施国华老师指挥，学生管乐团合奏的《鹰冠进行曲》《加勒比海盗》，气势磅礴，动人心弦，挥洒着青春的热血，将神秘与浩大展现得淋漓尽致。我们沉醉在音乐之声，体会大气磅礴之美。

新年音乐会不仅仅是视听的盛宴，这些精彩纷呈的节目，更是十中人对审美的传递，对人生的思考，对生命的敬意。在这个属于逐梦者的广阔天空中，在这个属于奋斗者的年代里，昆十中正循着中国梦的奋斗方向，用教育的力量，努力践行着自己的求实梦。

（三）百年荣光照求实 百尺竿头再起航

2020 年，昆十中建校一百年，这一百年来发生了太多的事情，昆十中始终跟随着中国的脚步，从近代走到现代，不断沉淀，日益进取。百年前，苏鸿纲先生聚诸贤之力，筹官民之资，以庙为校，育国之栋梁；百年间，昆十中拼搏进取，求真务实，创造辉煌；百年来，昆十中砥砺前行，春华秋实，桃李芬芳。

2020年，为迎接百年校庆，昆十中开展了一系列活动，如系列黑板报、"忆校史 迎校庆"主题实德课、原创连环画、"百年百句求实论·我最喜欢的一句校训"、"我与十中的故事"、征集美术和文字作品。在这个过程中，我们回顾百年历史、回味百年荣光，带着新的希望踏上了下一个一百年。

学生作品欣赏：

我爱您，十中

昆十中初2022届8班　李子欣

1920是您的初生问世

2020是您的百年诞辰

求真是您永远秉承的信念

务实是您一直坚守的初心

这就是您

我的母校，我的十中

鸿纲先生是我们的老校长

聂耳也曾在您怀抱中成长

您不仅教给我们许多知识

更教导我们要做一个君子

这就是您

我的母校，我的十中

在您的怀抱里

我们在知识的海洋里尽情遨游

我们在学习的道路上披荆斩棘

砥砺前行已百载

育得桃李满天下

我爱您，我的十中

连环画《求实之子——少年聂耳》欣赏见右图。

2020年12月26日上午，昆十中建校百年"弦歌求实路，时代新征途"主题活动在求实校区隆重举行。全校师生，省市区各级关心学校发展的领导、嘉宾，友邻学校领导，昆十中历届校友齐聚校园，共

连环画《求实之子——少年聂耳》截图

同见证这一光辉时刻。主题活动以线上"云"参与和现场活动相结合的方式进行，得益于全网"云"直播，全球校友可以一同见证昆十中百年华诞的荣光时刻。整个活动分为四个环节：（1）回顾与展望篇——"求实"之光，薪火相传；（2）歌颂赞美篇——演绎"求实"精神，做有教养的十中人；（3）青春绽放篇——让"求实"精神更闪耀；（4）人文科学篇——"求实"育桃李，务真培芝兰。

在第一个环节中，姜苹书记主持了纪念大会。首先由谢晓玲校长致辞，谢晓玲校长在致辞中凝练出了学校百年的奋斗历史，显示出昆明十中继往开来、求实创新的豪迈情怀。谢校长说道："岁末，我们欢聚学校百年华诞，纪念意味着崭新的开始。求实精神，支撑十中穿越了一个世纪，历久弥新；求实精神，还将伴随十中走过下一个百年，生生不息。"接着，各级领导在大会上发表了讲话，向学校表达了关心与慰问，那真切的话语、殷切的期望和鼓励，给学校增添了前进的动力，激励着学校在新时代的教育征程上奋发有为，继续为昆明市和盘龙区的基础教育事业做出贡献。在这一环节中，校友代表、教师代表和学生代表进行了发言，表达了对学校的祝福。

姚增华老先生作为校友代表发言

第二个环节是文艺汇演环节，昆十中师生和校友在体育馆为全体观众带来了舞蹈《求实之路》、诵读《阳光少年》、钢琴协奏《保卫黄河》、合唱《求实颂》等精彩表演，线上和线下的观众们对这些精彩的节目赞不绝口，熟悉的场景再次出现，无数感动的瞬间让观众们红了眼眶。在节目表演中，穿插着两次校友祝福，世界各地的校友通过视频的形式，为昆十中送来了真挚的祝福。

初一年级团体操

第三个环节是大型团体表演。高二年级进行了威风的群鼓表演，初一、初二年级展演了团体操，并拼出"百年求实""100""1920—2020"以及心形等图案，整场表演使观众们感受到了少年们的英姿飒爽，蔚为壮观。中午，由国际部学生组成的乐队为大家带来了"快"活动，美妙的歌声和旋律，青春洋溢，使得观众们停下脚步，驻足观看。

初二年级团体操

在第四环节，校史馆面向广大师生及校友开放展出，这是求实精神的沉淀和创新。其中，教学成果展示——育人方式的变革、课程建设论坛与校友姚增华老先生带来的《核能和核潜能》科技讲座等活动，都在诠释着以"求实"为核心的学校文化和精神。这里，充满了求实严谨的科学理念，弥漫着温情浪漫的人文精神，一切可观可赏，可思可学。

校史馆展览

新一代的十中人，秉承着"精雕细刻，崇尚一流"的办学精神，铭记着传承百年的"求实"校训，坚持"以人为本　和谐发展　追求卓越"的办学思想，以"做有教养的十中人"为办学追求，不断笃行致远，求实奋进，以百年华诞为契机，踏上开拓奋进的新征途。

三、参与践行　永无止境

了解了昆十中这些传统节日，想必你也对求实精神有了更多的了解，对活动形式和内容有了更多的认识。求实学子向来都是有担当、有远见的少年，他们参与社会公益事业，紧跟国内国际形势，积极为社会做力所能及的事情。求实学子为宣传COP15，进行了一系列活动，如演讲比赛、征文比赛等，推动生态和谐、绿色环保的生产生活方式，他们一直在努力着。

活动探究 ▷

阅读材料，完成以下活动，为昆十中的"绿色文化节"增光添彩，贡献自己的一份力量。

材料：2021年10月24日，中共中央、国务院印发的《关于完整准确全面贯彻新发展理念做好碳达峰碳中和工作的意见》（以下简称《意见》）正式发布。根据《意见》，到 2025 年，绿色低碳循环发展的经济体系初步形成，单位国内生产总值能耗比 2020 年下降 13.5%；单位国内生产总值二氧化碳排放比 2020 年下降 18%；非化石能源消费比重达到 20% 左右；森林覆盖率达到 24.1%，森林蓄积量达到 180 亿立方米。

到 2030 年，经济社会发展全面绿色转型取得显著成效，重点耗能行业能源利用效率达到国际先进水平。单位国内生产总值二氧化碳排放比 2005 年下降 65% 以上；非化石能源消费比重达到 25% 左右，风电、太阳能发电总装机容量达到 12 亿千瓦以上；森林覆盖率达到 25% 左右，森林蓄积量达到 190 亿立方米。

到 2060 年，绿色低碳循环发展的经济体系和清洁低碳安全高效的能源体系全面建立，非化石能源消费比重达到 80% 以上，碳中和目标顺利实现，生态文明建设取得丰硕成果，开创人与自然和谐共生新境界。

《意见》指出，我国加快推进农业绿色发展，促进农业固碳增效。制定能源、钢铁、有色金属、石化化工、建材、交通、建筑等行业和领域碳达峰实施方案。以节能降碳为导向，修订产业结构调整指导目录。开展钢铁、煤炭去产能"回头看"，巩固去产能成果。

同时，我国将坚决遏制高耗能高排放项目盲目发展，新建、扩建钢铁、水泥、平板玻璃、电解铝等高耗能高排放项目严格落实产能等量或减量置换，出台煤电、石化、煤化工等产能控制政策。未纳入国家有关领域产业规划的，一律不得新建、改扩建炼油和新建乙烯、对二甲苯、煤制烯烃项目。合理控制煤制油气产能规模。提升高耗能高排放项目能耗准入标准。加强产能过剩分析预警和窗口指导。

活动一：设计宣传标语
请你为"碳中和"政策的推广实施设计一条宣传标语。

_____

_____

活动二：查找相关资料
为了全球的绿色可持续发展，落实"碳中和"势在必行，这关系到全人类的利益。请你利用课下时间查阅相关资料，说明推广"碳中和"的重要性和必要性。

_____

_____

_____

_____

_____

_____

活动三：践行环保理念

为落实"碳中和"，不仅要在工商业中大力推广，也要在生活中努力践行环保理念，请你从生活出发，为推广"碳中和"写一段话。

_____

_____

_____

_____

_____

_____

_____

_____

名人笔下的昆明

单元导读

　　一个有文化的城市有其自身独特的魅力，文脉是一个城市的根和魂，是城市深层价值的源泉。

　　昆明是国务院 1982 年首批公布的 24 座历史文化名城之一。元朝以后，昆明便一直是云南省的政治、经济、文化中心。在历史的风云变幻中，昆明曾孕育和汇聚了一批杰出的历史人物，郑和、林则徐、杨升庵、孙髯翁、老舍、蔡锷、朱德、叶剑英、聂耳、蔡希陶、杨朔、李广田、杨振宁、李政道、汪曾祺、邓稼先等名人或生于此或在此长期生活。他们的活动轨迹，或许可以用一首诗吟咏勾勒；他们的精神风貌，或许可以在一篇散文中凝结呈现。

　　本单元，我们将走近杨升庵、孙髯翁的诗歌、对联，目及二百年前的高原明珠；我们将跟随老舍、鹿桥的笔端，游走于昆明的街头巷尾；我们将嗅着花儿的芬芳，找寻林则徐、杨朔的身影；我们将用心底的那抹绿，晕染出汪曾祺心底的情。

第一节　滇海云风歌，山水长联赋

本节导读

在心为志，发言为诗。廊间风雨，刻联记之。

前辈大家们穿越历史的文字，总让我们感动。他们笔下的昆明，或是诗词里滇海云风独有的气息，或是一幅长联刻记下前世今生的风雨。我们静静品味字里行间的昆明记忆，才发现这座西南边陲的城市，让人太过着迷。

本节，就让我们走进文人雅士的世界，探寻他们在诗词长联里描绘的春城痕迹。

一、孙髯翁和《大观楼长联》

《大观楼长联》原文：

［上联］：五百里滇池，奔来眼底。披襟岸帻，喜茫茫空阔无边。看东骧神骏，西翥灵仪，北走蜿蜒，南翔缟素。高人韵士，何妨选胜登临。趁蟹屿螺洲，梳裹就风鬟雾鬓；更苹天苇地，点缀些翠羽丹霞，莫辜负四围香稻，万顷晴沙，九夏芙蓉，三春杨柳。

［下联］：数千年往事，注到心头。把酒凌虚，叹滚滚英雄谁在。想汉习楼船，唐标铁柱，宋挥玉斧，元跨革囊。伟烈丰功，费尽移山心力。尽珠帘画栋，卷不及暮雨朝云；便断碣残碑，都付与苍烟落照。只赢得几杵疏钟，半江渔火，数行秋雁，一枕清霜。

先生与长联

"搜身之辱""联圣""咒蛟老人""占卜为生"，看到这组词，你能想象这是怎样的一位名士？你能想到他在春城昆明又经历了怎样的人生？今天就带大家走进孙髯翁先生和《大观楼长联》的故事。

孙髯翁先生是清朝康熙乾隆年间人，听说出生时便有胡须，这也是"髯翁"名字的由来。他的父亲到云南担任武官，便把小小的孙髯翁从陕西带到昆明。他是个嗜书如命的"小书虫"，在家、出游，随时随地书本不离手，诗词不离口。"少有诗名"就是勤奋刻苦的结晶，典型的"别人家的孩子"，按理他应该在科考场上崭露头角，可命运就是那么具有戏剧性。当时进入科考场要搜身，避免考生携带"小抄"，可孙髯翁认为这种"以盗贼待士"的举措有辱斯文，于是发誓

永不赴秋闱之试。就这样，"搜身之辱"让一代名士与
科举永远地擦肩而过了。

"官场不幸诗家幸"，一身文学气息的孙髯翁先生依
旧在属于他的时光里挥毫泼墨。一幅长达 180 字的《大
观楼长联》，为他赢来了"联圣"的尊号。长联上联极
尽描摹滇池盛景，滇池有金马、碧鸡、长蛇、白鹤"神
兽"的护佑，山环水抱之下，孕育着钟灵毓秀之气，在
风起云动之时尽显茫茫浩瀚之姿。下联追根溯源勾勒云
南过往，寻古问今，抒发历史幽思。虽然远离官场，但
孙髯翁先生目之所及皆是百姓们流离失所，滇中深藏隐
患，这忧国忧民之思也是一代文人的心中郁结。

孙髯翁先生像

孙髯翁先生博学多才，但长联带来的声望没有些许
改变他的生活现状，"万树梅花一布衣"是他独守的清高。一生如此
也清乐自在，可无奈"屋漏偏逢连夜雨"。孙髯翁先生中年丧妻，女
儿远嫁，晚年只能寄居昆明圆通寺咒蛟台，过着以石洞为栖身之所、
以卜筮为求生之道的清贫生活。

长联独特，先生奇绝，人与联的故事相得益彰。

典故与长联

上文讲到孙髯翁先生所作《大观楼长联》的下联是对云南过往的
追根溯源，我们就来探探长联背后的典故，寻古问今，了解我们热爱
的这片土地。

"数千年往事，注到心头。把酒凌虚，叹滚滚英雄谁在。想汉习
楼船，唐标铁柱，宋挥玉斧，元跨革囊。伟烈丰功，费尽移山心力。"
打开那些尘封在历史中的时光记忆，西南边陲的故土，会有怎样的烽
火硝烟？

"汉习楼船"——为征服"西南夷"，汉武帝煞费苦心。云南原本
只是汉武帝联系大夏国（今阿富汗）与匈奴作战的必经
之路，奈何云南物产丰饶，气候宜人，让本就雄才大略
的汉武帝燃起征服的"欲望"，并为之煞费苦心。"西南
夷"擅长水性，中原人不擅长，武帝便下令在长安开凿
人工湖，取名"昆明湖"，修建大型楼船，供士兵操练
水战，不禁感叹汉武帝征服之心如此昭昭。那一年大军
临滇，统领云南。

"唐标铁柱"——界碑记功，唐王朝寸土不让。当

汪燕摄

初 2025 届 11 班　段周周摄

汪燕摄

汪燕摄

西部吐蕃奴隶主政权统一了青藏高原各部，又想进一步占据四川边境和洱海地区时，唐王朝察觉到西南地区的利益和安全受到严重威胁。受任于危难之际，唐九征出师南下，毁吐蕃部族城堡、断江上铁索，一代将军将吐蕃各部阻击于云南之外。甚至将斩断的铁索铁料熔铸为铁柱记功，在柱身或基座上刻有疆界地图、地理情况、战争概况。铁柱是记功，也是界碑。那一年大军护滇，寸土不让。

"宋挥玉斧"——大渡河边，宋太祖划江而治。大理国和大宋王朝如何自处，是兵戎相见还是和平共处？宋太祖赵匡胤给出了最好的解决办法。玉斧一挥，厘定边界，互通往来，或许这就是给长期处在水深火热里的人们最大的福音。那一年，化干戈为玉帛，云南安宁。

"元跨革囊"——大理国辉煌幻灭。大理国 300 年的历史，从未对外用兵。面对宋、辽、金、西夏与蒙古之间的争斗，大理国一直置身事外不予理会，安于一隅，享受着安静的辉煌。然而忽必烈挥师南下，横渡金沙江，浩浩荡荡的元军还是让大理国的辉煌幻灭。

前世今生，长联背后的典故让我们捡起战火中的碎片，感受斑驳锈迹下的云南过往。

我们与长联

昔日孙髯翁先生笔下"五百里滇池，奔来眼底。披襟岸帻，喜茫茫空阔无边"的盛景早已在快速的城市化进程中不见踪影。那么，亲爱的同学们，我们这一代人与长联的故事又是什么呢？

是从爷爷奶奶口里听来的故事片段，想象着从前的昆明，滇池边一处处螃蟹和海螺状的岛屿小洲，点缀着如少女鬒黛鬟发般婀娜妩媚的杨柳；一簇簇水草和瑟瑟的芦苇蒹葭，点缀其间的翠绿小鸟和几抹灿烂红霞。三月裁剪春风的杨柳携来春的讯息；六月盛夏，碧波荷浪中偶藏婀娜的红蕊；四周飘香的稻谷氤氲着丰收之意，波光万顷的浪涛拍岸涤礁。这样的美景如今只在画里，一片片钢筋水泥森林拔地而起时，我们都变成了城市迷宫里寻找自然的孩子。

是进入大观楼公园为了免门票，在售票员阿姨面前流利地背出 180 字的《大观楼长联》，那一刻我们是其他家长竖起拇指称赞的"小神童""小才子"。当时我们只是囫囵吞枣地领悟着其中的含义，直到入学时老师讲起孙公其人、长联其事，才能在字里行间感怀长联背后的意蕴。

是在长联下与海鸥的合影。这些年，大观楼公园里海鸥时停时歇、长联光彩奕奕、腊梅幽香阵阵、笑靥童真童趣，这是昆明新时代自然和谐的标记。长联里那些往事不再是忧国忧民的叹息，而是孩子们举起手里的饼干或面包，大声吆喝着海鸥们来亲近。

此时此刻，我们与长联，演绎着不一样的岁月奇迹。你与长联的故事，又有怎样的惊喜？

汪燕摄

李恩娴摄

二、杨慎与十二首"滇海"组歌

《滇海曲》十二首原文

（明）杨慎

梁王阁榭水中央，乌鹊双星带五溟。跨海虹桥三十里，广寒宫殿夜飘香。
碧鸡金马古梁州，铜柱铁桥天际头。试问平滇功第一，逢人惟说颍川侯。
化城楼阁壮人寰，泽国封疆镇两关。云气开成银色界，天工斲①出点苍山。
叶榆巨浸环三岛，益部雄都控百蛮。神禹导河双洱水，武侯征路七星关。
沙金海贝出西荒。桃竹橦②华贡上方。香象渡河来佛子，白狼盘木拜夷王。
碉房草阁瞰夷庭，侧岛悬崖控绝陉。鸡足已穷章亥步，鹜头空入梵王经。

———————————

① 斲：同"斫"（zhuó），劈、砍的意思。

② 橦（tóng）：木棉花树。

孤戍平沙望大荒，边愁海思入沧茫。帝乡东北仙云隔，僰①道西南媚景长。昆明池水三百里，汀花海藻十洲连。使者乘槎曾不到，空劳武帝御楼船。湖荡鱼虾晨积场，市桥灯火夜交光。油窗洞户吴商肆，罗帕封颐②僰妇粰③。苹香波暖泛云津，渔枻④樵歌曲水滨。天气常如二三月，花枝不断四时春。煮海醝⑤郎暝漉沙，避风估客夜乘槎。雪浮杭⑥稻压春酒，霞嚼槟榔呼早茶。海滨龙市趁春畬⑦，江曲鱼村弄晚霞。孔雀行穿鹦鹉树，锦莺飞啄杜鹃花。

先生其人

杨慎（1488—1559 年），明代文学家，明代三大才子之首。字用修，号升庵，后因流放滇南，故自称博南山人、金马碧鸡老兵。杨慎乃湖广提学金事杨春之孙，吏部尚书、武英殿大学士杨廷和之子，母

亲是一位大家闺秀，不得不慨叹先生的优秀基因和书香环境。先生自幼聪慧过人，非常好学，颖敏过人，家学相承，益以该博。

少有盛名的杨慎二十一岁参加科举，却因为考卷被落下的烛花烧坏而名落孙山。然而是金子总会发光，几年后他以状元身份登上明朝政治舞台。不鸣则已，一鸣惊人！

陈梦茜摄

先生的流放生活

刚正不阿之人行走官场势必会坎坷难行，杨慎先生也不例外。他被卷入明世宗"为生父正名"的政治纷争，换来流配云南之祸。

放逐滇南的三十年岁月，是不幸也是大幸。云岭之上的山水是上天鬼斧神工的杰作，而歌咏云南盛景的诗词曲赋却是文采斐然的大师手笔。"会心山水真如画，名手丹青画似真"，云南的风光治愈了先生漂泊受伤的心。

先生常来往于保山、永平、大理、昆明、建水、澄江、嵩明等

---

① 僰（bó）：古时西南的一个少数民族。
② 颐：同"颐"。
③ 粰（nǔ）：一种环形的甜饼。
④ 枻（yì）：船舷。
⑤ 醝（cuó）：盐。
⑥ 杭：同"粳"（jīng），粳米。
⑦ 春畬（shē）：春季放火烧荒，整地备种。

地，几乎遍游了云南的名山胜境。为
了解云南地方史实，调查少数民族风
土人情，他不辞辛劳。他在云南的遗
迹颇多：在保山，有他与张含等咏诗
作赋的"明诗台"，著名诗人宋湘任保
山郡守时又建过升庵祠；在大理，他
与李元阳等同游点苍山，夜宿感通寺
与董难共著《转注古音略》，李元阳题
为"写韵楼"；在建水，杨慎与叶瑞之、
王廷表等以诗酒流连于"小桂湖"，交

陈梦茜摄

往密切；在澄江关索庙，有杨慎诗碑；在嵩明，有杨慎咏诗……可惜
经历了世事沧桑，这些遗迹，多已无存。

在众多的遗迹中，坐落在碧鸡山麓、高晓村东南的昆明升庵祠，
保存时间较长，名气较大。杨升庵祠旁有普贤寺，这里原是乡绅毛玉
的庭园。毛玉在嘉靖年间，曾在京任史部给事中，与杨慎相友善，在
议大礼这场政治斗争中，毛玉与群臣一起"伏阙争大礼"被捕下狱，
廷杖创发致死（见《明史》本传）。杨慎谪滇，毛玉之子邀请杨慎在
家中住下，嘉靖十六年（1537年），又为他建别墅，名曰"碧晓精舍"，
杨慎晚年多居于此。杨升庵死后，当地人士于万历中以碧晓精舍作为
祠堂纪念他。清康熙二十八年（1689年）重修。辛亥革命后，绅耆增
毛玉柱共祀一堂，更名杨毛二贤祠。

升庵祠格局不大，仅一殿、两庑，加门楼，但布局严谨、规整。
天井内旧有古柏二三株，翠竹几蓬，凿有小池，旁植名花，环境清
幽。祠宇所在地，地势高朗，背山面湖，景致极佳。升庵祠自明嘉靖
中建立以来400年间，不论是达官贵
人、名人学士、本地庶民还是过往客
商，都纷纷慕名前往观瞻，留下了无
数珍贵的诗篇。

"滇海组歌"同"调"

杨慎先生所著《滇海曲》共十二首，
洋洋洒洒描摹滇海云风，点点滴滴记
录滇南往事，堪称"滇海组歌"。现在，
我们就找找相似之处，谱一谱这十二
首"曲"调。

汪燕摄

汪燕摄

1. 往事越千年，"历史"之"调"

《滇海曲》（其二）：碧鸡金马古梁州，铜柱铁桥天际头。试问平滇功第一，逢人惟说颍川侯。

《滇海曲》（其八）：昆明池水三百里，汀花海藻十洲连。使者乘槎曾不到，空劳武帝御楼船。

金马碧鸡的传说远在公元前的西汉就在民间有流传。《汉书·郊祀志下》："或言益州有金马、碧鸡之神，可醮祭而致。"史料记载，汉武帝听信方士的说法，认为云岭之南有神鸡，毛羽青翠，能破石凌空飞翔，光彩夺目，其声悠长。汉宣帝封王褒为谏议大夫前往云南求取。王褒因故没有到达，写《移金马碧鸡颂》以祭之。东晋常璩的《华阳国志》里讲到滇池有龙马，龙马交配而出骏马，可"日得五百里"。北魏地理学家郦道元所著《水经注》里也提到大姚禺同山有金马碧鸡"光彩候忽，民多见之"。唐宋之后，又流传金马是佛教阿育王的"神骥"。唐代之后，昆明东西山岳已有金马、碧鸡的祠寺，人们将其作为神灵以供奉。如今的春城昆明和云南大姚，都分别有"金马碧鸡坊"。

"逢人惟说颍川侯"，朱元璋登基后，时刻不忘统一西南边土。为了尽快将西南并入大明朝版图，洪武十四年（1381年），朱元璋命傅友德为征南大将军，蓝玉、沐英为傅友德副将，统率三十万大明军队从湖广出发，浩浩荡荡进入贵州境内，进攻偏处云南一隅的元朝残兵。傅友德在黔川滇边彝族土司地区采取招抚政策，获得了深明大义的彝族女政治家奢香的支持，明军顺利经过彝区。洪武十四年（1381年）冬，傅友德攻克七星关险隘，长驱直捣云南。洪武十五年（1382年）九月，傅友德平滇。平滇后，傅友德遵朱元璋谕旨，退回贵州建立卫所，分屯驻守。

往事越千年，回眸间，杨慎先生用寥寥数语刻下云南在历史长河中的斑驳痕迹。两首《滇海曲》同"调"，他的诗韵不仅裹染着当时的烟云，更浓藏着历史的气息。

2. 馨香萦滇海，"春花"之"调"

《滇海曲》（其十）：苹香波暖泛云津，渔杮樵歌曲水滨。天气常如二三月，花枝不断四时春。

《滇海曲》（十二）：海滨龙市趁春畲，江曲鱼村弄晚霞。孔雀行穿鹦鹉树，锦莺飞啄杜鹃花。

四季只剩下春天，一片土地红得耀眼，四季轮回忘记了时间，这便是彩云之南。云岭之上的四时是不能用暖春、酷夏、寒秋、劲冬来划分的，外来谪戍之人用尽所有感知触摸云南。"花枝不断四时春""锦莺飞啄杜鹃花"。抬头一抹白云蓝天，低头簇簇花枝招展，枝叶间莺啼鸟啭，绿树繁荫苍劲，群花明媚鲜艳。余霞成绮的滇海，乡民们在云津之间、曲水之滨樵歌唱晚。

李恩娴摄

轻嗅细蕊，四季辗转，熏暖的"春"风似乎不舍得催花谢。两首《滇海曲》的"春花"之"调"留下瓣瓣馨香，盛住时光的故事。

3. 热情颂滇海，"眷恋"之"调"

《滇海曲》（其一）：梁王阁榭水中央，乌鹊双星带五潢。跨海虹桥三十里，广寒宫殿夜飘香。

这一首写滇池中的实景，也就是写元代云南的最后一个统治者梁王在滇池和西山的别墅，写昆明通向西山而穿越滇池的海埂，写滇池月夜与银

汪燕摄

河景色。诗人并不是平铺直叙，而是巧妙地运用了民歌中的比兴手法和丰富想象，借用民间所流传的关于牛郎织女的故事传说和关于广寒宫的典故，把滇池景色描绘成迷人的神仙境界。

杨慎先生所写的表层意境是滇池景色，确切地说应是滇池月夜的景色，所以才把滇池美景和银河、月宫联系起来。风清月白之夜，游于滇池之上，或漫步于滇池之滨，月光下，滇池波光粼粼，一碧万顷，水天相接，似乎直通银河，可渡鹊桥，可入广寒宫。又似乎可直通五湖，可乘槎进入天河。这首诗还有更深一层的含义，或者说它还具有一种隐晦的讽喻之意。诗人突出了"梁王阁榭"和"跨海虹桥"，这是有其用意的。作为元王朝在云南的最高统治者，梁王选中美丽的滇池和西山作为其享乐休憩的理想胜地，西山罗汉壁有梁王避暑宫（即今之三清阁所在地），滇池中筑有梁王堆道（今之海埂，即是残存遗迹）。杨慎在《滇海竹枝词》中说的"罗汉孤峰祇树林，梁王堆道海中心"就是证明。据此推想，"梁王阁榭"所指，除罗汉壁上所建的梁王宫外，可能在海埂附近还有水榭楼阁，所以才说是在"水中

央"。这是他过着享乐生活的地方，与广大人民群众的痛苦生活形成鲜明对比，所以才把它形容为"广寒宫殿夜飘香"。至于"跨海虹桥"，虽然宛若银河中的"鹊桥"，但也是由多少劳动人民的血汗筑成的，这里不知埋下了多少苦难和民怨。作为艺术作品，这首诗通过滇池景色外在的美，婉转地表现出一种讽喻之情，意在言外，婉而多讽，韵味无穷。

汪燕摄

白发渔樵江渚上，流放云南后，杨慎先生的抉择不是意志消沉，而是一壶浊酒喜相逢，笑看人世间秋月春风。他勾勒了滇海千年的风云，绘就了云岭四季的繁花。《滇海曲》十二首表明了杨慎先生对滇池的眷恋和热爱、对云南景物的真切感受。若是你，从这"滇海"组歌中，又会寻得怎样的风雅，谱出怎样的曲调？

第二节　青春未央，风情如酿

本节导读

　　《未央歌》，一部"爱与美"的青春小说，一部"以情调风格来谈人生理想的书"。作者鹿桥将抗战时期的国立西南联合大学和昆明的风光民俗作为写作背景，在书中描绘了一群天真年轻的大学生，在烽火连天的岁月里，在平静纯洁的象牙塔内交织发展出的一段属于青春和校园的爱情故事，表现了一代年轻学子对真善美的追求与积极乐观的生命态度。

　　未央，为未尽、未完结之意。《未央歌》中像歌一样的青春岁月，那未央的，令人流连忘返的岁月就印刻在我们生活的昆明。

一、　未央的春城风光

　　《未央歌》是一部青春小说，也是一幅精美的画卷。小说中有许多与情节无关的文字，诸如季节描写、风物描写、天色描写，将昆明迷人的山川景色、日月光辉徐徐道来，读来也如清净风烟、天南明烛，美好而不感到太累赘。

代余杭摄

在小说的第一章，作者就用了两页多的篇幅描绘了一幅日落黄昏之境："夕阳已倚着了西边碧鸡山巅了，天空一下变成了一个配色碟。这位画家的天才是多么雄厚而作风又是多么轻狂哟……方才被山间撕破了衣裙的白云，为了离山近，先变成了紫的。高高在天空中间的一小朵，倒像日光下一株金盏花。这两朵云之间撒开一片碎玉，整齐、小巧、圆滑、光润，如金色鲤鱼的鳞，平铺过去，一片片直接到天边。金色的光线在其中闪烁着……透过了苍劲的果木枝条，看见天色宁静极了。晚霞，山水，花草，一切因日光而得的颜色又都及时归还了夕阳。什么全变得清清淡淡极为素雅的天青色。西天上那些不许人逼视的金色彩霞完全不见了。它们幻为一串日落紫色的葡萄也融在朦胧的一片中了。这醉人的一切是昆明雨季末尾时每晚可得的一杯美酒。为它沉醉的人们会悄立在空旷的地方，直到晶晶的星儿们眯着眼来笑他的时候才能突然惊醒，摸着山径小路，漆黑的夜色里，跟跟跄跄地回家。"这样细腻而丰盈的笔触，将西山日落之景渲染得不可方物，山与云、天与地、景与人都被囊括在这被染色时光安谧的流逝之中了。

代余杭摄

风光描写中除了安谧美好，也有昂扬激越，如描写昆明的雨："看雨景要在白天。看她跨峰越岭而来，看她排山倒海而来。看她横扫着青松的斜叶而来，看她摇撼着油加利树高大的躯干而来。再看她无阻无拦，任心随兴飘然而去。听雨要在深夜，要听远处的雨声，近处的雨声，山里的泉鸣，屋前的水流。要分别落在卷心菜上的雨，滴在沙土上的雨，敲在纸窗上的雨，打在芭蕉上的雨。要用如纱的雨来滤清思考，要用急骤的雨催出深远瑰丽的思想之花，更要用连绵的雨来安抚颠踬的灵魂。"雨的激烈仿佛打在人的心上，也倒映在昆明人的脑海里，使人想起在昆明夏季许多被突如其来的雨吓着的时刻，许多在临街屋檐下避雨又看着雨成豆、成线、成溪

代余杭摄

代余杭摄

代余杭摄

代余杭摄

的时刻，恼怒又享受，聒噪又清凉。

类似的风光书写还有很多，如描写第十一章江尾村的暮色："昆明湖畔正是白鹭们的家，这里白鹭真多，它们的巢就筑在官道旁的高树上，从山上看去，那成行的树虽在暮色中也在田野里画着清楚的纵横线。炊烟混在暮霭里，把天上更弄得暗淡，晚炊的烟好比是和暖的家里伸出一只招呼的手，这委婉舒展的手臂伸到高高半空里把你从远处深谷中招回来，从树林边溪水流过处招回来，于是你不得不欠个懒腰提起已经累了的腿步，穿过田埂，穿过邻村向自己家中走去。"又如，描写校园里的野生玫瑰："每年五月之初，这茂盛的花丛便早已长满了精致肥嫩的绿叶子，伸着每枝五小片的尖叶，镶着细细的浅红色的小刺，捧着朵朵艳丽的花。花朵儿不大，手心里容易的可摆下四朵，颜色不大红，只是水生生地……望望花丛上的雨季晴日时特别洁净的蓝天，或是俯视水中那种迷惘闪烁的花影子，都叫人当时忘了说赞美的话。"再如，描写昆明夜色："夜当真来了。她踏着丘陵起伏的旷野，越过农田水舍，从金马山那边来，从穿心鼓楼那边来，从容地蹀着宽大的步子，飘然掠过这片校园，飞渡了昆明湖，翻过碧鸡山脊，向安宁、祥云、大理、保山那边去布她的黑纱幕去了。"

另外，还有翠湖、西山、金殿、凤嘉街、金马坊、文林街、古刹佛寺、呈贡、宜良……一个个地名与景观在作者的笔下呈现出现实与想象交织的色彩，作者用了大量比喻、拟人、象征、烘托等手法，让昆明的一切都染上了青春浪漫的情调，活泼而淡雅，矜持而浓郁，这情调穿行在故事情节之中，映衬在人物往来之中，充沛于光线、声音、节奏、动静之中，同时，也跨过时空与文字，潜藏在今天昆明的一草一木、一朝一夕之间，等着你去发现。

二、未央的民俗民风

《未央歌》不仅刻画了昆明旖旎多彩的自然风光，而且也处处着墨于昆明瑰丽醇厚的风土人情。在书中，作者通过主要人物的行迹穿插描绘了许多昆明人日常生活的细节。如描绘茶馆中人们的神态与谈吐，介绍云南米线、饵块、卷粉的区分与制作方法，勾勒石板路上自由哼唱民歌曲调的人们等。在特色食物方面，野生菌、冠生园里的点心、用木瓜籽揉出黏汁做成胶状的木瓜水、玫瑰与火腿制成的小糕点……一个个美味独特的昆明风味小吃都陆续出现在文章之中。而最经典的美食片段要数作者对于"米粉作的食品"的介绍了——依本地土名叫来是："米线""饵𫗦""卷粉"。𫗦字读"kuài"，吃食店里都用这个"𫗦"字。"卷粉"的"卷"读"jiǎn"。这是方言的关系。三样东西的做法在起初都差不多，先把白米淘净，煮熟，不必煮烂，抟在一起，成了软软的一团。做米线时，只消把它从有筛孔的板中压过，那一条条的白线就是米线。不做成线，把它整个像做豆腐干那样压成砖样大的一块整的，也差不多有砖那么硬的东西，就是"饵块"。饵块平时要泡在清水里，吃时再取出来切成片或丝。不用时一定要泡在水里，切好的也至少要用湿布盖上，否则它会失去水分干裂开来。卷粉是把米糊摊成薄薄的像一个蒸笼那么大的一张饼。再蒸一下，然后卷成一卷，用时横着切下一截截的来。

另外，作品中也有不少关于昆明当地传统节日的风俗描绘，如主角去散民村参加"拜火会"时，作者就勾勒了原始而热情的昆明文化："音乐开始了。许多男女便站起来走到中间圆场子上去跳。他们是一边跳舞一边围着火转了圈子走的。那十几个人的乐队是在前面领着转的。乐队的人穿了长袍，绛紫色，黑色的绸袍，却是黄色里子，跳着走起来，袍子上下翻飞，映了火光花蝴蝶儿似的。"还有描写除夕之夜的："家家门口燃着香烛。有的地方鞭炮已经开始响了。店铺都把门板上好……红纸，金花，春联，符箓。门上神荼、郁垒的像也有，戚继光、狄青的画像也有。五光十色，还是升平景象。"其他，如描写"米线大王"家门口："里面香烟缭绕，烛火高烧。大红的'天地国亲师'宗位。窗户，门楣上飘着红纸剪的符箓，甲马，四壁上多少'渔翁得利图''鲤鱼跃龙门''聚宝盆''麒麟送子'，还有'老鼠娶妇'许多彩色的年画儿。地下铺了厚厚一层松毛，老板娘穿了旧缎子衣裳，也光闪闪地。米线大王，穿了一件新的阴丹士林罩袍，簇新得耀眼……"这些人物的穿着、动作以及节日的装扮记叙不仅刻画出昆明的传统民俗,还增加了作品的生活气息,更是用这些带有浓郁生命气息的文化现象构成一种生命活动的影像,化作情调,弥漫在《未央歌》的整体氛围里。

　　在故事的发展过程中,作者还刻画了一些昆明古朴淳厚的世风人情和善良仁义的昆明人形象。其中最突出的莫过于在联大不远处开店的"米线大王"一家与主角们的关系了。作品中的"米线大王"一家虽是生意人,但他们却并非唯利是图。年三十到来,一群无家可归的大学生囊中羞涩,甚至有人靠每夜省一根蜡烛来凑饭钱,在冷寂中打发着冬日的午夜。后来,他们去了"米线大王"的家里,"米线大王"一家则用最丰盛的餐食热情款待了这群出门在外的青年,塑造出宅心仁厚、乐于助人的昆明人形象,也映射出昆明人热情温馨的人际氛围。

　　《未央歌》不仅是一部小说,也像一首诗、一篇抒情散文、一首歌,有宛若百花盛放、甄溢芬芳而经久未央的美感。而这美感,来自作家创作背景、创作心境所形成的语调,来自他与昆明风光风俗的相处经历和深刻体察,来自昆明得天独厚的地理环境与人文景观,这才成就小说的娓娓道来、尽情尽性。

　　那么,你对于昆明的"未央之景"或"未央之风"有何独特的体悟呢?请你拿起笔写写吧。

第三节　赏"馆阁体"养浩然正气,读《茶花赋》赏云南茶花

本节导读

　　提起林则徐,大家一定会想到"虎门销烟",但大家一定想不到他与云南和昆明有着不解之缘。无论你是去大观楼、黑龙潭还是去晋宁博物馆,你都会看见林则徐的手迹。林则徐不仅有虎门销烟、黄河治水和开垦新疆等丹青永著的伟烈丰功,而且有典试昆华、主政云贵、平定回乱等名垂滇省的光辉事迹。35 岁那年,他初入仕途就受命到昆明主持云南乡试,在贡院(今云大致公堂)录取了戴炯孙等"五华五子",一时传为滇省美谈。虎门销烟 10 年后,63 岁的林则徐受任云贵总督,妥善处理滇西回汉械斗,为云南社会稳定做出了贡献。

一、赏"馆阁体"养浩然正气

人物简介

林则徐（1785—1850 年），字少穆，号俟村。福建侯官司人（今福州）人。嘉庆进士，清朝政治家、思想家和诗人，被称为近代"开眼看世界的第一人"。曾任湖广总督、陕甘总督和云贵总督，两次受命钦差大臣，因主张严禁鸦片，在中国有"民族英雄"之誉。

林则徐像

林则徐游大观楼

清道光二十九年（1849 年），从陕西巡抚迁任云贵总督两年有余的林则徐，在"残云收夏暑，新雨带秋岚"的七月，与云南巡抚程矞采等，从五华山督署踏马来游滇海，选胜登临大观楼。

众人先是乘船在湖中游赏，接着登上大观楼远眺。近景是四厢怒放的鲜花，中景是千亩金稻飘香，远景是滇池烟波浩渺、西山如黛。面对如此美景，遭遇多年仕途不顺的林则徐把酒临风，心情一下子开朗起来，乐以忘忧，写下了一首热情奔放的律诗：

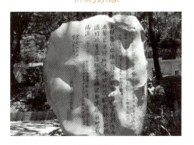

张昊摄

> 笋舆穿辙郭东西，载上轻舠息马蹄。
> 雨后浓园花四壁，水边香绽稻千畦。
> 栏杆百尺横波立，楼阁三重压树低。
> 合乞文星留墨妙，长言休让昔人题。

林则徐是政治家，也是当之无愧的诗人。诗中一个"浓"字颇见功力，把雨后大观楼的艳丽景色刻画得准确贴切，十分精彩。诗歌基调昂扬明亮，既反映了林则徐登临大观楼以后心情的变化——由阴转晴，也表现了他积极向上的性格。"合乞文星留墨妙，长言休让昔人题。"纵使他在大观楼前欣赏孙髯翁的著名长联，却不甘拜下风。不但自己带头作诗，而且鼓励同僚留下佳篇妙句，不让孙髯翁专美于前。这就是林则徐的性格之一：自强自信，气魄宏大，不畏强手，敢于碰硬。在船坚炮利、如狼似虎的英国侵略者面前是这样，在文坛高手孙髯翁的长联面前也如此。

"馆阁体"——欣赏林则徐的书法

　　林则徐不仅是一名有远见卓识的政治家，也是一位杰出的书法家。因为嘉道年间盛行"馆阁体"，科举选拔皆重视楷书，而唐朝楷书发展最为成熟。林则徐学习钟繇、张芝、王羲之、王献之的书法，直接临摹他们的书法作品。对于楷书，林则徐最推崇文征明和董其昌，所以林则徐楷书作品带有两者的风格，间架结构非常老辣，字如其人，刚正不阿，一身正气。

　　【一】昆明市晋宁区博物馆收藏。正文：

　　唐香山九老集于洛阳，乐天为之序。所谓七人五百八十四者，胡杲、吉旼、刘真、郑据、卢贞、张潭、白居易也。又续会者二人，李元爽、僧如满。或又云狄并谟、云贞二人以年未七十虽与会而未列数。宋至道九老集于京师，张好问、李运、宋琪武、成允、吴僧赞宁、魏石、杨徽之、朱昂、李昉。然此集终不为常。至和五老则杜衍、王涣、毕世长、朱贯、冯平。时钱明逸留论睢阳为之图象而序之。元丰洛阳耆英会凡十二人，富弼、文彦博、席汝言、王尚恭、赵丙、刘几、冯行己、楚建中、王谨言、王栏辰、张问、张焘、温公司马光序之，图形妙觉僧，舍淹水霸凌云。富公以司空归洛，时年六十八。是年司马端明不拜枢密副使，求判西台，时年五十三。二公坤默，不交世务。后十一年。文潞公留守西京，慕白香山九老会，于是悉聚洛中大夫贤而老自逸者，置酒相乐，用洛中旧俗，序齿不为官，又命郑奂图形，各赋诗以纪之。

　　月轩太翁大人属书即政。侯村弟林则徐

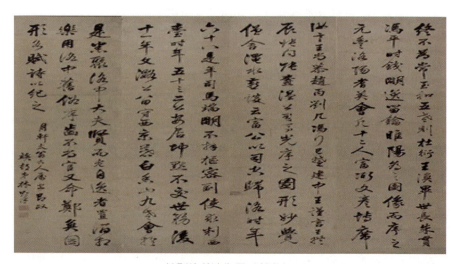

林则徐书法作品（部分）

【二】《行书"一榻百花"七言联》，北京故宫博物院藏：

　　一榻梦生琴上月，百花香入案头诗。

【三】《行书"竹露桐云"八言联》，上海博物馆藏：

　　竹露煎茶松风挥尘，桐云读画蕉雨谭诗。

【四】《行书"大海明月"八言联》，憨斋吴南生私人藏：

　　大海有实能容之度，明月以常不满为心。

二、读《茶花赋》赏云南茶花

　　山茶花是昆明市花，古往今来文人墨客吟咏不可胜数。林则徐特别喜爱红山茶，曾到塔密左（今昆明东郊跑马山大村）万寿寺观赏一株万朵山茶，并写下了一首长达56句的吟茶花诗，诗的头四句云："滇中四时常见花，经冬尤喜红山茶，奇观首数塔密左，树大十围花万朵。"在林则徐的眼里，云南的红山茶品格高洁，灿若云霞，红透南天，是别的地方的茶花所不及的。近代著名散文家杨朔先生也写下了人们耳熟能详的《茶花赋》。

作家简介

　　杨朔（1913—1968年），山东省蓬莱县（今蓬莱区）人，原名杨毓瑨，字莹叔。中国现代作家、散文家、小说家、全国政协委员，与刘白羽、秦牧并称为"中国现代散文三大家"。

　　1929年，杨朔毕业于哈尔滨英文学校；1939年参加八路军，转战于河北、山西抗日根据地，从事革命文艺工作；1942年7月到达延安，在中央党校学习3年，参加了延安整风运动；1945年1月加入中国共产党。后到宣化龙烟铁矿蹲点，创作了反映工人生活和斗争的中篇小说《红石山》；解放战争时期，杨朔担任新华社战地记者；新中国成立后，任中华全国总工会文艺部部长；1950 年 12 月，以《人民日报》特约记者身份赴朝鲜前线，写出大量战地报道，写下了反映抗美援朝生活的长篇小说《三千里江山》；1954 年回国后，调至中国作家协会，任外国文学委员会副主任、主任；1958 年后，从事外事工作，任驻开罗亚非人民团结组织书记处中国书记，亚非作家会议中国联络委员会秘书长等职。

茶花赋

杨朔

久在异国他乡，有时难免要怀念祖国的。怀念极了，我也曾想：要能画一幅画儿，画出祖国的面貌特色，时刻挂在眼前，有多好。我

周玲摄

把这心思去跟一位擅长丹青的同志商量，求她画。她说："这可是个难题，画什么呢？画点零山碎水，一人一物，都不行。再说，颜色也难调。你就是调尽五颜六色，又怎么画得出祖国的面貌？"我想了想，也是，就搁下这桩心思。

今年二月，我从海外回来，一脚踏进昆明，心都醉了。我是北方人，论季节，北方也许正是搅天风雪，水瘦山寒，云南的春天却脚步儿勤，来得快，到处早像催生婆似的正在催动花事。

花事最盛的去处数着西山华庭寺。不到寺门，远远就闻见一股细细的清香，直渗进人的心肺。这是梅花，有红梅、白梅、绿梅，还有朱砂梅，一树一树的，每一树梅花都是一树诗。白玉兰花略微有点儿残，娇黄的迎春却正当时，那一片春色啊，比起滇池的水来不知还要深多少倍。

究其实这还不是最深的春色。且请看那一树，齐着华庭寺的廊檐一般高，油光碧绿的树叶中间托出千百朵重瓣的大花，那样红艳，每朵花都像一团烧得正旺的火焰。这就是有名的茶花。不见茶花，你是不容易懂得"春深似海"这句诗的妙处的。

想看茶花，正是好时候。我游过华庭寺，又冒着星星点点细雨游了一次黑龙潭，这都是看茶花的名胜地方。原以为茶花一定很少见，

不想在游历当中，时时望见竹篱茅屋旁边会闪出一枝猩红的花来。听朋友说："这不算稀奇。要是在大理，差不多家家户户都养茶花。花期一到，各样品种的花儿争奇斗艳，那才美呢。"

周玲摄

我不觉对着茶花沉吟起来。茶花是美啊。凡是生活中美的事物都是劳动创造的。是谁白天黑夜，积年累月，拿自己的汗水浇着花，像抚育自己儿女一样抚育着花秧，终于培养出这样绝色的好花？应该感谢那为我们美化生活的人。

普之仁就是这样一位能工巧匠，我在翠湖边上会到他。翠湖的茶花多，开得也好，红彤彤的一大片，简直就是那一段彩云落到湖岸上。普之仁领我穿着茶花走，指点着告诉我这叫大玛瑙，那叫雪狮子；这是蝶翅，那是大紫袍……名目花色多得很。后来他攀着一棵茶树的小

周玲摄

干枝说："这叫童子面，花期迟，刚打骨朵，开起来颜色深红，倒是最好看的。"

我就问："古语说：看花容易栽花难——栽培茶花一定也很难吧？"

普之仁答道："不很难，也不容易。茶花这东西有点特性，水壤气候，事事都得细心。又怕风，又怕晒，最喜欢半阴半阳。顶讨厌的是虫子。有一种钻心虫，钻进一条去，花就死了。一年四季，不知得操多少心呢。"

我又问道："一棵茶花活不长吧？"

普之仁说："活的可长啦。华庭寺有棵松子鳞，是明朝的，五百多年了，一开花，能开一千多朵。"

我不觉噢了一声：想不到华庭寺见的那棵茶花来历这样大。

普之仁误会我的意思，赶紧说："你不信么？大理地面还有一棵更老的呢，听老人讲，上千年了，开起花来，满树数不清数，都叫万朵茶。树干子那样粗，几个人都搂不过来。"说着他伸出两臂，做个搂抱的姿势。

我热切地望着他的手，那双手满是茧子，沾着新鲜的泥土。我又望着他的脸，他的眼角刻着很深的皱纹，不必多问他的身世，猜得出他是个曾经忧患的中年人。如果他离开你，走进人丛里去，立刻便消逝了，再也不容易寻到他——他就是这样一个极其普通的劳动者。然而正是这样的人，整月整年，劳心劳力，拿出全部精力培植着花木，美化我们的生活。美就是这样创造出来的。

廖敏摄

正在这时，恰巧有一群小孩也来看茶花，一个个仰着鲜红的小脸，甜蜜蜜地笑着，唧唧喳喳叫个不休。

我说："童子面茶花开了。"

普之仁愣了愣，立时省悟过来，笑着说："真的呢，再没有比这种童子面更好看的茶花了。"

一个念头忽然跳进我的脑子，我得到一幅画的构思。如果用最浓最艳的朱红，画一大朵含露乍开的童子面茶花，岂不正可以象征着祖国的面貌？我把这个简单的构思记下来，寄给远在国外的那位丹青能手，也许她肯再斟酌一番，为我画一幅画儿吧。

写作背景

杨朔是以一个诗人的心灵来感受生活并表现生活的。他的散文绝大多数写作于20世纪五六十年代，《茶花赋》发表于1961年。20世纪60年代初，由于苏联修正主义以攫取利益的捣乱对中国施压和自然灾害的袭扰，中国人民经历了一段短暂的艰难岁月。环境固然严酷而人心却是火热的。发愤图强，反修抗灾是那个年代人民群众精神面貌的主要方面。因此，中国人民崭新的社会风貌和昂扬的时代精神，千千万万普通劳动者那美好的心灵和建设者雄伟的脚步，成为杨朔散文创作的主旋律。面对全新的时代，杨朔那颗火热、敏感的诗心，使他真切地感受到我国社会主义事业如旭日东升，正在蓬勃发展，我们的人民有着时代的自信，能够创造出人类历史上永不凋谢的春天，从而激发出一种不可止的热烈、真挚、深沉的情感。他写出了一篇篇充满浓郁诗情的锦绣文章，《茶花赋》就是其中一篇具有代表性的作品。

作品分析

《茶花赋》是一篇托物言志的抒情散文。在《茶花赋》中，杨朔开篇就直抒胸臆，写"我"因为久在异国他乡，难免要怀念祖国，有时怀念极了，"我"也曾想："要能画一幅画，画出祖国的面貌特色，时刻挂在眼前，有多好。"酣畅淋漓的感情抒发，深深地打动了读者，进而引起读者内心深处的强烈共鸣。为了慰藉这种渴念，作者便请人作画，然而这却使丹青高手颇感为难，因为无论如何润色，也难以描绘出祖国日新月异的美景。无奈，作者只好"搁下这桩心思"。可以想象，这个没有实现的愿望使他不能"搁下"对祖国的依恋呢。因此，当他"从海外归来，一脚踏进昆明，心都醉了。"一个"醉"字，把久离母亲的孩子终于扑进母亲怀抱的感受描绘得淋漓尽致，使我们依稀看到作者的醉心、醉意、醉态、醉容。当作者一览如火如荼的茶花，便诗心大动，如痴似迷，那压抑已久的对祖国真挚浓烈的感情像火山一样迸发出来，笔笔写茶花，处处赞祖国，并以最美最艳的童子面茶花象征祖国美好的未来，真可谓情深意切。这正是作品立意高远、具有诗般意境的坚实基础，也是打动读者的真正原因。

托物言志

托物言志是一种常见的表现手法。所谓托物言志，也称寄意于物，是指诗人运用象征或起兴等手法，通过描绘客观上事物的某一个方面的特征来表达作者情感或揭示作品的主旨。采用托物言志手法的文章特点是：用某一物品来比拟或象征某种精神、品格、思想、感情等。要写好这样的文章，就要掌握好"物品"与"志向"、"物品"与"感情"的内在联系。首先，物品的主要特点要与自己的志向和意愿有某种相同点和相似点。其次，描述物品时，自己的志向要以物品的特点为核心。

云南山茶花——十德花

栽培的云南山茶花古代也叫"橙花"，作为"吉祥之树""神树"。明代学者邓美在《茶花百韵并序》中赋予了十德之美誉：色之艳而不妖，一也；树之寿经二三百年者犹如新植，二也；枝干高辣有四五丈者，大可合抱，三也；肤纹苍润，黯若古云气尊罍，四也；枝条黝纠，状似麈尾龙形可爱，五也；蟠根兽攫，轮囷离奇，可冯可凭，可藉可枕，六也；丰叶森沉丛茂，七也；性耐霜雪，四序常青，有松柏之操，八也；次第开放，近月方谢，每朵自开至落可历旬余，九也；采入瓶中，水养之十余日颜不变，半含者亦能自开，十也。自此，云南山茶花被誉为"十德花"。

于海霞摄

赏名家笔下山茶花

金庸《天龙八部》节选：

段誉又道："白瓣而洒红斑的，叫作'红妆素裹'。白瓣而有一抹绿晕、一丝红条的，叫作'抓破美人脸'，但如红丝多了，却又不是'抓破美人脸'了，那叫作'倚栏娇'。夫人请想，凡是美人，自当娴静温雅，脸上偶尔抓破一条血丝，总不会自己梳装时粗鲁弄损，也不会给人抓破，只有调弄鹦鹉之时，给鸟儿抓破一条血丝，却也是情理之常。因此花瓣这抹绿晕，是非有不可的，那就是绿毛鹦哥。倘若满脸都抓破了，这美人老是与人打架，还有什么美之可言？"

王夫人本来听得不住点头，甚是欢喜……

廖敏摄

廖敏摄

廖敏摄

第四节 湖光雨色中的春城昆韵

本节导读

汪曾祺（1920—1997年），被誉为"抒情的人道主义者""中国最后一个纯粹的文人""中国最后一个士大夫"，他的散文感情节制、平淡质朴。汪曾祺于1939年就读于西南联大，在昆求学、工作生活了7年，共写有43篇文学作品表现昆明生活，期中散文35篇。本节选取汪曾祺于1984年5月间先后写的两篇散文《翠湖心影》和《昆明的雨》进行赏析。时隔三四十年，晚年的汪老先生对春城昆明情意犹在，用返璞归真、典雅隽永的语言将昆明的风光秀景和人文风情诉诸笔墨。

明眸一水蓄昆韵，雨润春城惹人情，让我们走进汪曾祺的文章，陶醉在湖光雨色中的昆明。

一、 明眸一水蓄昆韵

《翠湖心影》原文：

有一个姑娘，牙长得好。有人问她：

"姑娘，你多大了？"

"十七。"

"住在哪里？"

"翠湖西？"

"爱吃什么？"

"辣子鸡。"

过了两天，姑娘摔了一跤，磕掉了门牙。有人问她：

"姑娘多大了？"

"十五。"

"住在哪里？"

"翠湖。"

"爱吃什么？"

"麻婆豆腐。"

这是我在四十四年前听到的一个笑话。当时觉得很无聊（是在一

王潇佺摄

个座谈会上听一个本地才子说的），现在想起来觉得很亲切，因为它让我想起翠湖。

昆明和翠湖分不开，很多城市都有湖。杭州西湖、济南大明湖、扬州瘦西湖。然而这些湖和城的关系都还不是那样密切。似乎把这些湖挪开，城市也还是城市。翠湖可不能挪开。没有翠湖，昆明就不成其为昆明了。翠湖在城里，而且几乎就挨着市中心。城中有湖，这在中国，在世界上，都是不多的。说某某湖是某某城的眼睛，这是一个俗得不能再俗的比喻了。然而说到翠湖，这个比喻还是躲不开。只能说：翠湖是昆明的眼睛。有什么办法呢，因为它非常贴切。

翠湖是一片湖，同时也是一条路。城中有湖，并不妨碍交通。湖之中，有一条很整齐的贯通南北的大路。从文林街、先生坡、府甬道，到华山南路、正义路，这是一条直达的捷径。——否则就要走翠湖东路或翠湖西路，那就绕远多了。昆明人特意来游翠湖的也有，不多。多数人只是从这里穿过。翠湖中游人少而行人多。但是行人到了翠湖，也就成了游人了。从喧嚣扰攘的闹市和刻板枯燥的机关里，匆匆忙忙地走过来，一进了翠湖，即刻就会觉得浑身轻松下来；生活的重压、柴米油盐、委屈烦恼，就会冲淡一些。人们不知不觉地放慢了脚步，甚至可以停下来，在路边的石凳上坐一坐，抽一支烟，四边看看。即使仍在匆忙地赶路，人在湖光树影中，精神也很不一样了。翠湖每天每日，给了昆明人多少浮世的安慰和精神的疗养啊。因此，昆明人——包括外来的游子，对翠湖充满感激。

翠湖这个名字起得好！湖不大，也不小，正合适。小了，不够一游；太大了，游起来怪累。湖的周围和湖中都有堤。堤边密密地栽着树。树都很高大，主要的是垂柳。"秋尽江南草未凋"，昆明的树好像到了冬天也还是绿的。尤其是雨季，翠湖的柳树真是绿得好像要滴下来。湖水极清。我的印象里翠湖似没有蚊子。夏天的夜晚，我们在湖中漫步或在堤边浅草中坐卧，好像都没有被蚊子咬过。湖水常年盈满。我在昆明住了七年，没有看见过翠湖干得见了底。偶尔接连下了几天大雨，湖水涨了，湖中的大路也被淹没，不能通过了。但这样的时候很少。翠湖的水不深。浅处没膝，深处也不过齐腰。因此没有人到这里来自杀。我们有一个广东籍的同学，因为失恋，曾投过翠湖。但是他下湖在水里走了一截，又爬上来了。因为他大概还不太想死，而且翠湖里也淹不死人。翠湖不种荷花，但是有许多水浮莲。肥厚碧绿的猪耳状的叶子，开着一望无际的粉紫色的蝶形的花，很热闹。我是在翠湖才认识这种水生植物的。我以后也再也没看到过这样大片大片的水浮莲。湖中多红鱼，很大，都有一尺多长。这些鱼已经习惯于人声脚步，见人不惊，整天只是安安静静地，悠然地浮沉游动着。有时夜晚从湖中大路上过，会忽然拨剌一声，从湖心跃起一条极大的大鱼，吓你一跳。湖水、柳树、粉紫色的水浮莲、红鱼，共同组成一个印象：翠。

一九三九年的夏天，我到昆明来考大学，寄住在青莲街的同济中学的宿舍里，几乎每天都要到翠湖。学校已经发了榜，还没有开学，我们除了骑马到黑龙潭、金殿，坐船到大观楼，就是到翠湖图书馆去看书。这是我这一生去过次数最多的一个图书馆，也是印象极佳的一个图书馆。图书馆不大，形制有一点像一个道观，非常安静整洁。有一个侧院，院里种了好多盆白茶花。这些白茶花有时整天没有一个人来看它，就只是安安静静地欣然地开着。图书馆的管理员是一个妙人，他没有准确的上下班时间。有时我们去得早了，他还没有来，门没有开，我们就在外面等着。他来了，谁也不理，开了门，走进阅览室，把壁上一个不走的挂钟的时针"喀拉拉"一拨，拨到八点，这就上班了，开始借书。这个图书馆的藏书室在楼上。楼板上挖出一个长方形的洞，从洞里用绳子吊下一个长方形的木盘。借书人开好借书单，——管理员把借书单叫做"飞子"，昆明人把一切不大的纸片都叫做"飞子"，买米的发票、包裹单、汽车票，都叫"飞子"，——这位管理员看一看，放在木盘里，一拽旁边的铃铛，"当啷啷"，木盘就从洞里吊上去了。——上面大概有个滑车。不一会，上面拽一下铃铛，木盘又系了下来，你要的书来了。这种古老而有趣的借书手续我以后再也没有见过。这个小图书馆藏书似不少，而且有些善本。我们想看的书大都能够借到。过了两三个小时，这位干瘦而沉默的有点像陈老莲画出来的古典的图书管理员站起来，把壁上不走的挂钟的时针"喀拉拉"一拨，拨到十二点：下班！我们对他这种以意为之的计时方法完全没有意见。因为我们没有一定要看完的书，到这里来只是享受一点安静。我们的看书，是没有目的的，从《南诏国志》到福尔摩斯，逮什么看什么。

翠湖图书馆现在还有么？这位图书管理员大概早已作古了。不知道为什么，我会常常想起他来，并和我所认识的几个孤独、贫穷而有点怪僻的小知识分子的印象掺和在一起，越来越鲜明。总有一天，这个人物的形象会出现在我的小说里的。

翠湖的好处是建筑物少。我最怕风景区挤满了亭台楼阁。除了翠湖图书馆，有一簇洋房，是法国人开的翠湖饭店。这所饭店似乎是终年空着的。大门虽开着，但我从未见过有人进去，不论是中国人还是法国人。此外，大路之东，有几间黑瓦朱栏的平房，狭长的，按形制似应该叫做"轩"。也许里面是有一方题作什么轩的横匾的，但是我记不得了。也许根本没有。轩里有一阵曾有人卖过面点，大概因为生意不好，停歇了。轩内空荡荡的，没有桌椅。只在廊下有一个卖"糠虾"的老婆婆。"糠虾"是只有皮壳没有肉的小虾。晒干了，卖给游人喂鱼。花极少的钱，便可从老婆婆手里买半碗，一把一把撒在水里，一尺多长的红鱼就很兴奋地游过来，抢食水面的糠虾，接喋有声。糠虾喂完，人鱼俱散，轩中又是空荡荡的，剩下老婆婆一个人寂然地坐在那里。

路东伸进湖水，有一个半岛。半岛上有一个两层的楼阁。阁上是个茶馆。茶馆的地势很好，四面有窗，入目都是湖水。夏天，在阁子上喝茶，很凉快。这家茶馆，夏天，是到了晚上还卖茶的（昆明的茶馆都是这样，收市很晚），我们有时会一直坐到十点多钟。茶馆卖盖碗茶，还卖炒葵花子、南瓜子、花生米，都装在一个白铁敲成的方碟子里，昆明的茶馆记账的方法有点特别：瓜子、花生，都是一个价钱，按碟算。喝完了茶，"收茶钱！"堂倌走过来，数一数碟子，就报出个钱数。我们的同学有时临窗饮茶，嗑完一碟瓜子，随手把铁皮碟往外一扔，"pia——"，碟子就落进了水里。堂倌算账，还是照碟算。这些堂倌们晚上清点时，自然会发现碟子少了，并且也一定会知道这些碟子上哪里去了。但是从来没有一次收茶钱时因此和顾客吵起来过；并且在提着大铜壶用"凤凰三点头"手法为客人续水时也从不拿眼睛"贼"着客人。把瓜子碟扔进水里，自然是不大道德。不过堂倌不那么斤斤计较的风度却是很可佩服的。

除了到昆明图书馆看书，喝茶，我们更多的时候是到翠湖去"穷遛"。这"穷遛"有两层意思，一是不名一钱地遛，一是无穷无尽地遛。"园日涉以成趣"，我们遛翠湖没有个够的时候。尤其是晚上，踏着斑驳的月光树影，可以在湖里一遛遛好几圈。一面走，一面海阔天空，高谈阔论。我们那时都是二十岁上下的人，似乎有很多话要说，可是我们都说了些什么呢？我现在一句都记不得了！

我是一九四六年离开昆明的。一别翠湖，已经三十八年了，时间过得真快！

我是很想念翠湖的。

前几年，听说因为搞什么"建设"，挖断了水脉，翠湖没有水了。我听了，觉得怅然，而且，愤怒了。这是怎么搞的！谁搞的？翠湖会成了什么样子呢？那些树呢？那些水浮莲呢？那些鱼呢？

最近听说，翠湖又有水了，我高兴！我当然会想到这是三中全会带来的好处。这是拨乱反正。

但是我又听说，翠湖现在很热闹，经常举办"蛇展"什么的，我又有点担心。这又会成了什么样子呢？我不反对翠湖游人多，甚至可以有游艇，甚至可以设立摊篷卖破酥包子、焖鸡米线、冰激凌、雪糕，但是最好不要搞"蛇展"。我希望还我一个明爽安静的翠湖。我想这也是很多昆明人的希望。

一九八四年五月九日

文章赏析

汪曾祺写翠湖，既描绘了湖本身及其周边的风景，也展现了翠湖的人文风情，素材很多，读上去给人感觉是想到什么写什么，芜杂散乱，但其实乱中有序，靠的是汪曾祺对翠湖的喜爱、对昆明生活的怀念作为线索来串联整合。这也正符合散文形散神不散的特点。汪曾祺以一个无聊的笑话开篇，在结构和内容上对于展现翠湖风情并无任何作用。殊不知，本篇是回忆性散文，展现翠湖只是手段而非目的，目的是表达情感和人文思想，这个"无聊的笑话"恰好是情感的催化剂，因为它让作者感到亲切由此想起翠湖，由此怀念翠湖。对于这种并非单纯写景状物的散文，作者的感性体验远比逻辑思维重要。这样话家常式的开篇也能令读者倍感轻松亲切，拉近了读者与作者及文本的距离。

情绪到位，正题开始。文章从翠湖在昆明城中的地理位置写起，强调是湖在城中，且恰好几乎就在城中心，城湖密不可分，这样得天独厚的城湖布局为翠湖增添了灵性，也可谓昆明城的点睛之笔，韵味无穷。紧接着从整体展现翠湖——交通便利，环境清幽，然后聚焦到翠湖本身，从湖堤、垂柳的景观写到水盈势浅再到水中动植物——水浮莲与红鱼。笔法远近、动静结合，景物描写中间杂说明与叙事，融情于景，情景中又充满人间烟火气，呈现出亲切平实之美。

全文对翠湖的写景展现到此便可说完结了，这写景的文字中却藏有深深的韵味。翠湖环境清幽，可毕竟身处城中心，行人是多于游人的。汪曾祺笔下的行人与游人之别在于，前者是在喧闹烦扰而枯燥乏味的市井生活中行色匆匆的过客，后者是从容闲适的赏景遛弯之人。但汪曾祺笔锋一转说翠湖的行人也是游人，原来字里行间别有文章——仙雅清幽的翠湖为行人拂去尘世的蒙蔽，涤净喧嚣的污染，回归自我，找寻到内心的一隅宁静祥和，翠湖便成了人们内心的倒影，由此解开了文体"翠湖心影"的玄机，也照应了"翠湖是昆明的眼睛"一句，映射出世人的内心，映射出昆明的气韵。

昆明的气韵还藏在周边与翠湖有关的事物中。汪曾祺选取了翠湖周边及湖中的建筑——翠湖图书馆、翠湖饭店、几间平房、湖中茶馆——作为典型环境，勾连一系列人、事、物构建了典型情境，表现出昆明的风土人情。图书馆里的管理员、卖糠虾的老婆婆、茶馆里的堂倌和客人，汪曾祺精准抓住人物性格特点，用漫画手法刻画人物，形象突出而富有生趣，引出借书、买虾、喝茶二三事，简单认真，随性风度，颇有地方风情。

除了当地人的那些事儿，在昆求学作为西南联大学生的汪曾祺有着自己别样的经历体验，这是属于他自己的"翠湖心影"。一处是在翠湖图书馆，"我们没有一定要看完的书，到这里来只是享受一点安静"，汪曾祺自述对图书馆管理员及几个一起看书的小知识分子的印象越来越鲜明；一处是在翠湖与友人"穷遛"，汪曾祺在文中说："一面走，一面海阔天空，高谈阔论。我们那时都是二十岁上下的人，似乎有很多话要说，可是我们都说了些什么呢？我现在一句都记不得了！"这既然是回忆性散文，就不得不提汪曾祺在西南联大求学的经历，他曾在回忆散文《西南联大中文系》中自述："我要不是读了西南联大，也许不会成为一个作家。至少不会成为一个像现在这样的作家。"西南联大自由开放、包容并蓄而又热烈正直的学术氛围影响着一代学子，汪曾祺对翠湖图书馆看书和翠湖"穷遛"的独特情感体验便极具书生意气的浪漫色彩，也是年轻知识分子对中国传统文人风骨的自觉寻根。

明眸一水蓄昆韵，西南联大的人文底蕴与个人的文人追求融入在翠湖的风物人情中，便蓄出了一篇《翠湖心影》。

二、雨润春城惹人情

《昆明的雨》原文：

宁坤要我给他画一张画，要有昆明的特点。我想了一些时候，画了一幅，右上角画了一片倒挂着的浓绿的仙人掌，末端开出一朵金黄色的花。左下画了几朵青头菌和牛肝菌。题了这样几行字：

昆明人家常于门头挂仙人掌一片以辟邪，仙人掌悬空倒挂，尚能存活开花。于此可见仙人掌生命之顽强，亦可见昆明雨季空气之湿润。雨季则有青头菌、牛肝菌，味极鲜腴。

我想念昆明的雨。

我以前不知道有所谓的雨季。"雨季"，是到昆明以后才有了具体感受的。

我不记得昆明的雨季有多长，从几月到几月，好像是相当长的。但是并不使人厌烦。因为是下下停停、停停下下，不是连绵不断，下起来没完，而且并不使人气闷。我觉得昆明雨季气压不低，人很舒服。

王潇佺摄

昆明的雨季是明亮的、丰满的，使人动情的。城春草木深，孟夏草木长。昆明的雨季，是浓绿的。草木的枝叶里的水分都到了饱和状态，显示出过分的、近于夸张的旺盛。

我的那张画是写实的。我确实亲眼看见过倒挂着还能开花的仙人掌。旧日昆明人家门头上用以辟邪的多是这样一些东西：一面小镜子，周围画着八卦，下面便是一片仙人掌，——在仙人掌上扎一个洞，用麻线穿了，挂在钉子上。昆明仙人掌多，且极肥大。有些人家在菜园的周围种了一圈仙人掌以代替篱笆。——种了仙人掌，猪羊便不敢进园吃菜了。仙人掌有刺，猪和羊怕扎。

昆明菌子极多。雨季逛菜市场，随时可以看到各种菌子。最多，也最便宜的是牛肝菌。牛肝菌下来的时候，家家饭馆卖炒牛肝菌，连西南联大食堂的桌子上都可以有一碗。牛肝菌色如牛肝，滑、嫩、鲜、香，很好吃。炒牛肝菌须多放蒜，否则容易使人晕倒。青头菌比牛肝菌略贵。这种菌子炒熟了也还是浅绿色的，格调比牛肝菌高。菌中之王是鸡枞，味道鲜浓，无可方比。鸡枞是名贵的山珍，但并不真的贵得惊人。一盘红烧鸡枞的价钱和一碗黄焖鸡不相上下，因为这东西在云南并不难得。有一个笑话：有人从昆明坐火车到呈贡，在车上看到地上有一棵鸡枞，他跳下去把鸡枞捡了，紧赶两步，还能爬上火车。这笑话用意在说明昆明到呈贡的火车之慢，但也说明鸡枞随处可见。有一种菌子，中吃不中看，叫作干巴菌。乍一看那样子，真叫人怀疑：这种东西也能吃？！颜色深褐带绿，有点像一堆半干的牛粪或一个被踩破了的马蜂窝。里头还有许多草茎、松毛，乱七八糟！可是下点工夫，把草茎、松毛择净，撕成蟹腿肉粗细的丝，和青辣椒同

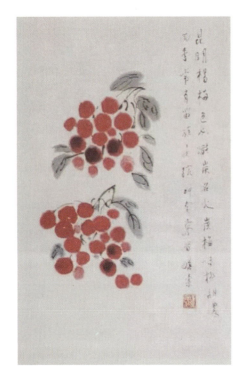

王潇佺摄

王潇佺摄

炒，入口便会使你张目结舌：这东西这么好吃?！还有一种菌子，中看不中吃，叫鸡油菌。都是一般大小，有一块银圆那样大的溜圆，颜色浅黄，恰似鸡油一样。这种菌子只能做菜时配色用，没甚味道。

雨季的果子，是杨梅。卖杨梅的都是苗族女孩子，戴一顶小花帽子，穿着扳尖的绣了满帮花的鞋，坐在人家阶石的一角，不时吆唤一声："卖杨梅——"声音娇娇的。她们的声音使得昆明雨季的空气更加柔和了。昆明的杨梅很大，有一个乒乓球那样大，颜色黑红黑红的，叫作"火炭梅"。这个名字起得真好，真是像一球烧得炽红的火炭！一点都不酸！我吃过苏州洞庭山的杨梅、井冈山的杨梅，好像都比不上昆明的火炭梅。

雨季的花是缅桂花。缅桂花即白兰花，北京叫作"把儿兰"（这个名字真不好听）。云南把这种花叫作缅桂花，可能最初这种花是从缅甸传入的，而花的香味又有点像桂花，其实这跟桂花实在没有什么关系。不过话又说回来，别处叫它白兰、把儿兰，它和兰花也挨不上呀，也不过是因为它很香，香得像兰花。我在家乡看到的白兰多是一人高，昆明的缅桂是大树！我在若园巷二号住过，院里有一棵大缅桂，密密的叶子，把四周房间都映绿了。缅桂花盛开的时候，房东（是一个五十多岁的寡妇）就和她的一个养女，搭了梯子上去摘，每天要摘下来好些，拿到花市上去卖。她大概是怕房客们乱摘她的花，时常给各家送去一些。有时送来一个七寸盘子，里面摆得满满的缅桂花！带着雨珠的缅桂花使我的心软软的，不是怀人，不是思乡。

雨，有时是会引起人一点淡淡的乡愁的。李商隐的《夜雨寄北》是为许多久客的游子而写的。我有一天在积雨少住的早晨和德熙从联大新校舍到莲花池去。看了池里的满池清水，看了作比丘尼装的陈圆圆的石像（传说陈圆圆随吴三桂到云南后出家，暮年投莲花池而死），雨又下起来了。莲花池边有一条小街，有一个小酒店，我们走进去，要了一碟猪头肉，半市斤酒（装在上了绿釉的土瓷杯里），坐了下来，雨下大了。酒店有几只鸡，都把脑袋反插在翅膀下面，一只脚着地，一动也不动地在檐下站着。酒店院子里有一架大木香花，昆明木香花很多。有的小河沿岸都是木香，但是这样大的木香却不多见。一棵木香，爬在架上，把院子遮得严严的。密匝匝的细碎的绿叶，数不清的半开的白花和饱胀的花骨朵，都被雨水淋得湿透了。我们走不了，就这样一直坐到午后。四十年后，我还忘不了那天的情味，写了一首诗：

> 莲花池外少行人，野店苔痕一寸深。
> 浊酒一杯天过午，木香花湿雨沉沉。

我想念昆明的雨。

一九八四年五月十九日

文章赏析

文章题为"昆明的雨"，实际直接写雨的笔墨并不多，而写的是昆明雨季中的景、物、人、事，题为"昆明的雨季"可能更合适。写昆明的雨季又是缘于一幅画——友人让汪曾祺画的一张画。这张画最大的特点就是有着作者心目中"昆明的特点"——倒挂的浓绿的仙人掌和几朵野生菌，并在画的题字中加以说明。这看似无关春城之雨，实则后文写昆明雨季的文字是与画和题一脉相承的——仙人掌、野生菌这两样汪曾祺画作中具有昆明特点的景物均和雨季密不可分，而后面的文作中作者对此均有展开描绘。可以说，画作是一个记忆触发器，打开了汪老先生的回忆匣子，至此四十年前在昆明的日子跃然脑海，而"雨季"变成了这片回忆的催化剂，自然而然地催生出"我想念昆明的雨"一语。文自画起，画又在文中续墨，如此开篇，另辟蹊径，衔接自然，别开生面。

直抒胸臆表达对昆明的雨的想念后，作者只将几个形容词布置在三个文字不多的段落中来直接写昆明雨季的特点，而后便开始有些信笔由缰地一幕幕展现昆明雨季中的景、物、人、事。在汪曾祺笔下，以某个事物为线索，春城的景色风光与春城的民俗人情融于一体，不可割裂且相辅相成，富有人文气息，共同彰显着雨季春城的魅力。

昆明雨季湿润的空气使得倒挂的仙人掌也能存活，汪曾祺便着墨于此，写了昆明人家倒挂仙人掌辟邪和种植仙人掌代替篱笆的乡土风俗。昆明的雨季催生野生菌，汪曾祺便以说明为主要表达方式从色泽、形状、食用方法、味道、格调几个方面介绍了五种菌子，并简笔勾勒了春城人家卖炒菌子的图画。此二者照应了画作和题字。

作者又写了昆明雨季的果子和花——杨梅与缅桂花。提到杨梅时，先写了卖杨梅的小女孩，苗族，戴花帽，穿绣花鞋，吆唤声娇美，洋溢着少数民族风情。一句"她们的声音使得昆明雨季的空气更加柔和了"，使得人、事、情、景相得益彰，呈现一派温馨浪漫之美。之后才着墨于杨梅本身，从形状、色泽、名字、口味表现昆明杨梅的独特之处。写缅桂花又是先着墨于缅桂本身，从名字入手写了花的香和树的高，然后刻画了卖花、送花的房东母女形象，人在景中，情在人中，交织出了柔美恬和之境。

意境最为隽永蕴藉的要数倒数第二段。由雨引乡愁的李商隐的《夜雨寄北》入笔，同为久客游子的汪曾祺由此共情，听雨怀乡，全篇平和淡雅的行文至此有了感情的递进，更加深沉厚实。这是汪曾祺心里的雨，只不过它下在了昆明，下在了莲花池，便成了昆明的雨。汪曾祺懂得中和人、事、物、景各自的味道，从中调制沉香久余而宁雅致远的情味。由此，他几乎只是引用传说、叙事、描写，对于直抒胸臆却不着一墨，但莲花池的水、陈圆圆的石像、酒店与友人的小酌、木香花的身姿，这一切却又实实在在地于昆明之雨的浸润下将情味氤氲纸上，更氤氲心间，正是雨润春城惹人情。汪曾祺在文中自述时隔四十年也忘不了那天的情味而作诗一首：

> 莲花池外少行人，野店苔痕一寸深。
> 浊酒一杯天过午，木香花湿雨沉沉。

久读复品，这古诗乃《昆明的雨》中最妙之处——中国传统文人善于将人生阅历、平生感悟、思想情感不露痕迹地贯注进几行写景、状物、叙事的诗句中，不加议论抒情与说明，往往寥寥数语就饱含了半生的人情世故。汪曾祺此诗亦是这样，写字的笔似乎化身泼墨的画笔重在点染，和全文其他写景的段落文字一样旨在渲染含蓄深沉的氛围，情在笔中，意在言外。而它始终是为抒情服务的，汪曾祺在最后一段照应开头再次点出："我想念昆明的雨。"

写景的抒情散文很容易文过其实，汪曾祺的《昆明的雨》中景物之美和风土人情之美却没有被文字的美所冲淡、所掩盖，语言文字始终是为真诚的情与意服务，既有口语化、富于生活气息的平实语言，也有充满诗意的省练典雅的文字。甚至汪曾祺在将情意诉诸笔墨时还有些许内敛克制，生怕情感泛滥而流于矫揉造作似的，如"带着雨珠的缅桂花使我的心软软的，不是怀人，不是思乡"一句，语言上的节制反而使得意在言外，饶有诗兴，引人回味。人文风情的点缀又将理趣融入了情感的真切中，乃沁人心脾也。

昆明雨季中景物的美、风俗的美、滋味的美、人情的美以及汪曾祺对其的喜爱和怀念就在其不饰雕琢、文求典雅的文笔中被娓娓道来。

参考文献

1. 侯敏 . 西南联大校歌歌词的"史诗"意蕴 [J]. 江汉大学学报（人文科学版），2011，30（4）：5–9.

2. 西南联合大学北京校友会 . 国立西南联合大学校史：一九三七年至一九四六年的北大、清华、南开 [M]. 北京：北京大学出版社，2006.

3. 李玉俊 . 刚毅坚卓 [N]. 云南日报，2006–05–11.

4. 李玉俊 . 解读西南联大校训 [N]. 云南政协报，2006–08–16.

5. 汪曾祺 . 跑警报 [EB/OL].（2021–11–18）[2023–01–19]. 推荐范文网 .

6. 毛闯宇 . 歌赞民族的"不在乎"精神——汪曾祺的《跑警报》赏析 [J]. 秘书，2015（9）：47–48.

7. 汪曾祺 . 我在西南联大的日子 [M]. 济南：山东画报出版社，2018.

8. 马克锋 . 西南联大教授们的那些事儿 [J]. 中国人才，2009（6）：85–86.

9. 吕文浩 . 日军空袭威胁下的西南联大日常生活 [J]. 抗日战争研究，2002（4）：103–128.

10. 李洪涛 . 西南联大教授轶事 [J]. 湖南文史，2003（1）：36.

11. 常竑恩 . 西南联大回忆鳞爪——对启蒙师长的追念 [J]. 云南师范大学学报（哲学社会科学版），1985（3）：46–48.

12. 李响 . 西南联大：清华最贫穷也最富有的时光 [J]. 文史参考，2011（8）：25–27.

13. 王锦华，查艳 . 一方弥足珍贵的闻一多自用印章 [EB/OL].（2020–02–25）[2023–01–28]. 搜狐网 .

14. 王泉根 . 弦歌不辍的西南联大——读《国立西南联合大学校史》[J]. 博览群书，1997（4）：11–12.

15. 杨立德 . 西南联大师生的敬业精神——纪念西南联大在昆建校 60 周年 [J]. 云南师范大学学报（哲学社会科学版），1998（5）：78–82.

16. 张健 . 西南联大爱国精神的形成及其历史作用 [D]. 北京：清华大学，2005.

17. 王瑶 . 关于西南联大和闻一多、朱自清两位先生的一些事 [J]. 云南师范大学学报（哲学社会科学版），1986（4）：43–45.

18. 杨立德 . 西南联大与中国"两弹一星" [J]. 群言，2002（6）：24–27.

19. 何兆武，智效民 . 穷酸的西南联大与 3 位诺贝尔奖得主——真正意义上的世界一流大学 [J]. 光谱实验室，2013，30（6）：2978.

20. 李大庆 . 中科院力学所缅怀科学大师郭永怀 [N]. 科技日报，2009–04–04.

21. 侯艺兵，彭继超 . 那一代人的足迹 [J]. 神州学人，2019（10）：19–24.

22. 吴宝璋 . 抗战烽火中的青春赞歌——西南联大八百学子从军记 [J]. 云南教育，2015（8）：8–15.

23. 闻黎明 . 关于西南联合大学战时从军运动的考察 [J]. 抗日战争研究，2010（3）：5–18.

24. 闻黎明 . 抗日战争与中国知识分子：西南联合大学的抗战轨迹 [M]. 北京：社会科学文献出版社，2009.

25. 于化民 . "一二·一"运动中的西南联大教授会与教授们 [J]. 史学月刊，2008（6）：50–61，136.

26. 柯遵科 . 叶铭汉院士忆中国青年远征军 [J]. 科学文化评论，2013，10（6）：101–114.

27. 张藜，任福君 . 植物的好朋友：吴征镒的故事 . 北京：北京少年儿童出版社，2019.

28. 丰捷 . 西南联大：永存的精神力量 [N]. 光明日报，2007–10–29.

29. 孙小荔 . 西南联大：爱国民主运动的大本营 [N]. 云南政协报，2005–07–09.

30. 李红英 . 永恒的丰碑——一二·一运动纪念馆简介 [J]. 神州，2007（11）：96–87.

31. 戴旦，高竹秋 . 滇剧初探 [M]. 昆明：云南大学出版社，1957.

32. 杨军 . 民国滇戏珍本辑选 [M]. 昆明：云南大学出版社，2016.

33. 张俊杰 . 滇剧简明辅导教材 [M]. 昆明：云南科技出版社，2016.

34. 杨映原 . 戏曲在云南本土化的发展和传承 [M]. 昆明：云南大学出版社，2010.

35. 李荫厚，杨军 . 滇剧泰斗栗成之 [M]. 昆明：云南人民出版社，2017.

36. 张俊杰 . 滇剧简明辅导教材 [M]. 昆明：云南科技出版社，2016.

37. 金幼和 . 文化昆明·综合卷 [M]. 昆明：云南人民出版社，2019.

38. 周忻，叶铸，徐刚 . 文化昆明 [M]. 昆明：云南美术出版社，2008.